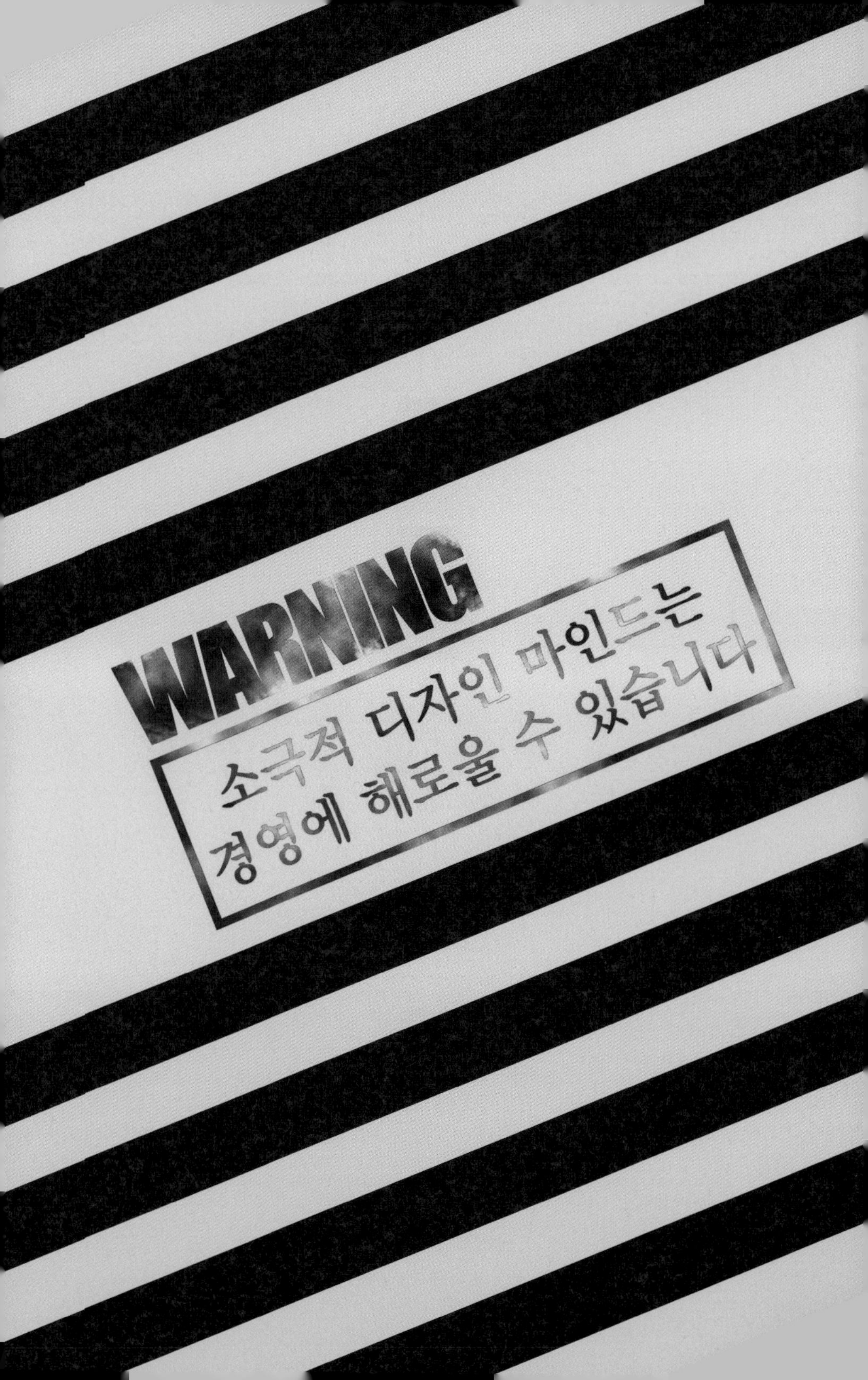
WARNING
소극적 디자인 마인드는
경영에 해로울 수 있습니다

Leader's Alchemy

이 책의 성분 이 책은 다음과 같은 성분으로 구성되어 있다.
이 성분들이 당신을 지속 가능한 리더로 만들어 줄 것이다.

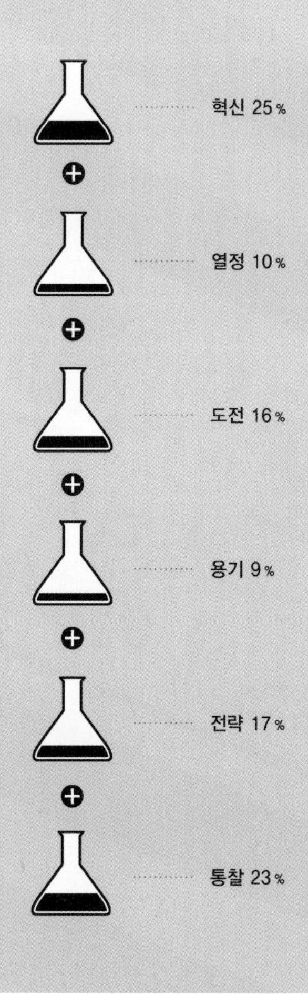

이 책을 100% 활용하기

천재는 이 책을 읽을 필요가 없다. 5장으로 구성된 《21세기 연금술》은 위의 성분이 들어 있다. 마음 가는 대로 읽고 싶은 부분을 펼쳐서 보면 된다. 중요한 부분이나 마음에 남는, 기억해야 할 부분은 밑줄을 치거나 메모를 하면서 읽도록 한다.

21세기 연금술

안녕하세요!
디자인 돈돼지 인사드립니다

디자인으로 리딩하라!

저는 이 책의 마스코트 '돈돼지'입니다.
저는 디자인을 너무 사랑합니다.
왜냐하면 돈이 되기 때문이죠.
사실 돈도 중요하지만
21세기 리더가 갖춰야 할 덕목은 디자인입니다.
리더는 디자인으로 앞서 갑니다.

실행하면 돈돼지	훔치면 돈돼지	질문하면 돈돼지	몰입하면 돈돼지	통찰하면 돈돼지

21세기 연금술

이룸나무

리더, 왜 연금술사가 되어야 하는가?

세상은 빛의 속도로 변한다. 얼마나 빨리 변하는지 둔감해지기도 한다.

세계적인 칼럼니스트 켄 올레타에 따르면 "전화기가 미국 가정의 50%를 점유하는데 71년이 걸렸고, 전기는 52년, TV는 30년이 걸렸다. 그러나 인터넷은 고작 10년, 페이스북(facebook)은 불과 5년 만에 2억 명이라는 커뮤니티를 형성했다. 일이 너무나 빨리 진행되는 바람에, 가장 영리하다는 사람들조차 추측만 할 뿐이었고, 그 추측 역시 틀릴 때가 많았다."는 것이다.

기술이 초고속으로 변하는 세상에서는 특정 지식이나 기능은 교육 과정이 끝날 때쯤이면 이미 절반은 쓸모없게 된다. 대학의 신입생이 배우는 지식의 반 이상이 4학년쯤이면 낡은 지식이 된다. 또 직장생활을 2년 정도 하고 나면 특정 지식이나 정보, 기능은 거의 무용지물로 변할 가능성이 크다. 거의 모든 정보와 지식들이 컴퓨터와 인터넷으로 공유되는 시대이기 때문이다. 이런 변화를 읽어내지 못하면 살아남기 어렵다. 세상은 이제 누가 새로운 가치를 만들어 낼 수 있는가에 따라 달라지는 시대이다.

고대 과학자들은 세상을 이루는 물질을 찾아내고 싶어했다. 그런 욕망은 중세로 이어져 천 년 동안 연금술이 전 유럽을 풍미했다. 일부에서는 연금술을 비과학적이고 허황된 꿈을 추구하는 사술이라고 치부하지만, 그 심연에는 끝없는 도전과 모험 그리고 탐구 및 인간애의 정신이 깃들어 있다. 연금술은 근대 화학기술과 과학발전에 바탕이 되었다.

진정한 연금술이란 종교와 철학, 그리고 과학기술이 하나로 융합되어 더 아름다운 세상과 더 살기 좋은 세상을 만드는 것에 있었다는 것을 기억해야 한다. 이런 시각에서 본다면 연금술과 디자인은 놀랍도록 닮아있다. 디자인이란 꿈과 상상을 현실로 만들어 내는 것이기 때문이다.

"Design or resign." (디자인을 모르면 사퇴하라.)

'철의 여인' 마가렛 대처. 영국 수상에 취임한 그는 첫 각료회의에서 이렇게 외쳤다. 대처 수상이 취임한 1979년 당시의 영국은 경제위기와 심각한 실업률로 회생이 불가능할 정도였다. 그랬던 영국이 대처의 집권 후 힘차게 일어났다. 디자인을 국가 정책의 중심에 놓고 선순환을 일으켰다. 대처 수상은 리더의 연금술을 디자인에서 찾아냈다.

"오늘날 사람들은 기술을 당연한 것으로 받아들인다. 그들이 원하는 것은 따뜻하고 친근한 제품, 즉 자신들을 유혹할 수 있는 그 무엇이다. 자, 그러니 빨리 와서 우리를 놀라게 하고 현혹시키고, 유혹해 보라!"

세계적인 디자이너 필립스탁에 따르면 "디자인은 21세기의 연금술"이다. 그것은 우리를 놀라게 하고, 현혹하고, 유혹하는 힘이요 기술이다. 지구촌은 치열한 디자인 경쟁시대로 돌입했다. 지식경제부도 디자인을 "글로벌 경쟁시장에서 기업의 성공을 이끄는 핵심 동력"으로 꼽는다. 디자인 투자는 연구개발(R&D) 투자에 비해 투자 효과가 3배가량 높다고 한다. 몰락하던 푸마와 P&G가 회생한 것은 디자인의 힘이었다. 적자에 허덕이던 기아차가 화려하게 재기한 것도 리더의 연금술, 디자인 파워 덕분이었다.

스티브 잡스는 강력한 리더십과 디자인 전략으로 망해가던 애플을 세계 최고의 기업으로 우뚝 세웠다. 반면에 디자인을 소홀히 하다가 몰락한 기업도 많다. 폴라로이드나 코닥, 모토롤라 등은 한때 세계 최고였지만, 이제 그 존재감마저 미미하다. 왜 그럴까? 시대 상황이 급변하는 것을 제대로 보지 못하고 시기적절하게 변화하지 못했기 때문이다. 특히 변화에 대비한 디자인을 소홀히 했기 때문이다. 디자인은 리더십과 밀접한 관계가 있다. 잭 웰치 전 GE 회장은 "디자인을 모르는 경영자는 실패할 뿐이다."라고 주장했다.

지금 글로벌 기업들은 치열한 디자인 전략으로 전열을 가다듬고 있다. 세상은 디자인을 아는 기업과 모르는 기업으로 나뉘게 될 것이다. 당신이 어떤 상품을 선택하는지 생각해보라. 디자인이 좋은 상품인가, 그렇지 않은 그저 그런 평범한 상품인가? 답은 바로 나온다. 그래서 리더는 디자인에 눈을 떠야 한다. 디자인을 죽이고 살리고는 결국 리더의 손에 달려있다. 그래서 리더가 디자인을 알아야 하고 공부해야 한다. 이 책은 리더들의 눈을 뜨게 하는데 목적이 있다.

리더는 정상에 서 있는 사람이다. 가장 먼저 눈을 맞고 가장 늦게까지 눈을 맞는다. 고난을 뚫고 개척하고 도전해야 하는 사람이다. 그래서 리더는 누구보다 외롭고 힘들다. 저자들의 바람은 외롭고 어려운 리더, 늘 공부하고 도전하는 리더나, 리더를 목표로 하는 사람들에게 리더의 연금술, 즉 디자인을 알려주고 보여주는 것이다. 그래서 그들이 보다 행복하고 성공적인 인생과, 기업을 디자인하는 '21세기 연금술사'가 되기를 희망한다.

'성공하고 싶다면, 남다르고 싶다면 디자인에 눈을 떠라. 디자인을 내 것으로 체화하라. 그리고 회사를, 조직을, 인생을 디자인하라.'

끝으로 하늘에 계시는 아버지와 건강하게 살아계신 어머니, 늘 든든한 버팀목이 되어 주는 아내, 열심히 공부하는 동연이와 동영이, 진희와 민재와 민성이, 많은 도움을 준 손인혜, 신동재, 이설민, 정재필, 이룸나무 편집진들, 오늘이 있기까지 도움을 주신 은사님과 선후배님, 이 책을 읽어주신 독자 여러분께 감사드린다.

2012. 9

지은이 김준교, 김희현

리더, 21세기 연금술 마인드는?

"디자인은 누구나 할 수 있다."
"디자인은 아무나 할 수 있는 것이 아니다."

어떤 말이 옳은 말인가? 결론부터 말하면 둘 다 옳다. 디자인이란 용어는 한마디로 규정하기 어렵다. 사람에 따라, 시대와 상황에 따라 정의하는 개념이 변했고, 변할 것이다. 디자인이란 말은 누가 어떤 상황에서 쓰느냐에 따라 달라진다.
리더, 당신은 디자인이란 개념을 얼마나 이해하고 있을까? 다음 항목에서 디자인 혹은 디자인 행위라고 생각하는 항목에 V 표시를 해보자.

( ) 외출복 고르기
( ) 그림 그리기 또는 낙서하기
( ) 새 차 사기
( ) 듣고 싶은 음악 고르기
( ) 머리 손질하기
( ) 주말여행 가기
( ) 고객에게 프레젠테이션하기
( ) 가구 선택하기와 배치하기
( ) 사진 편집하기
( ) 집짓기
( ) 주말 데이트 계획하기
( ) 모임 기획하기
( ) 해외여행하기

평가 보기

- **10개 이상** – 디자인이 무엇인지 잘 이해하고 있다. 리더의 자질이 충분하다.
- **7개 이상** – 디자인에 더 관심을 기울여야 한다. 리더가 되고 싶다면 디자인을 잘 알아야 한다.
- **5개 이하** – 디자인에 대한 이해가 부족하다. 당신이 리더라면 위험한 수준이다.

디자인 이해하기 – 위의 항목에서 디자인 행위가 아닌 것은 없다. 디자인이 아닌 항목이 있다고 생각한다면 당신의 생각은 바뀌어야 한다. 디자인은 인간의 삶 그 자체다. 우리는 매일매일 디자인 원리를 활용하고, 디자인을 하며 살아간다.
디자인은 리더의 중요한 자질이다. 리더가 디자이너가 되어야 하는 이유가 여기 있다. 리더는 21세기 연금술로 완성된다.

C O N T E N T S

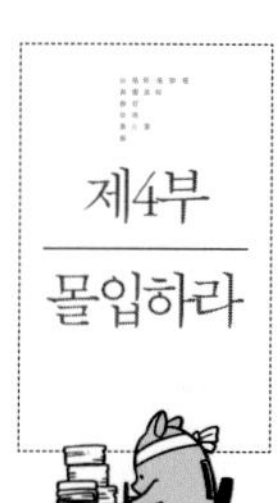

제4부 몰입하라

제5부 통찰하라

리더의
연금술

시크릿 파워

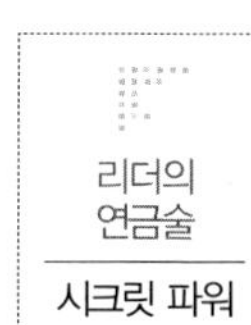

부록

Leader's Alchemy

제1부

실행하라

돈 되는 디자인, '대박'을 터트릴 수 있는 디자인 아이디어도
실행에 옮기지 않으면 아무 소용이 없다. 구슬이 서 말이어도 꿰지 못하면
무용지물. 아이디어와 생각만으로 성공할 수 없다.
디자인에 정답은 없다. 용기를 가지고 '저지르는' 사람만이
성공을 쟁취할 수 있다. 행동하고 체험하면 알게 된다.
행동하면서 깨닫게 되는 것이 진짜 아는 것이다. 실행력이 강한 CEO는
명확한 목표를 세우고 강력한 의지로 과감하고 신속하게
문제의 맥을 짚고 실행을 통해 성공으로 돌진한다.
성공하는 힘! 그것은 실행력이다. 실행력이 곧 경쟁력이다.
성공하고 싶다면 실행을 디자인하라.

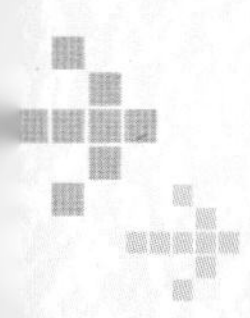

치열한 경쟁에서 이기는 첫걸음은 즉시 실행력이다

긍정적이고 자신감 넘치는 리더는 한 번 결정한 일은 곧바로 실행에 옮긴다. 반면 부정적이고 불안해하는 리더는 쉽게 실행하지 못한다. 머릿속에 수많은 아이디어가 떠오르는데도 시작이나, 결단을 내리지 못한다. 성공과 실패의 차이는 단 하나 실행력에 있다.

공부도 마찬가지. 공부를 잘하는 학생은 책상에 앉아 바로 공부를 시작하지만, 공부를 못하는 학생은 집중하지 못하고 미룬다. 시험이 내일인데도 말이다. 이들이 시험 공부를 미루는 습관을 살펴보자. ①학교에서는 집에 가서 해야지 하고 미룬다. ②집에 와서는 저녁 먹고 하려고 미룬다. ③저녁을 먹고 나면 드라마나 한 편 보자고 미룬다. ④드라마가 끝나면 잠깐만 쉬자고 미룬다. ⑤ 드디어 책상에 앉지만 이제는 졸음이 쏟아진다. 딱 한 시간만 자고 하자고 미룬다. ⑥ 눈을 떠 보니 아침이다. 애꿎은 엄마에게 소리를 빽 지른다. "엄마, 왜 안 깨웠어요?" ⑦ 천재지변이 일어나거나 학교에서 무슨 일이 일어나 시험이 연기되길 바란다.

때로는 두려움이 실행을 가로막는다. 실패에 대한 두려움으로 새로운 아이디어를 행동으로 옮기지 못하고 도전을 기피한다. 실패를 용인하지 않으면 실행력이 싹틀 수 없다. 알면서도 실행하지 않는 일이 벌어진다. 이런 분위기에서는 이미 알고 있는 길, 안전한 길로만 가려는 사람들이 득세하게 된다. 새로움에 도전하고 모

"성공의 비밀은 시작에 있다. 시작의 비결은 아무리 복잡한 일이라도, 감당할 수 있을 정도의 작은 조각으로 쪼개서 첫 조각부터 시작하는 것이다."
- 마크 트웨인

"변화의 첫걸음은 행동에 옮기는 것이다."
— 루 거스너(IBM 전 회장 겸 CEO)

험하는 인재는 '왕따' 신세가 된다.

엄청난 비용을 쏟아 부은 직원교육과 컨설팅, 기업 연구 등이 효과를 보지 못하는 것은 알면서도 실행하지 않기 때문이다. 너무 많이 알기 때문에 실행하지 못하는 역설에 빠진다. 아는 것과 실행하는 것은 다른 문제다. 모험하는 인재, 창의적이고 도전적인 인재를 바보로 만들어 버리는 사회와 조직은 대부분 이런 악순환의 굴레에 빠져 있다.

돈 되는 아이디어나 디자인, '대박'을 터트릴 수 있는 아이디어도 실행에 옮기지 않으면 아무 소용이 없다. 구슬이 서 말이어도 꿰지 못하면 무용지물인 것처럼 아이디어와 생각만으로는 성공할 수 없다.

용기를 가지고 '저지르는' 사람만이 성공을 쟁취할 수 있다. 행동하면서 깨닫는 것이 진짜 아는 것이다. 실행력이 강한 리더는 명확한 목표를 세우고 강력한 의지로 과감하고 신속하게 문제의 맥을 짚고 실행을 통해 성공으로 돌진한다.

성공하는 힘! 그것은 실행력이다. 실행력이 경쟁력이다. 성공하고 싶다면 바로 실행을 디자인하라.

디자인으로 기업 정체성을 창조하다

시장점유율 1.6%에서 6년 만에 메이저 카드회사로 성장한 현대카드.

현대카드 디자인에는 '최초'라는 수식어가 많이 붙는다. 속이 보이는 투명카드, 기존 카드의 절반 크기인 미니카드, 명화를 입힌 카드 등 과감한 디자인으로 인기를 끌었다. 0.8mm의 카드 옆면에 튀는 컬러를 넣기도 했다. 또 세계적인 디자이너 카림 라시드나 레옹 스탁 등에게 의뢰해 고급스런 이미지로 차별화를 시도하기도 했다. 결제를 위한 카드가 아니라 소유하고 싶어 하는 욕망을 디자인했다.

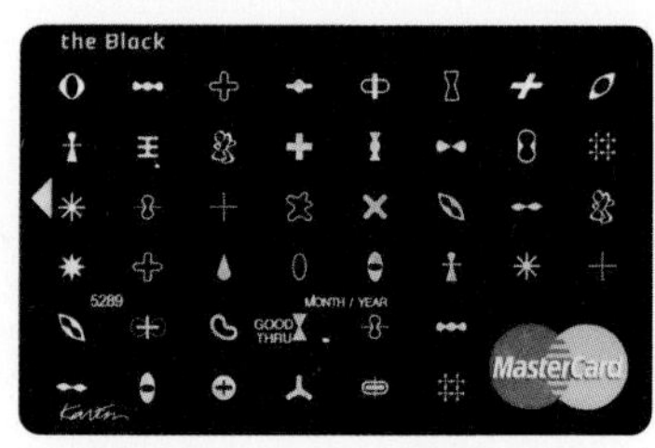

세계적인 디자이너 카림 라시드가 디자인한 현대카드 '더 블랙' 디자인. 세련된 블랙 바탕에 36개의 아이콘이 나열되어 있다. 이 아이콘들은 에너지, 삶, 사랑 등을 상징하는 동시에 고객의 라이프스타일을 의미한다.

현대카드는 톱스타를 모델로 기용하는 경쟁사들과 달리 눈에 띄는 모델 없이 놀랄만한 광고 효과를 거뒀다. 이러한 광고 전략에는 '현대카드다운' 디자인이 뒷받침됐다. 현대카드 관계자는 "유명모델 없이도 현대카드만의 특징을 강조하는 것이 소비자들에게 더 어필하는 것 같다."며 "앞으로도 유명모델을 기용한 광고를 제작할 계획은 없다."고 말한다.

현대카드에는 디자이너가 35명이나 포진하고 있다. 이들에게 디자인이란 단순히 물건을 예쁘게 만드는 것이 아니라 전략과 혁신의 도구이다.

그들만의 디자인 정책을 세우고 전용 서체를 개발해서 모든 광고와 디자인에 적용시켰다. 정체성을 구축한 대표적인 사례라고 할 수 있다. 디자인이란 그런 것이다. 디자인이 전사적인 기업 문화로 뿌리내릴 때 그 힘은 두 배, 세 배로 증폭된다.

현대카드가 실시한 디자인 전략 중 대표적인 것은 카드를 지갑에 꽂았을 때 회사명이 포켓 위로 올라와 눈에 띄도록 한 것이다. 신용카드를 지갑에 여러 개 넣고 다녀도 습관적으로 하나만 쓰는 한국인들의 사용 행태를 고려한 디자인이었다.

요금청구서도 고객의 니즈(needs)를 디자인에 반영했다. "청구서를 보면서 가장 먼저 알고 싶은 것은 사용총액인데, 보통 세부내역 아래 작은 글씨로 나와 찾기 불편하다."는 소비자 의견에 따라 총액을 맨 위에 큰 글씨로 표시한 새 청구서를 디자인했다.

현대카드는 디자인 재능기부 활동도 활발히 펼쳤다. 2009년 문을 연 서울역 버스환승센터의 디자인과 제작을 맡아 서울시에 기부했다. 버스환승센터에서는 미디어 아트와 서울 시정 홍보는 물론 BIS(버스정보시스템)와 연결한 버스운행 정보 및 날씨, 뉴스, 도시정보 등을 시간대별로 안내한다. 이 환승센터는 미국 'IDEA 디자인 어워드' 등 세계 3대 디자인상을 수상하는 쾌거를 올렸다.

현대카드는 자신들의 상품은 물론이고 직원들이 근무하는 환경도 직접 디자인했다. 사내에서 사용되는 제품에도 자신들만의 독창적인 디자인을 입혔다. 직원들이 먹고 마시는 것까지 현대카드 디자인이 빠지지 않는다. 선물용이나 내부용으로 제작된 초콜릿, 차, 가방 등에도 자신들만의 고유한 디자인 정체성을 그대로 옮겨놓았다.

결과적으로 모든 것이 달라졌다. 건물이 달라지고, 책상이 변하고, 모든 환경이 달라지니

직원들이 생각하는 방식 자체가 달라졌다. '디자인적 사고'를 할 수 있는 환경이 된 것이다. 이 과정에서 가장 힘이 된 것은 리더의 의지였다.

현대카드 CEO 정태영 대표는 기업 정체성과 디자인 간의 밀접한 관계를 간파하고 이를 실행했다. 그는 "MP3가 아닌 아이팟, 오토바이가 아닌 할리데이비슨, 미니카가 아닌 미니처럼 신용카드가 아닌 현대카드가 돼야 한다."고 강조한다.

차별화된 디자인만이 살 길이다

기아차는 창업 이후 1993년까지 30% 대의 시장 점유율을 확보하다가 급격히 쇠락의 길을 걸었다. 봉고와 프라이드 등으로 승승장구하던 기아차는 1997년 외환위기를 극복하지 못하고 법정관리 신세로 전락했다.

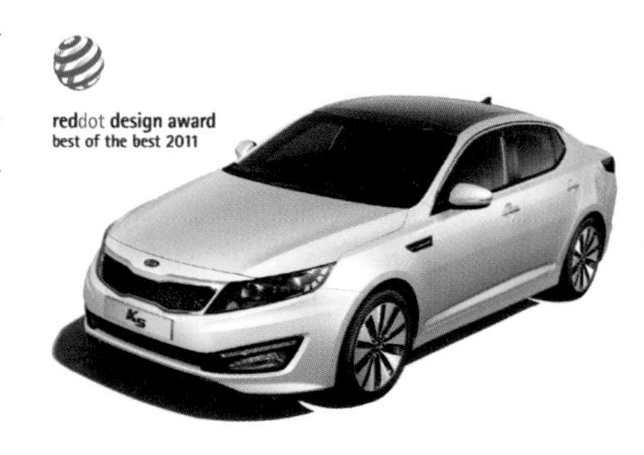

세계 3대 디자인 어워드에서 3년 연속 수상한 K5의 디자인. 피터 슈라이어가 디자인한 전면부 '타이거 노우즈' 그릴은 기아차의 정체성이 되었다.

기아차가 몰락한 이유는 차별화되지 않은 그저 그런 디자인이 원인이었다. 1999년 이후 시장점유율이 계속 하강곡선을 그렸으며 몇 년째 적자에 허덕이는 상황이 지속되었다. 현대차에 합병되면서그 존재감마저 희미해지고 있었다. 차 자체로는 별로 나무랄 데가 없었다. 연비도 준수하고 차체 대비 실내공간도 넓었지만 기아가 만든 자동차는 평범함 그 자체였다. 누구도 기아차를 탄다는 자부심을 느끼거나, 자랑스러워하지도 않았다. 무색무취의 매력 없는 차가 된 것이었다.

2005년 2월 정의선 대표가 취임하면서부터 상황은 달라지기 시작했다. 정 대표는 부임하자마자 임직원에게 차별화된 디자인을 주문했다. 현대차와 같은 엔진과 차체를 쓰는 기아차가 디자인으로 차별화하지 않고는 판매와 생산에서 고전을 극복할 수 없다고 내다봤다. 하지만 현대기아통합디자인연구소는 좀처럼 움직이지 않았다. 기아차 디자인 담당자들에겐 '도저히 현대차를 이길 수 없다.'는 패배의식 같은 게 팽배해 있었다. 그 사이 시장점유율은 지속적으로 하락했고, 2006년(-1,253억원), 2007년(-554억원) 2년 연속 영업적자를 냈다.

정 대표의 고민은 깊어졌다. 디자인만이 돌파구라는 것은 분명한데 조직이 따라주지 않았기 때문이다. 입김이 세고 사사건건 간섭하는 경영진에게 디자이너들은 주눅이 들어 제 실력을 발휘하지 못했다. 장고를 거듭하던 정 대표의 머릿속에서 2002 월드컵의 영웅 히딩크 감독이 떠올랐다. 히딩크는 학연, 지연, 위계질서 등을 따지는 한국 축구계의 관행을 무시하고 실력을 기준으로 선수를 뽑았다. 마침내 그는 박지성을 세계적인 스타로 키워내며 월드컵 4강 신화를 창조했다.

정 대표는 기아차에도 히딩크 같은 존재가 필요하다고 생각하다가 2006년 9월 아우디·폴크스바겐의 수석디자이너 피터 슈라이어를 디자인 총괄 부사장으로 영입했다. 사내에서는 연봉 10억 원이 넘는 거액의 스카우트에 회의적이었다. 반대하는 목소리가 높았지만 정 대표는 개의치 않았다. "디자인 경영에 그가 꼭 필요하다."며 밀어붙이는 한편, 디자인 조직을 본사에서 분리했다.

슈라이어가 부임하면서 나타난 가장 긍정적인 변화는 디자이너들이 움직이기 시작했다는 점이다. 디자이너들에게 재량권이 늘어나자 그에 대한 책임감 역시 늘어나며 선순환이 시작되었다. 슈라이어 부사장은 정 대표의 전폭적인 지지 아래 기아차의 디자인을 하나하나 바꾸어 냈다. 부임 직후 가진 인터뷰에서 그는 "기아차에는 아직까지 디자인 연속성이 없다."며, 조만간 "기아차 디자인의 연속성을 보여줄 것"이라고 공언했다. 그의 장담은 지금 실현단계를 넘어서 완성단계에 들어가고 있다.

슈라이어 부사장이 기아차의 디자인 분야 새 감독으로 부임한 이후 K7, K5, 포르테, 소렌토R, 스포티지R, 프라이드, 레이 등 모든 기아차 얼굴에 호랑이 코 모양의 전면 라디에이터 그릴이 자리 잡았다. 일명 '타이거 노즈 그릴'은 기아차 디자인의 새로운 정체성이 됐다.

그 덕분에 적자(2007년 영업적자 554억원)에 허덕이던 회사가 2008년부터 흑자로 전환, 영업이익을 3,085억 원으로 끌어올렸다. 2009년 영업이익 1조 1,445억 원, 2010년 2조 4,900억 원, 2011년 3조 5,251억 원으로 해마다 사상 최대 실적을 갱신했다. 또한 2009년부터 2011년까지 세계 3대 디자인 상 중 하나인 '레드 닷 디자인 어워드'를 연속 수상했다. 디자인 혁명이 이루어낸 쾌거다.

"자동차 디자인에서 정체성을 찾는 것이 무엇보다 중요하다."는 슈라이어의 판단이 기아차의 회생을 이끌어낸 것이다.

디자인을 소홀히 한 기업의 최후

세계 최초 MP3 플레이어 개발업체였던 엠피맨닷컴은 흔적도 없이 사라졌다. 애플이 아이팟과 아이폰, 아이패드로 승승장구하고 세계 최고의 기업이 되었는데. 왜 이런 현상이 벌어진 것일까?

밀레니엄이 시작되던 대망의 2000년, 새한정보시스템에서 분사한 엠피맨닷컴은 일본의 벤처캐피탈로부터 액면가의 23배나 되는 80억 원의 자본금을 투자받았다. 당시 이 회사는 국내시장 점유율 1위, 세계시장 5위를 넘보는 엄청난 잠재력을 가진 기업이었다.

하지만 아이러니하게도 이렇게 좋은 여건이 엠피맨닷컴의 몰락 원인이 되었다. 원천기술 하나로 80억 원의 자본금을 확보하다 보니 회사 내부에는 기술투자만이 최고라는 맹신에 가까운 분위기가 형성되었다. 결국 무리한 기술개발이 성장의 발목을 잡았다. 수익을 창출하지 못해 자금난으로 쓰러지고 말았다.

회사 창설멤버이자 CEO 대행을 지낸 김경태는 "자본력을 믿고 시장 상황에 관계없이 무모하게 투자하고, 투자 후 기대수익이 따라주지 않는데도 투자의 템포를 조절하지 않았다."고, 실패의 원인을 분석했다. 실제로 데이터 플레이어, 클릭디스크 등 다양한 신제품을 개발했지만 상당수가 출시도 되지 못하고 사장되었다고 한다.

후발 경쟁사들이 작고 예쁜 디자인으로 앞서가기 시작할 때, 사내에서도 디자인에 투자해야 한다는 목소리가 있었지만, 전자제품의 경쟁력은 디자인이 아니라 기술이라고 주장하는 엔지니어들에 의해 무시되었다. 그 결과 엠피맨닷컴은 후발주자들에게 줄줄이 추월당하며 몰락의 길을 걸었다.

안타까운 일이다. 한때 세계 최고였던 소니 워크맨을 제치고 새로운 시장을 창출했던 회사가 흔적도 없이 사라져 버렸다. 상대적으로 디자인을 중시하고 여기에 집중 투자했던 애플은 세계시장을 장악하고 있는데 말이다. 엠피맨닷컴은 디자인을 소홀히 한 기업의 말로를 명확하게 보여준 안타까운 사례이다.

디자인을 소홀히 하면 몰락하는 것은 시간문제다. 경쟁기업 간 기술격차가 나날이 사라지는 대신 소비자들의 니즈는 높아지고 있기 때문이다. 시대는 빛의 속도로 변화한다. 이 흐름에서 밀려나게 되면 따라잡기는 불가능에 가깝다. 세계 최고의 위치에 있다가 디지털 시대에 적응하지 못하고 몰락한 소니를 보면 쉽게 알 수 있다.

스스로 몰락하고 싶어서 몰락하는 회사가 있을까. 그럼에도 불구하고 오늘도 몰락하는 회사들이 생긴다. 그 배경에는 자만심이 자리 잡고 있다. 성공하는 기업의 디자인은 뭔가 다르다. 반면에 몰락하는 기업은 디자인에 대한 개념이 없거나, 있더라도 부족하다.

리더, 당신의 기업은 어떤가? 디자인을 중시하는가 아니면 디자인을 소홀히 하는가? 지속 가능한 기업을 꿈꾼다면 늘 깨어있어야 한다. 적어도 디자인에 있어서만큼은 말이다.

> "가장 어리석은 실수는 디자인을 '아주 처음'부터의 이슈 혹은 모든 것의 일부로 이해하려 하기보다, 디자인을 한 공정의 혼돈스러운 상황을 마무리하는 '정리' 정도로 여기는 것이다."
>
> – 톰 피터스, 경영학자

돈 되는 디자인이 아름답다

'디자인은 아름다워야 한다.' 틀린 말이 아니다.

'아름다움'이란 무엇일까? 유영만 교수는 우리말 '아름다움'에는 상처와 아픔, 보듬어 안음, 내면에 감춰진 충실함, 무언가를 아는 것 등의 네 가지 뜻이 차곡차곡 포개져 있다고 말한다. 필자는 여기에 하나 더 붙이고 싶다. '디자이너의 눈으로 보는 것'이라고 말이다.

소설가 김형태도 박상륭의 말을 인용하며 아름다움은 '앓음다움'이라 했다. '앓음'이란 '육체적, 정신적 아픔, 혹은 고난을 이겨내기 위해 애쓰는 상태'이므로 '아름다운 사람'이란 '아픔과 고난을 이겨낸 사람'이라는 것이다. 천양희 시인은 "아름다움이란 상처가 피워낸 꽃"이라며 "상처를 알고 슬픔을 삭인 사람만이 아름다움을 꽃피울 수 있을 것"이라 한다. 살면서 아파보지 않은 사람이 있을까. '아픈 만큼 성숙한다'는 노래도 있다. 아픔의 원인과 깊이와 넓이는 모두 다르지만 절절한 상처 속에서 아름다움은 피어난다.

BMW
IDENTITY
WAR
정체성이 넘치는 디자인은 힘이 있다.
그 이미지 하나로 전 세계인과 소통한다.
디자인은 정체성의 싸움이다.

아름다운 디자인도 마찬가지이다. 뜬눈으로 밤을 지새고, 동 트는 새벽 새로움에 대한 앓음으로 피어나는 것, 그런 디자인이 아름답다.

진정한 아름다움은 내면에 있다. 색깔과 향기를 지닌 디자인은 오랜 기다림과 정성을 통해 탄생한다. 숙성이라는 익힘의 과정을 통해서 말이다. 진정한 아름다움이 본성에 대한 깊은 통찰과 이해에서 우러나듯, 아름다운 디자인 역시 사람과 세상에 대한 깊은 통찰과 이해에서 탄생한다.

'금강산도 식후경'이라는 우리 속담이나, '꽃보다 떡'이라는 일본 속담은 아무리 멋지고 아름답고 훌륭한 볼거리가 있어도 배를 굶주리면 아무것도 아니라는 말이다. 아름다움은 배부르게 먹고 나서 생기는 여유로움, 함포고복(含哺鼓腹)에서 나온다.

그런 의미에서 디자인 역시, 배를 두둑하게 채워주는 돈을 많이 벌게 해주는 디자인이 아름다운 것이 아닌가 싶다. 기업을 운영하는 CEO나 리더의 입장에서 보면 돈 벌어주는 상품이 효자요, 돈 벌어 주는 디자인이 최고이다. 돈은 밥이다. 힘은 밥에서 나온다. 디자인은 돈이며 밥이 되어야 한다. 돈이 되지 않고 밥이 되지 않는 디자인은 기업이나 CEO의 입장에서 아무것도 아니다. 돈 되는 디자인이 아름다운 이유다.

모든 기업에게 중요한 것은 지속적인 가치창출이다. 디자인은 일회성에 그치면 안 된다. 진정한 디자인은 지속 가능한 가치여야 한다. 단순히 외형의 아름다움만 디자인이라고 생각하는 리더는 어리석다. 디자인은 단순한 외형싸움이 아니라 정체성의 싸움이다. 리딩하는 디자인, 지속 가능한 디자인이란 소비자에게 그 기업과 상품이 없어서는 안 될 존재라고 각인시키는 것이다. 그만큼 정체성이 명확하게 드러난 디자인이어야 한다. 잘나가던 기업들이 몰락하는 이유는 디자인 정체성을 오해하기 때문이다. 이런 기업들은 디자인을 그저 외형의 아름다움과 소재의 독특함 정도로 이해하는 경우가 많다. 성공과 몰락의 차이는 여기서 시작되는 것이다.

돈 되는 디자인을 하는 기업들은 많다. 심벌 디자인 하나로 세계 어디에서나 자신들의 정체성을 과감히 드러내는 애플이나 나이키, 스타벅스 등이 그 대표주자다. 이들은 정체성 넘치는 디자인으로 세계 최고로 우뚝 섰다. 말이 필요 없다. 한 입 베어 먹은 사과 이미지. 생동감 넘치는 스피디한 이미지. 섹시한(?) 인어 이미지 하나로 자신들의 모든 것을 말하고 드러낸다.

반면 이런 디자인 정체성을 확보하지 못한 기업들은 말이 많다. 하고 싶은 말도 많고 그만큼 설명도 길어진다. 하지만 소비자들은 그런 설명을 듣고 있을 여유도, 이유도 없다.

정체성을 확보한 디자인은 말이 필요 없다. 설명할 이유도 없다. 그냥 보여주면 된다. 디자인 그 자체가 세일즈맨인 까닭이다. 정체성이 넘치는 디자인은 힘이 있다. 디자인 하나로 전 세계인과 소통한다. 돈 되는 디자인, 아름다운 디자인이란 이런 디자인이다. 말이 필요 없는, 부연 설명이 따라붙지 않는 그런 디자인을 해야 한다.

> "디자인은 당신이 지출한 한 푼 한 푼에 대하여, 당신이 당신의 사업에 대해 실제로 뭐라 이야기 하는 몇 안 되는 도구 중 하나이다. … 사업의 부를 늘리고 번창을 위해 디자인을 사용하는 것은 당신의 권한에 속한다."
>
> – 레이몬드 터너, 영국 디자이너

'디자인 정체성'이 경쟁력이다

아이리버의 전 CEO 양덕준은 언론과의 인터뷰에서 "소니나 삼성보다 애플이 더 무섭다."고 말을 했다.

상징적이고 함축적인 말이다. 애플의 힘은 디자인의 핵심을 꿰뚫는 것이다. 애플의 디자인에서는 강한 포스와 아우라가 뿜어져 나온다. 제품 하나하나마다 멋스럽고 아름답지만, 모든 제품들이 따로 놀지 않는다. 제품마다 일관성을 갖고 있다. 그것이 바로 디자인 정체성이다. 애플다움을 절대 잃지 않는 정체성에 고객들이 환호하고 열광하는 것이다.

반면 몰락한 아이리버는 아이리버다움을 잃고 말았다. 고객의 다양한 요구에 부응하느라 디자인 정체성을 놓친 것이다. 아이리버와 애플의 승부는 여기서 갈렸다. 애플의 디자인에 열광하는 사람들은 이렇게 말한다.

"애플의 모든 제품에서는 일관된 정체성이 강하게 느껴져요."

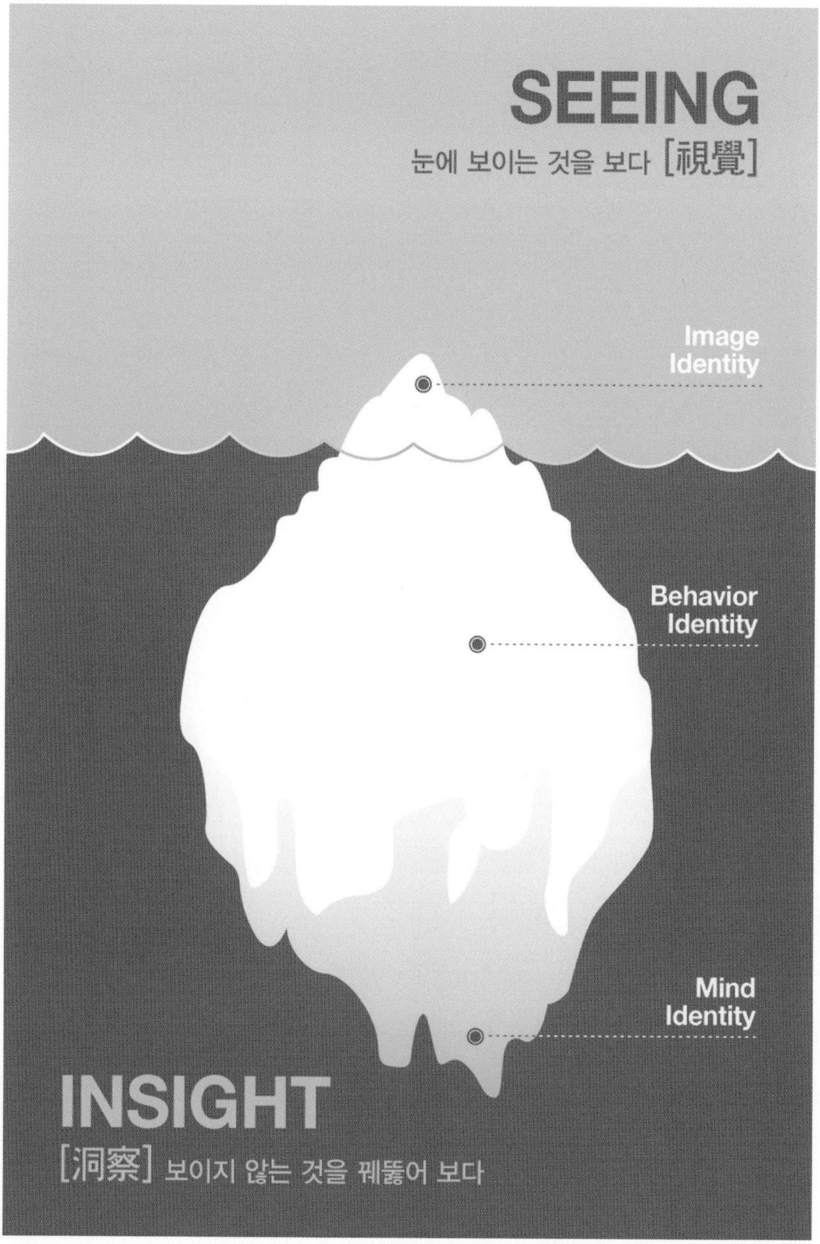

SEEING
눈에 보이는 것을 보다 [視覺]

Image
Identity

Behavior
Identity

Mind
Identity

INSIGHT
[洞察] 보이지 않는 것을 꿰뚫어 보다

"애플은 설명할 수 없는 무언가가 있어요. 애플만의 문화라고 할까요."

이 말에 동의한다면 당신도 디자인 정체성을 제대로 이해하는 것이다. 단지 딱 잘라서 한마디로 설명할 수 없을 뿐이다.

애플 정체성의 알파이자, 오메가는 스티브 잡스다. 그는 생전에 디자인에 대해 이렇게 말했다.

"사람들은 대개 디자인을 겉치레로 여깁니다. 실내장식 같은 것, 커튼이나 소파의 무늬 같은 것이라고 말이죠. 하지만 나는 디자인보다 중요한 것은 없다고 생각합니다. 디자인은 인간이 만든 창조물에 깃든 영혼입니다. 제품이나 서비스라는 외양으로 표출되는 영혼 말이죠."

디자인 정체성에 대해 이보다 더 명확한 설명은 없다고 여겨진다. 애플의 디자인 정체성은 그저 외형적인 아름다움만으로 이루어진 것이 아니다. 그 아름다운 외형은 이미지 정체성일 뿐이다. 해수면 위에 떠 있는 빙산의 일각처럼 말이다. 애플 디자인을 제대로 보려면 그 심층, 즉 해수면 아래에 깔려 있는 거대한 마음과 행동의 핵심을 보아야 한다. 그것은 잡스의 디자인 마인드와 애플 전 직원들의 디자인적 사고가 빅뱅을 일으킨 결과다. 잡스 개인의 산물이 아니라 애플 전 직원들의 피와 땀의 흔적이다. 위대한 디자인과 위대한 브랜드는 그렇게 탄생하는 것이다. 마음의 정체성이 행동의 정체성을 통해 이미지 정체성으로 완성되는 것이다. 이것이 디자인 정체성이다. 그것이 오늘의 애플이다.

안타깝게도 많은 리더가 이 부분을 제대로 보지 못한다. 디자이너들도 예외는 아니다. 때문에 디자인은 그저 외형의 아름다움이고 그 연장선이라고 생각한다. 결국 소모적인 경쟁에 비용을 낭비하고 엉뚱한 곳으로 힘을 분산시킨다. 그런 경쟁은 인간의 재능을 갉아 먹고 결국엔 쇠락의 길로 인도한다. 회사와 인생을 최고로 경영하고 리딩하기 위해서 리더는 늘 질문해야 한다.

"나는 누구인가?"
"회사는 무엇인가?"
"우리는 왜 존재하며 무엇 때문에 이 세상을 살아가는가?"

CEO들은 명심해야 한다. 디자인은 외형 싸움이 아니라 정체성의 싸움이란 것을 말이다. 지속 가능한 디자인은 단발성 디자인이나 대박을 꿈꾸지 않는다. 모든 고객의 요구에 집중하는 단발성 디자인 대박은 마약 같다. 그 약발에 취해 있으면 모든 게 좋아 보이기 때문이다. 하지만 약발이 떨어지고 나면 초라하고 어두운 현실에 직면하게 된다. 문제는 그런 현실을 이기기 위해서 더 강한 마약을 써야 한다는 것이다. 모토롤라와 아이리버처럼 결국은 악순환에 빠져 스스로 몰락하게 된다.

디자인으로 성공한 기업들은 하루아침에 우뚝 선 것이 아니다. 디자인으로 리딩하는 기업들을 보면 그들은 한방에 일어나지 않았다. 강력한 브랜드 파워를 지니고 있는 기업들은 절대 한방을 노리지 않는다.

소비를 자극하는 외형적인 아름다움에만 눈이 멀면 그 내면을 보지 못한다.

기업의 최고 경영자들은 명품 브랜드의 내면을 보아야 한다. 명품 반열에 오르기까지 디자인 정체성을 확보하기 위해 그들이 어떤 땀과 눈물을 흘렸는지 살펴야 한다. 진정한 디자인 정체성이란 그런 것이다.

지속 가능한 디자인이란 단순히 외형을 만들어 내는 것이 아니다. 최고의 디자인은 있을 수 없다. 더 좋은 디자인이 존재할 뿐이다. 업계를 불문하고 존경받는 CEO들은 핵심을 통찰한 사람들이다. 그리고 통찰한 바를 끊임없이 실행한다. 유능한 디자이너가 몇 명 있다고 되는 것이 아니다. 평직원에서 CEO에 이르기까지 모두의 헌신적인 노력이 요구된다. 진정한 경쟁력은 디자인 정체성 확보로 이루어지기 때문이다.

"지금 생각해보면 삶이란 자신의 정체성을 찾는 과정에 다름 아니라는 생각이 든다. 자신이 진정 어떤 사람인지, 진정 어떤 일에 재능이 있는지를 끝내 모른 채 죽는다면 참으로 서글픈 일이다. 좋든 나쁘든 우리가 이곳에서 한평생을 살았기 때문에 세상이 조금은 달라졌기를 바란다. 훌륭한 삶의 구성요소란 살고, 배우고, 사랑하고, 유산을 남기는 것이다."

– 찰스 핸디, 매니지먼트 사상가

CF는 기업주를 닮는다

성신제피자의 CEO 성신제는 저서 ≪창업자금 칠만이천원≫에서 이렇게 말했다.

"마케팅에서 가장 중요한 영향력을 지닌 것이 텔레비전 CF인데 그 CF를 어떻게 다룰 것인가 하는 것은 CEO의 몫이다. 아무리 재미있는 CF라도 CEO가 이해하지 못하면 그가 그 CF를 선택할 가능성은 없다. … 광고회사들의 작업 행태를 보면 한 편의 CF를 제작하기 위해서 3편 정도의 스토리보드를 클라이언트에게 제안하는데, CEO의 선택에 따라 그 중 한 가지가 선택된다. 전문가들로 구성된 광고회사 제작팀들은 물론 클라이언트의 영업 신장을 위해 최대한 신중한 검토 끝에 스토리보드를 작성한다. 그러나 그들도 그것이 영업인지라 반드시 선택될 수 있는 방향으로 가닥을 잡게 되며 그 방향은 바로 CEO 취향에 맞출 수밖에 없다. 기업주라면 누구나 방영되는 자기 회사 텔레비전 CF를 흐뭇하게 쳐다보게 마련이다. 마치 그 CF가 지구상에서 만들어 질 수 있는 최고인양. 그러나 그 CF는 바로 그의 모습을 그대로 닮은 것이다. 그 이상도 이하도 아닌…."

기업은 CEO의 또 다른 모습이다. CEO가 가장 약해지는 순간은 바로 이런 순간일 것이다. 실적에 쫓기고, 경쟁자는 잘나가고, 자신의 기업이나 상품은 브랜드 파워조차 없는 것 같은 그런 상황에 서다 보면 자꾸만 돌파구를 찾게 된다. 조급증에 걸리다 보니 무리한 변화를 시도한다. 신제품을 개발하고 조직을 재편성하고 새로운 기운을 불어넣으려고 한다. 여기까지는 좋다. 하지만 그러다 손대지 말아야 할 곳까지 손을 댄다. 변화의 욕구가 과욕과 탐욕으로 변질되고 이로 인해 눈이 멀게 된다. 결국은 변화해서 안 되는 정체성까지 흔들어버리고 개선이 아닌 개악을 하게 된다.

CEO가 바뀌면서 기업 로고나 슬로건이 바뀌는 경우가 그런 예다. 물론 시대 흐름에 맞게 개선되는 경우도 있지만 '변화를 위한 변화'를 추구하다 보면 그 기업과 상품의 정체성이 흐려지고 만다. 결국 실패의 악순환에 빠진다. 모처럼 성공한 디자인이 실패하지 않으려면 확고한 정체성을 확립해야 한다. CEO 스스로 자신과 기업에 어떤 디자인이 어울리는지 기준을 세워야 한다. 광고 역시 어떤 유형의 광고가 자신과 기업에 어울리는지 판단 기준이 필요하다. CEO가 중심을 잡지 못하면 그 기업은 표류하게 된다. 이미지가 흐려지는 것이다.

'뜨는 연예인'에게 우르르 쏠리는 광고들. 과연 기업의 정체성을 표현한 것일까? CEO의 조급증은 여기서도 확인된다. 자신의 운명을 인기 연예인에 걸고 싶어 한다. 자기가 좋아하는 연예인을 광고에 쓰고 주변에 과시한다. 그 결과 광고의 본말이 전도된다. 연예인이 뜨면 함께 뜨고, 그 연예인이 사라지면 함께 사라지는 광고들이 부지기수다.

광고나 디자인에 있어서 실패나 실수는 성공을 위한 디딤돌일 수 있다. 하지만 눈에 뻔히 보이는 실패를 반복할 이유는 없다. CEO라면 자기 회사의 자산과 부채를 잘 알고 있을 것이다. 디자인은 자산을 만들어 내기 위한 선순환이어야 하고 지속적으로 진행되어야 한다. 그 과정은 흐르는 물처럼 순환되어야 한다. 중요한 것은 실수를 얼마나 빨리 알아내고 개선하느냐에 달려있다.

""우리는 인간입니다. 실수를 합니다. 우리는 실수를 빨리 알아내죠. 바로 그것이 우리가 세상에서 고객들에게 가장 사랑받는 최고의 회사가 된 이유입니다."

– 스티브 잡스

벌거벗은 디자인의 힘

기업이나, 사람이나 걸맞는 격이 있다. 디자인에도 물론 격이 있다. 격조 있는 디자인이 좋은 디자인이다. 제품의 격에 알맞은, 조화로운 디자인이 필요하다.

멋진 옷을 입으면 같은 사람도 다르게 보인다. '옷이 날개'라는 말이다. 하지만 아무리 멋지고 화려한 옷도 때와 장소에 어울려야 한다. 멋지고 화려한 무대의상을 입고 출근한다면 그 사람을 정상으로 볼 사람은 없을 것이다. 상황에 맞고 격에 어울리는 옷을 입어야 날개가 되는 것이다. 격에 어울리는, 격에 맞는 디자인은 때와 장소에 잘 어울린다.

격조 있는 디자인. 필자는 이 말을 좋아한다. CEO는 격과 조화를 이루는 디자인이란 어떤 것인가를 늘 생각해야 한다. 그리고 부단히 그 격과 조화를 추구해야 한다. 불협화음이 아닌 하모니를 이루는 디자인, 주변과 상생하는 디자인, 세상을 살리는 디자인, 그런 것이 디자인 정체성이다. 그 정체성은 하루아침에 이루어지지 않는다. 하루하루 작은 순간들이 쌓이고 작은 디자인 습관들이 부단히 쌓여서 이루어지는 것이다.

위대한 디자인은 결코 홀로 튀지 않는다. 화합하고 화해하고 함께 간다. 그런 디자인이 위대한 디자인이다. 좋은 디자인은 많지만, 위대한 디자인은 드물다. 좋은 학교는 많지만, 위대한 학교는 드물다. 좋은 기업은 많지만, 위대한 기업은 드물다. 위대한 디자이너 그리고 위대한 CEO가 되고 싶다면 그런 디자인을 추구해야 한다. 언제 어떤 상황에서도 존경받고 대우받고 싶다면 위대한 디자인에 눈 떠야 한다. 정체성을 추구해야 한다.

≪좋은 기업에서 위대한 기업으로≫의 저자 짐 콜린스는 "좋은 것은 위대한 것의 적이다."라고 이야기한다. 그래서 좋은 것만 추구하다 보면 위대한 것을 이해할 수 없고, 그러다 보면 그저 좋은 것만 추구하다가 안주하게 되고, 결국은 자만심에 빠져 몰락하게 된다고 강조한다.

한국의 '피터 드러커'로 불리는 윤석철 서울대 명예교수는 자신의 정년퇴임식에서 '벌거벗은 힘'을 강조하면서 한 편의 시를 읊었다. 영국의 계관시인 알프레드 테니슨의 〈참나무〉라는 시였다.

젊거나 늙거나
저기 참나무같이 네 삶을 살아라
봄에는 싱싱한 황금빛으로 빛나며
여름에는 무성하지만
그리고 그러고 나서

위대한 디자인은 다 벗고도 아름답다.
아름다움은 껍데기에 있는것이 아니다.
계급장 떼고 디자인하라.
NAKED
STRENGTH

가을이 오면 더욱 더 은은한 황금빛이 되고
마침내 나뭇잎 모두 떨어지면
보라
줄기와 가지로 나목이 되어 선
벌거벗은 저 힘을

이 시는 테니슨이 생을 마감하기 1년 전인 82세 때 발표한 시다. 마지막 구절에 '벌거벗은 힘'은 원어로 '네이키드 스트렝쓰(naked strength)'이다. 윤석철 교수는 정년퇴임식에서 왜 이 시를 읊었을까? 윤 교수는 이렇게 말한다.

"네이키드 스트렝쓰라면 총칼, 돈 같은 물질적인 것을 다 벗은 후에도 남아있는 힘이므로 아름다운 미의 힘을 뜻할 것입니다. 인간의 도덕성에 자기희생이 녹아 있는 삶의 자세, 이것이 '벌거벗은 힘'입니다. … 제품 혹은 서비스의 '네이키드 스트렝쓰'는 소비자가 지불하는 가격을 제한 후(즉 가격이라는 옷을 벗은 후)에도 남아있는 가치가 됩니다. 만약 어느 학생이 취직해서 100만 원 월급을 받는다고 가정합시다. 그 사람이 혹시 '나는 100만 원만 받으니까 100만 원어치만 일하면 떳떳하겠지'라고 생각한다면 그는 곧 도태됩니다. … 개인과 기업이 지속적으로 성장하기 위해서는 참나무처럼 벌거벗은 힘을 길러야 합니다."

디자인에 있어서 벌거벗은 힘이란 무엇일까? 모든 것을 다 벗고도 아름다운 디자인은 위대하다. 위대한 디자인은 다 벗고도 아름답다. 아름다움은 껍데기에 있는 것이 아니다. 보이지 않는 내면이 아름다운 것이 진짜로 아름다운 디자인이다. 계급장 떼고 옷 다 벗고도 존경받을 수 있다. 그런 디자인과 인생을 디자인해야 한다. 그것이 벌거벗은 힘이다.

"자신에게 진실하라. 타인에게 정직하라. 생각하는 대로 말하라. 본능을 따르라. 여력이 있으면 다른 사람을 가르쳐라. 불가능하다고 생각했던 것을 통해 스스로를 발전시켜라."

– 잭 웰치, GE 전 회장

마케팅 따로?
디자인 따로…

디자인에 대한 중요성을 인식하면서 이 부문에 투자를 늘리는 기업들이 늘고 있다. 디자이너를 더 많이 채용해 몸집을 키운다. 그렇지만 효과를 보는 기업은 의외로 많지 않은 것 같다. 왜 그럴까?

철저한 전문성으로 승부하는 광고회사에는 많은 디자이너들이 있지만, 그들의 역할을 보면 말 그대로 디자인만 한다. 디자인에 필요한 시장조사나 소비자 분석 등은 디자이너의 업무가 아니다. 그런 업무들은 대부분 기획팀, 조사팀, 마케팅팀이 담당한다. 때문에 디자이너가 디자인 정보를 얻을 수 있는 채널이 따로 없다. 결과적으로 디자이너가 정보에 둔감해지고 시장상황에 어두워지면서 기획 따로, 마케팅 따로, 디자인이 따로 노는 현상이 발생한다.

디자인이 프로젝트의 중심이 되지 못하고 변방이나 말단으로 밀려나기 때문에 발생하는 일이다. 디자이너를 브레인이 아닌 수족 정도로 취급하면 독창적인 광고와 디자인은 물 건너간다. 빨리, 많이 만들어 매출만 올리면 된다고 생각하기 때문이다. 조직의 모든 면이 효율성에만 집중되어 있는 구조에서는 독창성이 희생된다.

디자인에 투자하면서도 의외로 성과가 나지 않는 회사라면 이런 부분을 섬세하게 체크해 보아야 한다. 디자인으로 리딩하고 싶다면, 디자인 중심기업 아이디오의 디자이너들을 주목할 필요가 있다. 그들은 모든 프로젝트의 첫 단계부터서 적극 개입한다. 아이디오는 기획팀, 조사팀, 마케팅팀 등으로 업무 분장을 하지 않는다. 프로젝트에 따라 그때그때 팀을 구성한다. 효율성보다는 독창성을 추구하는 것이다. 한 프로젝트 안에 디자인과 기획, 조사 마케팅이 한데 어우러진다. 때문에 디자이너들은 초기 프로젝트 단계에서부터 명확한 문제의식을 지니게 된다. 문제의식이 명확한 아이디오의 디자이너들은 회사보다는 밖으로 더 많이 뛰어다닌다. 시장에 나가서 고객들을 직접 만나기 위해서다. 전문가보다는 현장에 있는 사람들을 만나기 위해 노력한다. 고객의 관심사에 귀 기울이고 그들의 행동을 눈으로 직접 관찰한다. 더 좋은 디자인은 다름 아닌 눈에서 시작한다는 것을 간파한 것이다.

엄청난 디자인 성과도 알고 보면, 작지만 세심하고 정밀한 관찰을 바탕으로 한다. 고객을 자신의 눈으로 본다는 것은 단순히 고객의 입장이 되어보는 것이 아니다. 고객의 입장을 뛰어 넘어 그 마음속으로 들어가는 것이다. 물론 디자이너만 이런 활동을 하는 것은 아니다. 기획, 조사, 마케팅 등 프로젝트를 담당하는 팀이라면 모두 한 마음으로 일을 풀어나간다. 아이디오의 경쟁력은 여기서 비롯된다.

관찰하고 또 관찰하라

아이디오는 시장조사 결과를 액면 그대로 받아들이지 않는다. 고객이 "좋다(GOOD)"고 하는 말을 '네 글자로 된 욕'이라고 말한다. 고객의 말을 곧이곧대로 받아들이는 것을 경계하라는 의미다.

예를 들어보자. 음식 솜씨가 서툰 당신이 집들이를 해야 한다. 부랴부랴 메뉴를 짜고 시장을 본 다음 손수 요리해서 손님들을 초대했다. 음식 맛이 어떤지 손님에게 물어보면 어떤 대답이 돌아올까? 손님 입장에서는 체면치레로 맛있다고 말할 확률이 높다. 게다가 손님은 전문가가 아니기 때문에 뭐가 잘못되었는지 말하기도 쉽지 않다. 이런 경우, 손님의 반응으로 음식 맛에 대한 진실을 알아낼 수 있을까?

신제품이나 서비스를 품평할 때는 더욱 그렇다. 고객의 호평이나 악평을 액면 그대로 받아들이면 안 된다. 아이디오가 전통적인 시장조사를 100퍼센트 신뢰하지 않는 이유가 거기에 있다. 고객들은 입에 발린 말을 하기 쉽다는 것이다.

한 클라이언트가 자신들이 만들어 낸 새 프로그램에 고객들이 어떤 반응을 보이는지 알아봐 달라고 요청했을 때 아이디오는 이 사실을 절감했다. 아이디오는 컴퓨터를 설치했고 고객들이 새 프로그램과 씨름하는 모습을 관찰했다.

고객들은 한참 동안 키보드와 마우스 작동을 했다. 그들은 따분한 듯이 인상을 찌푸리기도 하고 한숨을 내쉬기도 했다. 하지만 사용후기에 고객들은 엉뚱한 말을 쏟아냈다. 새 프로그램은 불편한 점이 없으며, 개선할 여지가 전혀 없다는 것이었다. 고객의 말을 그대로 받아들이면 안 된다는 것은 바로 이런 이유 때문이다. 최선의 디자인도 때때로 실패하는 이유는 사소한 착오 때문이다. 이는 인간에 대한 이해와 관찰 부족에서 파생되는 문제다.

관찰하고 또 관찰하라. 세심하게 관찰하고 인간내면에 잠재해 있는 욕망을 꿰뚫어라. 고객들을 직접 만나라. 수많은 고객을 자신의 눈으로 봐야 한다. 사무실에만 앉아 있어서는 제대로 관찰할 수 없다. 디자인 혁신은 제대로 보는 것에서 시작된다. 제대로 보기 위해서는 발로 뛰어야 한다. 고객이 있는 곳으로 뛰어가라. 그들이 원하는 것이 무엇인지 직접 보라. 사진을 찍고 비디오 촬영을 하라. 디자인 혁신은 이러한 관찰을 바탕으로 한 통찰에서 시작된다. 당신이 주의 깊게 관찰하기 시작하면 온갖 통찰의 기회를 얻을 수 있다.

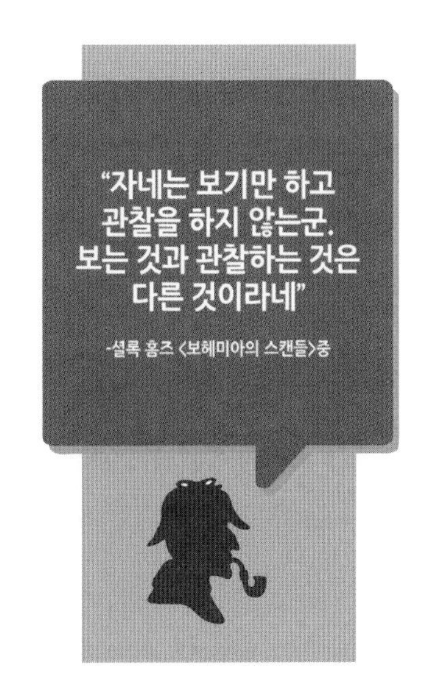

《생각의 탄생》의 저자 루트번스타인 부부는 지식과 창의력은 관찰에서 나온다고 주장한다. 그렇다. 집중하여 관찰하는 것은 디자인의 강력한 원천이 된다. 디자이너의 눈으로 보고 사용자의 눈으로 통찰하라. 모든 문제해결은 세심한 관찰에서 시작된다.

> "우선 조사하는 사람부터 정글로 나와야 합니다. 상호작용과 관찰, 그리고 많은 대화를 나누는 게 중요하죠. 일례로 우리는 중국 소비자의 특성을 파악하기 위해 7명의 연구 인력에게 중국 전역을 2만 5천마일이나 여행하도록 했어요. 밴, 보트, 기차를 타고 말이죠. 그것은 한마디로 지구를 한 바퀴 도는 일과 맞먹는 일이었어요. 그들은 셀 수 없이 많은 집에 초대받고 여성들과 일터에 가고 사람들의 냉장고를 뒤지고 10대들과 차를 마시고 가족들과 요리를 하고 노래방에 가고 롤러코스터를 타고 헤어진 연인들을 위해 울었어요. 이즘 돼야 중국 소비자가 무엇을 원하는지, 그리고 그들의 눈으로 보는 세상은 어떤 모습인지 좀 보이기 시작하죠."
>
> –케빈 로버츠, 사치사치 CEO

서비스를 디자인하라

2010년 이후 한국에도 '서비스 디자인' 붐이 일었다.

기존의 디자인이 눈에 보이는 디자인이라면 서비스 디자인은 눈에 보이지 않는 디자인이다. 사고와 사상, 믿음과 사랑 등은 우리 눈에 보이지 않는 마음의 영역이다. 사람의 마음이 보이지 않는다고 해서 존재하지 않는다고 할 수 없다. 서비스 디자인은 바로 보이지 않는 마음과 행동의 정체성에 초점을 맞춘다.

디자인 정체성에는 마음의 정체성, 행동의 정체성, 이미지 정체성이 있다. 이 세 가지가 삼위일체로 어우러져야 진정한 디자인 정체성이 탄생한다. 기존의 디자인이 눈에 보이는 영역, 즉 이미지 정체성에 초점을 맞춰 포장이나 스타일 등에 관한 외형 디자인에 주력했었다면 서비스 디자인은 마음과 행동의 정체성에 초점을 맞춘다. 인간의 행동과 사회변화를 유도하는 무형의 디자인이라고 볼 수 있다. 궁극적으로 서비스 디자인이란 인간과 사회현상에 대한 모든 문제를 발견하고 디자인을 통해 문제를 해결함으로서 세상을 변화시키려는

Life Design 삶을 디자인하라

신체 physical

Problem	생활습관을 바꾸지 않고 약물과 수술로 해결한다.
Design	생활습관 개선으로 질병을 예방한다.

행동 behavior

Problem	TV, 게임, 술, 담배 등 순간적 쾌락에 집중한다.
Design	폭 넓고 깊이 있게 독서하고 끊임없이 배우는데 집중한다.

마음 mind

Problem	세속적 탐욕을 따르고 남을 철저히 이용한다.
Design	삶을 성찰하고 원인없는 결과는 없다는 것을 인정한다. 남을 최대한 돕는다.

알고도 행하지 않으면 실제로 모르는 것이다. -스티븐 코비

움직임이다. 개인과 기업은 물론이고 공공서비스 및 사회문제 전체를 아우르는 지속 가능한 혁신. 그것이 서비스 디자인이다. 그래서 서비스 디자인은 궁극의 디자인이다. 사례를 통해 좀 더 구체적으로 알아보자.

환자가 진정으로 원하는 것

미국의 종합병원, 카이저병원이 디자인회사 아이디오를 찾은 것은 2003년 가을이었다.

그들은 메디컬센터와 수백 개의 사무실을 리모델링하기 위해 디자인 컨설팅을 의뢰했다. 아이디오는 즉각 디자이너, 사회학자, 심리학자, 엔지니어, 인류학자 등으로 구성된 팀을 병원으로 보냈다. 디자인 팀은 카이저병원의 의사, 간호원, 원무과 직원, 심지어 환자들까지 팀의 일원으로 포함시켰다. 이렇게 구성된 다양한 팀원들은 병원의 문제점들을 찾아냈다.

팀원들은 병원 구석구석을 주의 깊게 살폈다. 응급환자는 어떤 것을 원하는지, 환자가 의사를 만나기 전에 몇 분이나 기다리는지, 보호자는 치료시간 중 무엇을 하는지, 말이 통하지 않는 외국인 환자들을 어떤 식으로 안내하는지, 환자식은 어떤 종류가 있고 어떻게 만들어서 전달하는지, 병원에서 일어나는 모든 일을 촬영하고 기록했다.

아이디오는 심각한 골절상을 당한 응급환자의 위치에서 본 몰래카메라를 제작했다.

#1. 환자(카메라)가 황급히 응급실로 들어서서 접수대를 찾아 방황하다가 알 수

없는 의학용어를 쏟아내는 접수계 사람들과 입씨름을 한다.

#2. 마침내 간이침대에 누워 병원 안으로 급하게 실려 들어간다. 보이는 것이라고는 끝없이 이어지는 새하얀 천장뿐.

#3. 누군가의 목소리가 들리지만 누가 말을 걸고 있는지 알 수 없다. 가끔씩 시야 안(카메라 앵글 안)으로 누군가가 머리를 불쑥불쑥 들이민다.

#4. 침대가 멈출 때마다 환자는 심한 고통을 참아내며 또 무슨 일이 벌어질까 불안에 떤다.

아이디오가 제작한 비디오를 병원 직원들에게 보여주자 그들은 즉각적인 반응을 보였다. "오 마이 갓! 설마 이 정도인줄 몰랐어요…."

비디오를 보기 전까지 직원들은 인식하지 못했다. 환자는 그저 환자일 뿐이었다. 그러나 비디오를 보자마자 직원들은 자신들의 문제가 무엇인지 정확하게 인식했다.

팀은 역할극을 시도했다. 직원들이 환자의 심정을 이해할 수 있도록 환자가 되어보도록 하고, 의사나 간호사들도 환자 역할을 맡아봄으로써 상대가 정말로 원하는 것이 무엇인지 느껴보도록 했다. 역할극에서 직원들은 다양한 상황을 접했다. 예를 들어 '영어를 못하는 외국인이 입원한 아버지를 찾아야 하는 상황'을 겪어보게 하는 식이었다. 이런 체험을 통해 환자들이 진정으로 원하는 것이 무엇인지 알게 되자 의사나 간호사는 물론이고 직원들의 행동이 바뀌기 시작했다.

몇 달 뒤 디자인 컨설팅 결과는 놀라웠다. 완전히 새로운 병원 서비스를 디자인했다. 환자가 진정으로 원하는 보다 편리한 병실과 사무실, 그리고 시스템을 디자인한 것이다. 무엇보다 직원들이 환자의 입장을 공감하게 되면서 병원의 고객 서비스가 달라졌다. 카이저병원은 "아이디오는 고객의 요구사항을 고스란히 디자인으로 만들어내는 데 귀재"라며 "큰돈을 들이지 않고도 환자의 불편사항을 고칠 수 있어 아이디오의 디자인 컨설팅에 대만족한다."고 말했다.

잃어버리기 쉬운 잔돈까지 디자인하다

미국 '뱅크 오브 아메리카'는 2005년 아이디오에 프로젝트 하나를 의뢰했다. 주제는 신상품과 베이비붐 세대 여성들을 위한 금융서비스 연구였다. 연구결과 자녀를 양육하는 여성 고객들은 재정에 관심이 많았다. 하지만 실제로 저축을 쉽게 하지 못한다는 사실을 알아냈다.

아이디오는 그것보다 더 중요한 사실을 발견했다. 많은 사람들이 물건값을 현금으로 지불하고 남은 잔돈을 저금통이나 깡통에 넣는다. 그런 잔돈은 잃어버리기도 하고 모은 돈이 꽉 차면 은행에 가서 저축을 하기도 했다. 어찌 보면 아주 단순하고 당연한 사실을 발견한 것이었다. 이런 소비습관을 발견한 팀은 은행에 새로운 아이디어를 제안했다.

'잔돈을 저축하세요(Keep the Change)'란 금융서비스였다. 이 서비스는 비자 직불 카드로 소비생활을 하는 사람들을 타깃으로 삼았다. 물건을 사면서 1달러 미만의 잔돈이 발생하면 자동으로 통장에 이체해주는 서비스다. 예를 들어 3달러 20센트의 커피를 마시고 직불카드로 4달러를 결제하면 나머지 80센트는 이자가 지급되는 계좌로 자동이체되는 것이다. 뱅크 오브 아메리카는 이 서비스를 통해 1년 만에 250만 명의 고객을 끌어들였고 결과적으로 1,200만 명에 이르는 엄청난 신규고객을 유치했다.

이 서비스는 디자인이 어떻게 사회적인 변화를 끌어낼 수 있는지 보여주는 사례다. 미국 경제주간지 〈비즈니스위크〉는 이 서비스를 2007년 최고의 상품으로 선정했다.

두 가지 사례는 서비스 디자인이 어디까지 왔는지를 간명하게 보여준다. 서비스 디자인이란 무형의 문제를 파악해서 그 해결방법을 제시하는 것이다. 세상에 존재하는 모든 문제가 해결책을 기다리고 있다. 그 문제는 기업에 국한되지 않는다. 우리가 살아가는 세상의 모든 문제가 대상이 된다.

리더든, CEO든 풀리지 않는 문제가 있다면 무엇이 문제인지 끊임없이 질문해야 한다. 그리고 그 문제가 무엇인지 명확하게 정의해야 한다. 그러면 문제의 반은 이미 해결된 셈이다.

철학자이자 교육학자 존 듀이는 "문제만 잘 정의하면 이미 반은 해결된 것"이라고 말했다. 철학자 베르그송도 저서 ≪사유와 운동≫에서 "철학에서, 그리고 심지어는 다른 것에서도, 진실로 중요한 것은 문제를 푸는 것보다 문제를 발견하고, 결과적으로 문제를 제기(설정, 정의)하는 일이다."라고 갈파했다.

아인슈타인 역시 "문제를 만드는 것이 해결하는 것보다 더욱 중요하다. 문제를 만들려면 상상력을 토대로 의문을 제기하고 예전 것들을 새로운 각도에서 바라보아야 하는데, 바로 이것이 과학의 진정한 발전을 가져올 수 있다."고 강조했다.

진정한 발전은 상상력을 토대로 의문을 제기하고 다른 각도로 바라보는 데서 시작한다. 새로운 서비스를 디자인한다는 것은 이런 디자인적 사고에서 출발한다.

> "혁신적인 사고를 위해서는 단순한 상상력을 발휘하는 것 이상의 무엇이 필요하다. 이미 확고하게 굳어진 생각에 이의를 제기할 수 있는 능력이다. 소비자 조사는 현재 일어나는 일에 대한 해답만 준다. 정작 필요한 것은 앞으로 일어날 일에 대한 해결책인데 말이다."
>
> **– 조 페리, 버진 애틀랜틱 디자인 & 서비스 디자인 책임자**

Leader's Alchemy

제2부

훔쳐라

성공하고 싶다면 철저히 모방하고, 빌리고, 훔쳐야 한다.
이것이 바로 성공의 비밀이다. 이제 막 사회에 적응하기 시작한 작가나
디자이너들이 처음부터 대가가 될 수는 없다. 기업도 그렇다.
디자인하겠다는 마음만으로 디자인 중심기업이 될 수는 없다. 위대한 것을 보고
따라해야 한다. 끊임없이 반복하고 연습하고 자기 것으로 만들자.
대가들을 분석하고 해체하고 받아들여서
나를 키우는 자양분으로 삼아야 한다.

성공의 시작은 모방! 하늘 아래 새로운 것은 없다

"창조는 치열한 모방에서 시작된다."

빈폴을 고급 브랜드로 키워낸 원대연 회장의 말이다. 빈폴은 '폴로 베끼기'로 시작해서 불과 10년 만에 폴로를 뛰어넘는 1등 브랜드로 확고하게 자리를 잡았다. 빈폴만이 아니다. 페이스북이나 구글 등 많은 위대한 기업이 모방을 발판으로 성장했다. 천재 화가 피카소는 "다른 사람을 모방하는 작업은 반드시 필요하다."고 일갈했고, 대문호 세익스피어도 수많은 고전을 자양분으로 자신만의 문체를 개발, 영국문학을 완성하는 걸작들을 써냈다.

아이작 뉴턴은 다른 사람의 아이디어를 훔쳤다고 비난받았을 때 "더 멀리 바라보기 위해 거인들의 어깨에 올라서야 했다."고 고백했다.

천재로 추앙받는 그 역시 선배들의 업적을 바탕으로 새로운 아이디어를 만들어냈음을 인정한 것이다. 아인슈타인의 정교한 물리학적 아이디어도 기존의 아이디어들을 새롭게 조합한 결과물이다. 그는 이렇게 말했다. "창의성의 비밀은 그 원천을 숨기는 방법을 아는 데 있다."

하늘 아래 새로운 것은 없다. 진정 독창적인 것은 없다는 말이다. 밀리언셀러 ≪엄마를 부탁해≫의 작가 신경숙은 무명시절, 선배 작가들의 책을 밤낮으로 필사하면서 문장력을 키웠다. 존경하는 선배들의 작품을 베끼다보면 책을 읽

"훌륭한 아티스트는 모방하지만,
위대한 아티스트는 훔친다."
- 파블로 피카소

을 때 보이지 않던 그 무언가가 작가의 눈에 보였다고 한다.

첨단을 달리는 IT 업계도 마찬가지다. 빌 게이츠가 애플 매킨토시 운영체제(OS)를 모방해 윈도우즈를 개발한 것이나, 매킨토시가 제록스의 '아이콘'을 참고해 만든 것은 잘 알려진 사실이다. 스티브 잡스는 "해군이 아닌 '해적'이 되자."고 선언하기도 했다. "위대한 아이디어를 훔쳤다는 사실에 한 점 부끄러움이 없다."며, "혁신과 창의성은 특별한 데서 나오는 게 아니라 주변의 것을 배우고 학습하는 과정에서 나온다."라고 강조했다.

성공하고 싶다면 철저히 모방하고, 빌리고, 훔쳐야 한다. 이것이 바로 성공의 비밀이다. 이제 막 사회에 적응하기 시작한 작가나 디자이너들이 처음부터 대가가 될 수는 없다. 기업도 그렇다. 디자인하겠다는 마음만으로 디자인 리딩 기업이 될 수는 없다. 위대한 것을 보고 따라해야 한다. 끊임없이 반복하고 연습하고 자기 것으로 만들어야 한다. 대가들을 분석하고 해체하고 받아들여서 나를 키우는 자양분으로 삼아야 한다. 그것이 바탕이 되어야 뿌리를 내리고 큰 나무로 성장할 수 있으며, 어떤 바람에도 흔들리지 않고 우뚝 설 수 있다. 개인은 물론이고 기업 역시 마찬가지다. 세상을 바꾼 아이디어, 성공한 아이디어는 모방에서 시작되었다는 것을 기억하라.

주름 스커트를 훔친 세계적인 유리병

코카콜라의 글씨체 디자인(로고)에는 코카콜라의 정체성이 살아 있다. 'Coca-Cola'를 물 흐르듯 스펜서체로 써내려간 이 로고는 1893년 상표 등록되었다. 세계 최고의 브랜드로 자리 잡은 이 디자인은 코카콜라 특유의 상쾌함, 맛, 그리고 정통성을 상징하며 전 세계 소비자들의 사랑을 받는다.

코카콜라의 로고에는 정체성이 살아 있다. 홈이 볼록볼록 튀어 나온 병 모양은 당시 유행하던 주름스커트에서 아이디어를 얻었다. 1950년 〈타임〉지 커버를 장식할 정도로 혁신적인 디자인이었다.

주름 스커트 모양의 병 역시 코카콜라의 상징이다. 1915년 당시 코카콜라를 모방하는 제품들이 많아지자, 제품의 차별화를 위해 여러 유리공장에 독특한 병 디자인을 공모했다. 그때 루트 글라스 컴퍼니의 기술자 알렉산더 사무엘슨이 코코아 열매 모양에서 영감을 떠올렸다. 또 홈이 볼록볼록 튀어 나온 모양은 당시 유행하던 주름스커트에서 아이디어를 얻었다. 이 디자인은 1950년 〈타임〉지 커버를 장식할 정도로 혁신적인 디자인이었다.

코카콜라를 상징하는 것은 그것만이 아니다. 원래 산타클로스는 작은 몸매에 녹색이나 청색옷을 입은 사람으로 그려졌던 캐릭터였다. 1930년대, 코카콜라는 비수기인 겨울철의 판매 감소를 고민했다. 그 고민을 스웨덴 출신 화가 해돈 선드블롬이 말끔히 해결해주었다. 수염이 하얗고 빨간(코카콜라의 상징 색) 옷을 입은 후덕한 산타를 그려낸 것이다. 크리스마스 시즌에 착한 어린이들에게 밤새워 선물을 돌린 산타가 코카콜라를 시원하게 마신다는 스토리를 더했다. 통통하고 풍성한 흰 수염에 빨간 옷을 입은 산타는 전 세계 어린이들을 상대로 코카콜라 전도사 역할을 기가 막히게 수행해냈고, 이후로 세상의 산타는 모두 빨간 옷을 입게 되었다. 이는 코카콜라의 주도면밀한 마케팅과 디자인으로 인해 이루어진 것이다. 코카콜라를 상징하는 빨강과 흰색의 적절한 배색, 곡선을 그리는 글씨체 디자인은 이렇게 세심하게 기획된 것이다.

코카콜라는 1993년부터 겨울철 TV광고에 북극곰을 주인공으로 등장시키고 있다. 또한 '북극곰 살리기' 캠페인을 펼치며 세계적인 환경보호단체인 세계야생동물기금과 함께 북극곰 펀드를 만들어 모금 활동도 진행한다. 이 역시 코카콜라의 치밀한 이미지 전략이다. 유명 모델을 쓰는 대신 독특한 캐릭터를 내세워 자신들을 차별화시키는 전략을 이어가면서 세계 최고의 음료라는 이미지를 탄탄하게 굳히고 있다. 이러한 정체성은 최근 '유로 2012' 코카콜라 디자인에서도 그대로 드러난다. '오픈 해피니스(open happiness)'라는 슬로

코카콜라를 상징하는 빨강과 흰색의 적절한 배색, 곡선을 그리는 글씨체 디자인 등은 철저하게 기획된 것으로, 주도면밀한 마케팅이 이루어낸 것이다.

건 아래 제작된 모든 디자인들은 코카콜라 특유의 정체성을 그대로 보여준다.

또한 코카콜라는 한정판으로 제작하는 '리미티드 디자인 보틀'로도 유명하다. 코카콜라는 특정 제품이나 브랜드의 런칭, 혹은 기념일을 위해 칼 라거펠트, 장 폴 고티에 등 세계 유수의 디자이너들에게 의뢰해 특별한 디자인의 한정판 병을 생산하기도 한다. 이런 한정판 디자인을 모으는 열광적인 수집가들이 따로 있을 정도다.

1915년에 만든 초기 코카콜라 병은 전 세계에 딱 2개가 남아있다. 1개는 코카콜라사가 소유하고 있고, 다른 하나는 이 병을 디자인한 얼 딘의 손자 브래드 빈이 갖고 있다가 2011년 12월 3일 베버리 힐스 줄리엔 옥션에 내놓아 24만 달러(약 2억 7,000만 원)에 낙찰되어 화제가 되기도 했다. 코카콜라 디자인의 놀라운 힘과 가치를 여실히 보여준 사례다.

최근 선보인 패키지 디자인은 브랜드를 세계적인 아이콘으로 구축하기 위해 새롭게 내놓은 것이다. 디자인으로 칸느 광고제에서 그랑프리를 수상했다. 지금까지의 코카콜라 디자인 중 가장 훌륭하다고 평가받는다.

알프스를 껴안은 스토리텔링의 힘

물은 단순히 음료가 아니라 소비자의 패션과 라이프스타일을 대변하는 아이템으로 자리 잡았다. 에비앙은 세계 최초로 물을 상품화한 기업이자 고급 생수 시장에서 부동의 1위를 지키고 있는 브랜드다. 아무리 수질이 떨어지는 유럽이라도 130여 년 전, 에비앙이 탄생하던 시절에 돈을 주고 물을 사먹는다는 것은 생소한 개념이었다. 그런 상황에서 에비앙은 어떻게 성공할 수 있었을까?

에비앙은 때 묻지 않은 순수하고 깨끗한 자연을 모티브로 디자인한다. 세련된 순수함이 그냥 느껴진다.

에비앙이 출시된 배경은 이렇다. 1789년 레세르 후작이 프랑스 알프스 기슭의 작은 마을 에비앙에서 요양하면서 샘물을 마시고 거짓말처럼 병이 나았다. 신기하게 생각한 후작이 성분을 분석한 결과, 그 샘물에 미네랄 등 인체에 유익한 성분이 다량 함유돼 있었다. 이후 마을 주민들이 그 샘물을 에비앙이라는 생수로 판매하기 시작했다.

전설 같은 이 이야기는 에비앙은 물이 아닌 '약'이라는 인식을 심어준다. 이는 스토리 마케팅의 훌륭한 성공 사례다. 하지만 아무리 좋은 스토리도 기억하지 못하면 단지 그뿐이다. 에비앙은 효과적으로 스토리를 전파하기 위해 멀티채널을 동원했다. 에비앙의 홈페이지(www.evian.com)의 '에비앙 스토리'는

'폴 스미스'가 디자인한 스페셜 에디션 디자인. 에비앙은 세계 유명 디자이너들이 디자인한 스페셜 에디션을 매년 출시한다.

제품 탄생 스토리와 함께 에비앙이 청정지대인 알프스의 만년설이 녹아 만든 물임을 소개하는 영상물을 소개한다. 이 영상들은 에비앙이 특별하며 순수하다는 점을 강조하면서 제품에 신비감을 부여한다. 에비앙 물병에 새겨진 산 모양의 로고는 20세기 초반에 만들어졌다. 마을 옆에 호수가 있어서 에비앙 물을 이곳에서 퍼온다고 오해하는 사람이 많아, 알프스가 그 광천임을 강조하기 위해 산 이미지를 그려 넣었다고 한다.

일반적으로 생수 용기는 신선함을 강조하기 위해 블루계열의 차가운 색을 쓰는데, 에비앙은 분홍색을 사용했다. 에비앙이 분홍색 병을 사용하는 가장 큰 이유는 300ml 생수의 주 소비자가 여성이기 때문이다. 상품의 본질보다는 대상 고객이 선호하는 색으로 용기를 디자인함으로써 다른 브랜드와 더욱 차별화된 이미지를 구축했다.

에비앙은 1992년부터 세계적인 디자이너들의 작품을 더해 상품의 가치를 극대화하고 있다. 크리스티앙 라크루와, 장 폴 고티에, 랄프 로렌 등의 디자이너들과 콜라보레이션을 진행했다. 2010년에는 유명 디자이너 폴 스미스의 작품을 내놓았고, 2011년에는 일본의 유명 패션 디자이너인 이세이 미야케와 손잡아 많은 소비자로부터 뜨거운 관심을 받았다. 프리미엄 생수 위에 고급 디자인을 더해 그 가치를 극대화한 것이다.

아이디어의 원천, 스케치가 중요하다

위대한 화가나 디자이너들에게는 공통점이 있다. 그들은 많이, 그리고 잘 그린다. '그린다'는 행위는 어떤 사물을 보거나 상상해서 묘사하는 것이다. 잘 봐야만 잘 그릴 수 있다. 위대한 소설가나 시인 역시 잘 '그리는' 사람들이다. 그들은 보고 느낀 것을 말과 글로 묘사한다. 묘사력이 뛰어난 사람들은 관찰력 역시 남다르다.

> "세상에 관한 모든 지식은 처음에는 관찰을 통해 습득된다. 보고, 만지고, 냄새 맡고, 맛을 보고, 몸으로 느끼면서 터득한다. 이런 느낌과 감각을 다시 불러내거나 어떤 심상으로 만들어 머릿속에 떠올리는 능력이 바로 형상화다."

루트번스타인 부부가 저서 ≪생각의 탄생≫에서 정의한 것이다. 형상화를 잘 한다는 것은 잘 보고, 제대로 본다는 것이다.

아리스토텔레스도 "모든 것은 보는 것에서 시작된다."고 말했다. 잘 그리는 힘을 가진 이들은 한마디로 관찰의 대가들이다. 이런 사람들은 대부분 스케치 능력이 뛰어나다. 스케치는 디자인의 기본이자 기초적인 작업이다. 이 사실은 수세기 동안 변함이 없었다.

수천 장의 스케치를 유산으로 남긴 레오나르도 다빈치는 "그림은 사람들로 하여금 보는 법을 알게 해준다." 고 했다. 따지고 보면 그가 남긴 수천 장의 스케치와 메모는 자연을 모방한 것이었다. 그는 스케치를 통해 세상을 보았고 그 스케치를 통해 '보는 방법'을 무언으로 이야기하는 한편 스케치를 통해 상상의 실현을 꿈꾸었다. 창의력이란 상상에 관한 것이기도 하지만 사실에 관한 것이기도 하다. 다빈치는 상상한 것을 스케치하기도 했지만 현실을 세밀하게 관찰

1942년에 작업한 피카소의 〈황소 머리〉는 녹슨 자전거 한대에서 영감을 얻었다. 자전거의 녹슨 안장과 핸들만을 사용해 만든 이 작품은 50년이 지난 후 런던 경매장에서 300억 원에 낙찰되었다. 피카소는 이렇게 말한다. "나는 찾지 않는다. 다만 있는 것 중에서 발견할 뿐이다."

해서 그려낸 것들을 더 중요하게 여겼다. 세밀한 관찰이 다빈치를 만들어 낸 것이다. 다빈치는 집요한 스케치로 새로운 아이디어를 샘솟게 만들었다.

피카소 역시 스케치의 대가였다. 그는 일곱 살 무렵부터 미술선생님이었던 부친에게 스케치 훈련을 받았다. 아버지는 유별나게도 그에게 비둘기 발만을 반복해서 그리게 했는데, 그런 훈련이 천재 피카소를 만들었다고 해도 과언이 아니다.

피카소는 "열다섯 살이 되자 나는 사람의 얼굴, 몸체 등도 다 그릴 수 있게 되었다. 그동안 비둘기 발 밖에 그리지 않았지만 어느 때는 모델 없이도 그림을 그릴 수 있었다."고 말했다.

언어로 그리는 것은 한계가 있다. 어떤 형상과 상상에 대해 말과 글로 묘사를 한다는 것은 쉬운 일이 아니다. 아무리 말을 잘 하고 글을 잘 쓴다 해도 언어는 커다란 오류를 낳을 여지가 있고 한계가 있다. 그런 상황에서 유용한 것이 스케치다.

스케치는 힘이 있다. 무엇보다 빠르게 그릴 수 있고, 쉽게 버릴 수도 있다. 말이나 글로 표현하기 어려운 미묘한 부분을 스케치로 형상화하면 이해가 빠르다. 그만큼 명쾌하다. 때문에 어떤 것을 제안하고 아이디어를 탐색할 때, 브레인스토밍을 할 때 스케치는 큰 힘을 발휘한다. 스케치는 문제를 자유롭게 탐색할 수 있고 말이나 글로 표현하기 어려운 부분에 대해 소통할 수 있다.

디자인은 결국 표현이다. 표현을 잘한다는 것은 상상력과 아이디어를 얼마나 빠르고 효과적으로 구현하느냐의 문제다. 그러나 요즘은 디자이너들도 컴퓨터에 의존하려는 경향이 강하다. 스케치하는 과정을 생략하고 대신 컴퓨터가 자신의 생각을 표현해주기를 바란다. 컴퓨터 덕분에 작업이 빨라지도 했지만, 스케치를 생략하고 바로 컴퓨터 작업으로 들어가 곧잘 표현의 한계를 느끼게 된다. 왜냐하면 컴퓨터란 결국 디자이너의 손이 가는 곳을 따라가는 도구에 불과하기 때문이다. 그래서 스케치 능력이 필요하다. 스케치 능력이 부족한 디자이너는 표현 능력이 떨어질 수밖에 없다. 스케치를 기피하다 보면 스케치를 안 하게 되고, 결국 스케치 능력이 떨어지는 악순환에 빠진다.

스케치 능력은 디자이너의 기본이자 무기다. 리딩하는 디자이너, 뛰어난 디자이너가 되고 싶다면 스케치 능력을 키워야 한다. 결론적으로 스케치 능력이란 관찰 능력이다. 스케치를 잘하기 위해서는 제대로 보아야 하며, 밝고 섬세한 관찰력은 스케치 훈련을 통해서 성장한다. 미술과 디자인 교육에서 스케치가 강조되는 것은 그런 이유다. 더 밝은 눈을 원한다면, 제대로 보고 싶다면, 더 많이 보고 느끼고 스케치를 해야 한다.

"데생은 아무런 재능이 없는 사람도 연습할 가치가 있다. 그것이 우리에게 보는 법을 가르쳐주기 때문이다."

– 존 러스킨, 사상가

‘천의 얼굴’을 가진 디자인의 가치

CEO는 크게 두 가지 유형으로 구분할 수 있다. “디자인을 모르고는 성공할 순 없지.”라고 말하거나, “디자인? 우린 그런 거 몰라. 디자인 안 하고도 잘 해왔거든.”이라고 생각하는 유형이다.

디자인이 필수라고 주장하든, 아니라고 하든 이들의 관점이 상반된 것은 아니다. 이들 모두 상품에 가치를 부여하는 것이 디자인이라는 것에 동의하기 때문이다. 소비재는 디자인이 필요한 상품이고 원자재는 그렇지 않다는 차이가 있을 뿐, 양측의 귀결점은 결국 상품이다. 디자인이 필요하든 아니든 말이다. 상품은 사고파는 것을 목적으로 한 재화다. 상품은 인간의 물질적 욕망을 만족시킬 수 있는 실질적 가치를 지닌다. 상품이 소비자의 물질적 욕망을 만족시킬 수 없다면 상품으로서의 가치가 사라진다.

상품을 디자인으로 바꿔 말해보자. 디자인 역시 소비자의 물질적 욕망을 만족시킬 수 없다면 디자인으로서의 가치가 사라진다. 이렇게 디자인을 상품으

로만 바라보는 마케팅 관점의 패러다임은 디자인이 설 땅을 축소시키고 의미를 협소하게 만드는 주범이다.

마케팅이란 무엇인가? 마켓(시장)에서 현재 진행(ing)하고 있는 모든 것이다. 상품은 시장을 떠나 존재할 수 없지만, 디자인은 시장을 떠나서도 존재할 수 있다. 마케팅보다 더 큰 개념이 디자인이라는 말이다. 디자인이 필요 없다고 주장하는 CEO들은 디자인을 마케팅의 관점으로만 바라본다. 그러다 보니 더 큰 디자인을 보지 못한다. 디자인이란 어떤 관점에서 보느냐에 따라 천변만화한다. 천의 얼굴을 가진 도깨비처럼 말이다.

물론 디자인에 정답은 없다. 디자인이 필요한지 아닌지 갑론을박하는 것은 무의미하다. 디자인이 필요 없다는 CEO들에게 디자인은 그런 게 아니라고 강변할 필요도 없고 강요할 이유도 없다. 디자인은 그 가능성을 통찰하는 사람에게만 살포시 얼굴을 열어 보인다. 디자인은 가능성을 모르는 눈 먼 자에게는 절대 기회를 열지 않는다.

디자인의 문화적, 사회적, 예술적 가치는 빛의 속도로 변하고 있다. 디자인은 세상 누구에게나 동일한 기회를 부여한다. 주변 사람들과 진정으로 소통하고 질문하고 열정적으로 삶을 디자인할 때, 우리의 삶은 좀 더 풍요로워진다. '디자인 파워'란 그런 것이다. 그것은 아무에게나 주어지지 않는다. 그 힘을 인정하고 부단히 찾고자 노력하는 사람, 그런 리더에게만 주어지는 아름다운 선물이다.

리더가 되고 싶은가, 연금술사가 되고 싶은가? 그렇다면 디자인하라.

"기업 내부에서 진행하는 수많은 실질적인 디자인 활동이 '디자인'으로 불리지 않는다. 그 업무는 '디자이너'라고 불리지 않는, 그리고 스스로도 디자이너라고 생각하지 않는 사람들이 해나가고 있다."

– 피터 곱, 런던비즈니스스쿨 교수

디자인은 돈이다

"디자인이 돈이다."

디자인으로 밥벌이 하는 사람들에게는 지당한 말이다. 일반인들에게 디자인을 아느냐고 물어보면 대부분 이런 반응을 보일 게다.

"디자아이~인, 기게 뭐꼬? 뉘집 얼라 이름이가?"

한 월간지 기자가 '디자인이 중요하다'고 강조하던 그룹 CEO에게 질문했다. "브랜드를 강조하는 건 이해가 되지만 디자인은 왜 중요한가요? 디자인이 그렇게 강조할 만한 요소인지 의문입니다."

이런 상황에서 디자인이 정말 중요하며 심지어 '돈이 된다'고 주장한들 무슨 소용이 있으랴. '디자인'이라는 용어를 이해하지 못하는 상황 속에서 오히려 이것을 강조하면 오해의 바다에 빠져 익사하고 말 것이다.

디자인이 오해의 바다에 빠진 예는 많다. 서울시가 추진한 '디자인 서울'은 대표적 사례이다. 2011년 여름, 우리는 잘못 진행된 디자인 사업으로 애꿎은 시민들이 사망하는 우면산 산사태라는 아픔을 겪었다. '한강 르네상스' 사업도 '한강 걸레상스'로 전락했다. 이들의 공통점은 사람들의 이목을 끌기 위해 디자인의 전시효과만을 노렸다고 볼 수 있다. 철학부재와 빈곤한 도덕이 만들어낸 디자인이 권력에 이용되면서 벌어진 비극이 아닐 수 없다.

디자인 행위에 앞서 무엇보다 중요한 것은 '디자인이란 무엇인가'에 대한 명확한 인식이 있어야 한다. 그러나 현실에서는 대개 이를 묵살하거나. 이렇게 말하곤 한다.

"거시기, 디자인이란 게 뭐여. 이쁜 거시 장땡아녀?"

'디자인이 예뻐야 한다'는 말은 결코 틀리지 않지만, 정작 이 말 때문에 디자인이 고생을 한다. 이처럼 주관적인 말이 없기 때문이다.

세상에서 가장 예쁜 여자가 누구일까? 네이버에 검색해보니 카밀라 벨이란 미국 여배우가 뜬다. 구글에서는 엠마 왓슨을 추천한다. 그러나 이것이 과연 정답일까? 필자에게 가장 예쁜 여자는 아내다. 왜 그럴까? 이유는 너무나 많다. 못난 나와 살아주니까, 내 딸과 아들을 낳아주었으니까, 언제 어디서건 꼬박꼬박 맛있는 아침밥을 챙겨주니까…

디자인은 '인생'이다. 디자인을 모르면 인생을 모르는 사람이다. 누구나 인생을 디자인하며 살아간다. 우리는 인생의 디자이너다. 그 안에 성공하는 사람도, 실패하는 사람도 있다. 성공한 디자인, 돈이 되는 디자인이란 이런 속성을 간파하고 통찰하여 얻는 것이다.

'돈 되는 디자인'의 선두에는 애플의 전 CEO 스티브 잡스와 디자인 부사장 조너선 아이브가 우뚝 서 있다. 조너선은 이렇게 말한다.

"경영진이 제품과 디자인의 역할에 대해 아는 것이 전부는 아니다. 연구개발, 마케팅, 영업 등 모든 팀이 같은 목표를 위해 헌신하는 것 역시 매우 중요하다. 우리가 디자인에서 이룩한 모든 것은 각기 다른 여러 팀이 하나의 목표를 갖고 동일한 문제를 해결하기 위해 헌신적으로 노력을 기울인 덕분이라는 사실을 그 어느 때보다 절실히 깨닫고 있다."

조너선 아이브의 말처럼 돈 되는 디자인이란 모두가 하나 되어 같은 꿈을 성취하는 것이다. 이것이 바로 디자인이고 돈이 된다고 말할 수 있다.

"어떤 디자인이든 탄생하기까지의 과정이 있다. 바로 사유의 과정이다. 이 과정은 디자인 자체를 뛰어넘는다. 만약 판매 전략을 세우거나 제조공정의 효율성을 높일 생각이라면, 혹은 새로운 혁신 제도를 구상하고 있다면, 간단히 말해 당신이 비즈니스 세계에 속한 사람이라면 당신도 디자인 업무에 종사하고 있는 것이다."

– 크리스 뱅글, BMW 디자인 디렉터

디자인은 칼이다

"디자인은 살림이다."

필자의 저서 ≪디자인이다≫에서 사용한 말이다. 사람이 살아가는 것이 삶이고, 그 삶을 살리는 것이 살림이라면 세상에 살림보다 중요한 것은 없다는 뜻이다. 동시에 디자인은 '죽임'이기도 하다. 지금 이 시간에도 지구상에서는 전쟁과 테러가 일어나고 있다. 그 속에도 엄연히 디자인이 존재한다. 전쟁 무기도 디자인이고 전장에서의 승패도 디자인적 사고, 즉 전략에서 나온다. 그래서 엄밀히 말해 디자인은 양날의 칼이다. 살리기도 하고 죽일 수도 있는 활인검(活人劍)이자, 살인도(殺人刀)인 셈이다.

같은 칼도 쥐는 사람에 따라 결과가 달라진다. 요리사나 의사에게는 활인검이 되지만, 강도가 손에 쥔 칼은 살인검이 된다. 디자인도 그렇다. 당신의 디자인 연금술은 죽임의 도구가 아닌 살림의 미학이어야 한다. 디자인이 살림의 칼이 아니라 죽임의 칼이 된 경우를 보자.

요리사나 의사의 칼은 활인검이다.
강도의 칼은 살인검이다.
디자인도 칼이다.
마음에 따라 달라지는 칼

SWORD
SAVED LIFE

1990년대 중반, 브리티시 에어라인(British Airline)의 CEO 로버트 아일링은 예산 6,000만 파운드(약 1,000억 원)를 디자인에 투자했다. 영국을 상징하는 '유니언 잭'의 구태의연한 이미지를 개선하고 글로벌한 이미지로 다시 태어나려는 시도였다. 그는 비행기 100대에 각기 다른 다양한 디자인을 입혀 5년 내에 교체를 마친다는 일정을 세웠다.

하지만 새 디자인을 적용한 지 1년도 못 되어 부정적인 여론이 들끓었다. 마가렛 대처 전 총리까지 나서 새로운 디자인을 비판했다. 비행기 한 대만 보면 나쁘지 않았지만, 모아놓고 보면 통일되지 않은 각각의 이미지들이 뒤섞여 시각적 혼란을 주고, 관제사들조차 혼란을 일으켜 추돌사고가 일어날 가능성까지 제기되었다. 심지어 전통을 중시하는 영국인들은 이 디자인에 분노하고 적개심을 느끼기까지 했다.

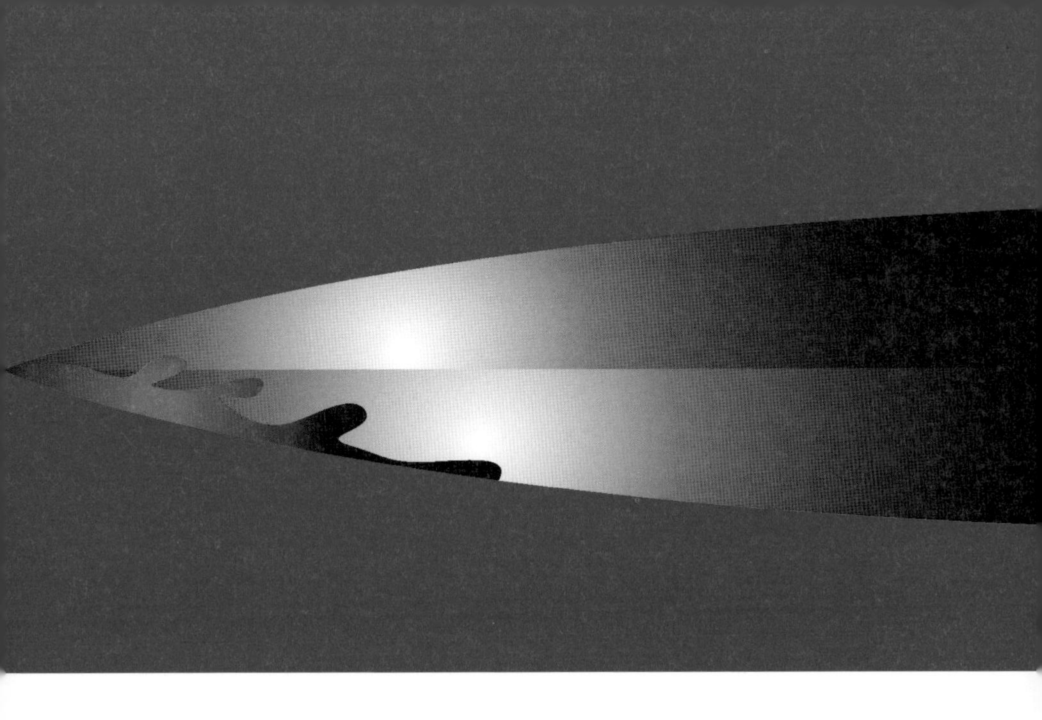

브리티시 에어라인은 더 이상 버티기 어렵다고 판단, 즉각 새 디자인을 포기하고 유니언 잭을 활용한 디자인을 다시 적용했지만 때는 늦었다. 브리티시 에어라인의 주가는 반 토막 나고 이미지도 실추됐다. 이 사건은 결국 아일링이 퇴임하는 것으로 막을 내렸다. 디자인이 CEO의 수명을 재촉한 살인도가 된 셈이다.

이런 관점에서 보면 디자인은 칼이다. 우리는 모두 그 칼을 들고 있는 셈이다. 그런데 칼의 용도를 제대로 모르는 경우가 대부분이다. 그러다 보니 자신을 과대평가해서 잘못된 투자를 하기도 하고, 자신을 과소평가해서 자신감을 잃고 숨은 잠재력을 발휘하지 못하기도 한다.

사실 자신감이 없는 것보다 자신감이 넘치는 것이 더 큰 문제다. 자신감이 부족한 CEO라면 움직이지 않을 것이고 그러다 보면 현상유지는 할 수 있다.

그러나 자신감이 넘치면 스스로를 과대평가해서 지나치는 경우가 많다. 기업이 가장 위험해지는 순간이 이 때다. 성공이 쌓이다 보면 자신감이 붙고, 자신감이 쌓이다 보면 자기도 모르는 사이에 자만하게 된다. 자만은 결국 오판을 낳고 기업을 위험에 빠뜨리게 된다. 자만은 결국 기업을 죽이는 살인도가 된다. CEO의 디자인은 이런 살인도가 되어서는 안 된다. 활인검이 되어야 한다.

"제도권이, 아니 우리 문명이 살아남아 번창하기 위해서는 매우 복잡한 문제들과 혼란스러운 딜레마를 해결해야만 한다. 지금의 방식만을 고수하며 더 나은 세상으로 나아갈 수 있을 것이라 가정해서는 안 된다. 우리는 더 나은 세상을 디자인할 수 있다. 이것이 바로 디자이너들이 리더가 되어야 하고, 리더 또한 디자이너가 되어야 하는 이유이다."
– 리처드 파슨, 경영컨설턴트

디자인 비용은 투자다

모든 디자인 작업의 최종 결정은 CEO의 몫이다. 디자인을 성공시키는 핵심은 프로젝트가 착수되기 전부터 철저히 준비하는 것이다. 또 프로젝트가 수행되는 과정을 효율적으로 관리하는 것이다. 하지만 무엇보다 중요한 것은 디자인을 보고 결정하는 CEO의 안목이다. 수많은 디자인이 실패하는 궁극적인 이유는 CEO가 기업이 성취하려는 것에 대한 비전과 철학을 확립하지 못하고 자문하지 못하기 때문이다.

디자인을 지휘하고 관리하는 것은 반드시 CEO가 해야 한다. 그래서 CEO의 역할이 중요하다. 많은 기업이 디자인 책임자를 자주 바꾸는 경향이 있다. 그나마 그건 나은 편이다. 아예 디자인 책임자가 없는 기업도 부지기수다. 게다가 디자인을 자판기에서 커피 뽑듯 쉽게 생각한다. 마치 공산품 가격을 정하듯 디자인 가격을 책정하고 무모한 PT 경쟁, 촉박한 일정, 최저가 입찰을 기준으로 디자인을 결정하는 기업이 많다. 문제는 여기서 발생한다.

세계적인 디자이너 스테파노 조반노니는 한 인터뷰에서 이렇게 말했다.

"한국 기업은 디자인이 공장에서 제품을 찍어내듯 빠른 시간에 결과물을 만들어내길 바라며 일관성도 없다. 이 같은 근시안적인 풍조가 바뀌지 않으면 절대로 세계를 감동시키는 디자인이 나올 수 없다."

디자인으로 감동을 주고 고객을 사로잡고 싶다면 달라져야 한다. 변화의 열쇠는 누구도 아닌 CEO 당신이 쥐고 있다. 기업의 최고 책임자 아닌가.

사실 이 말에 공감하지 않는 CEO는 없다. 그러나 실제로 비용문제에 부딪치면 사정은 달라진다.

자수성가한 CEO가 있었다. 산전수전, 공중전까지 겪으며 회사를 반석 위에 올려놓았다. 그동안 돈 버느라 신경 쓰지 못했던 회사 홍보가 필요했다. 예상보다 비용이 많이 들었지만, 큰맘 먹고 회사 홍보용 브로슈어를 제작하기로 결심했다.

촬영비가 만만치 않았다. 한 컷당 200만 원, 메이크업 비용 70만 원, 코디네이션 비용 70만 원을 합쳐 340만 원이나 요구하는 것이었다. '헉, 사진 한 컷 찍는데 340만 원이라고?' 왠지 사기 당하는 기분이었지만 촬영에 나섰다. 촬영 당일 디자이너와 포토그래퍼, 메이크업 전문가와 코디네이터도 함께 왔다. 예쁜 메이크업 아티스트가 화장을 해줄 때까지는 괜찮았다. 드디어 조명을 켜고 촬영에 들어갔다. 브로슈어에 들어갈 사진을 찍다가 일이 터졌다.

'찰칵, 찰칵'

"사장님, 이번에는 턱을 당겨주시고 좀 더 밝게 웃어주세요. 좋습니다. 자, 갑니다."

'찰칵, 찰칵, 찰칵'

셔터 소리가 날 때마다 사장은 심장이 멎을 것만 같았다. 또 한 번 '찰칵' 하는 순간 참지 못한 사장이 크게 소리쳤다. "그만, 이제 그만!" 그러더니 벌컥 화를 내며 이렇게 말했다.

"아니, 사진 한 컷에 200만 원이라면서 지금 몇 컷을 찍는 겁니까? 여섯 컷이면 대체 돈이 얼마요? 제 정신이오? 지금 누굴 호구로 보는 거요?"

사장은 사진 '한 컷'이 말 그대로 '셔터 한번 누르는 한 컷'으로 알았던 것이다. 그러니 셔터 소리에 민감할 수밖에 없었다. 게다가 동네 사진관에서 찍으면 1~2만 원이면 해결되는데 말이다.

디자인 현장에서는 이런 일들이 비일비재하다. 디자인 가격은 명확하게 정해진 것이 없기 때문이다. 디자이너는 물론이고 포토그래퍼 역시 비용이 천차만별이다. 많은 CEO가 이런 부분을 이해하지 못하고 엉뚱한 요구를 한다. 무조건 비용을 깎는 게 최선이라고 생각한다.

필자도 비슷한 일을 겪었다. 탤런트 원미경이 권투 글로브를 끼고 "펀치로 팡팡"을 외쳐 공전의 히트를 기록한 카오스 팡팡 세탁기 신문광고를 제작할 때였다. 빨간 권투 글로브가 물속에서 솟구치면서 하얀 와이셔츠를 팡팡 쳐주는 그림이 필요했다. 전면광고용 30×50cm 크기로 1993년 당시 최고의 일러스트레이터에게 의뢰해 500만 원을 지불했다. 회사 내에서 제작을 진행했던 그림 중 최고가였다. 아니나 다를까. 비용이 비싸다고 광고주가 항의를 했다. "도대체 이런 그림이 어떻게 500만 원이나 하느냐? 말이 안 된다. 깎아 달라."는 것이었다.

"그럼 제가 500만 원 드릴 테니 이 그림 그려 주실 수 있습니까?"

필자는 이렇게 응수했다. 까다로운 광고주도 결국엔 청구된 비용을 수긍했다. 자신들은 500만 원이 아니라 1,000만 원을 들여도 절대 그 그림을 그릴 수 없으니까 말이다.

한참 웹디자인 열풍이 불었을 때는 이런 일이 많았다. 거리에 '웹 디자인 공짜'라는 현수막이 우후죽순처럼 나부끼자, 실력 있는 많은 디자이너가 곤란을 겪었다. 디자인에 대한 이해가 얕은 CEO들이 디자인 비용 문제가 나오면 늘 이 얘기를 거론했기 때문이다.

"웹 디자인도 공짜인데 웬만한 디자인은 공짜로 해주는 것이 아니냐?"고 말이다. 디자인 비용에 절대 비용이란 없다. 상대적 가치만이 존재한다. 그 가치는 디자이너가 만들어내는 것이고 CEO가 인정해야만 하는 것이다. 비싼 만큼 제값을 하는 것이 디자인이다. CEO 당신을 만들어 내는 것이 디자인이다. 더러는 비용이 부담스럽더라도 그 가치를 인정하고 투자해야 한다. 그런 상대적 가치를 인정하고 투자하는 기업이 결국 절대적 가치를 지니게 된다.

남다른 CEO가 되고 싶다면, 상대적 가치를 인정하고 디자인에 투자하라. 그래야만 연금술사가 될 수 있다.

명함
한 장의 가치

명함 한 장의 가격은 얼마일까? 2만 원 정도면 명함 한 상자를 인쇄할 수 있다. 한 상자에 보통 200장이 들어 있으니 한 장에 100원 꼴이다. 어느 날 명함 한 장 가격에 대해 페이스북 친구들에게 질문했더니 대부분 '공짜 아니냐?'는 답변을 했다. 과연 그럴까? 디자이너로서 명함 한 장의 가치를 따져보았다. 명함 디자인에서 가장 중요한 것이 기업의 심벌과 로고다. 대기업들은 기업의 심벌과 로고 디자인을 개발하는 데 엄청난 비용을 투자한다. 서울대 김민수 교수는 1995년 럭키금성그룹이 LG그룹으로 변신하면서 쓴 비용을 이렇게 밝힌다.

"LG 심벌마크를 디자인하기까지 극비리에 2년 여에 걸쳐 30억 원이라는 엄청난 디자인 개발비가 소모되었으며… 개발비 대부분이 한국에 잘 알려진 외국 CI 전문회사 랜도사에 지출되었다. … 앞으로 LG는 새로 개정된

CI를 전 그룹에 적용시키기 위해 2백억 원을 쏟아 부을 예정이다."

종이 쪼가리에 불과한 명함 한 장에 이 정도 비용을 투자하는 기업도 있다. 물론 심벌과 로고디자인이 명함에만 들어가는 것은 아니다(새로 개발된 심벌을 적용하려면 간판에서 차량, 유니폼에 이르기까지 그룹 내 모든 것을 바꿔야 하기 때문에 디자인 비용은 우리가 상상하는 것 이상이다.).

대체 명함 한 장에 왜 그렇게 투자를 할까? 명함이 기업의 상징이자 철학이자 정체성이기 때문이다. 명함에는 기업을 하나로 집중시키고 타사와 차별화하는 힘이 있다. 명함에는 기업이 투자한 비용만 있는 것이 아니다. 그 명함을 가지기 위한 과거의 노력 또한 명함에 담겨 있다.

그런 명함을 공짜로 생각하는 조직원이라면 당장 보따리를 싸서 집으로 가야 한다.

명함의 힘? 실력의 힘!

비즈니스맨에게 명함은 얼굴이자 생명이다. 특히 최고 경영자인 CEO에게 명함은 힘 그 자체라고 해도 과언이 아니다. 얼마 전 대기업 임원을 지내다 퇴직한 친구에게 들은 이야기다. "모임에서 처음 만난 사람이 명함을 건네는데 순간적으로 당황했어. 상대방이 명함을 건네는데 나는 줄 명함이 없더라고…."

친구는 회사 다닐 때 당연시했던 명함의 가치를 그때 절실하게 깨달았다고 한다. 그 친구의 고민이 느껴졌다. 구구절절 설명하지 않아도 과거에는 명함만 건네면 사람들이 자신을 알아주었을 것이다. 저녁에 밥 먹자고 하는 사람, 주말엔 골프 하러 가자는 사람들로 정신없이 바빴을 것이다. 그랬는데 그 명함이 없어진 것이다. 명함과 함께 힘도, 그 많던 사람들도 사라져 버렸다.

명함이란 그런 것이다. 자기 정체성이자 때로는 권력이다. 명함이 있을 때는 그 고마움을 잘 모르고, 주변에 사람들이 모이고 그들이 자신에게 고개를 숙이는 것이 자신의 힘 때문인 것으로 착각한다. 특히 대기업의 CEO나 임원은 물론이고 직원들도 그렇다. 명함의 힘을 자기 힘으로 믿는다. 정치인이나 대학 교수들도 마찬가지다. 물론 그 조직 안에 있을 때는 착각하고 살아도 별 문제없다. 명함의 힘이 살아있으니 말이다. 문제는 그 조직에서 튕겨져 나와 명함을 잃었을 때 발생한다. 명함이 없어도 그에 합당한 실력이나 인격이 갖춰져 있다면 상관없지만, 그런 사람은 그리 많지 않다.

명함은 단순히 이름 석 자를 적어놓은 종이가 아니다. 과거에서 지금까지의 인생이 오롯이 담겨 있다. 그 사람이 어떤 사람이고 누구인지를 알려주는 상징이자 매개체이다. 그것이 명함이다. 명함을 통해 비즈니스가 이어지고 사람과의 커뮤니케이션이 일어난다.

냉철하게 돌아보라. 당신은 어떤 명함을 가지고 있는가. 혹시 명함에 기대 살고 있지 않은가, 그 명함에 실력과 인격이 담겨 있는가, 그 명함 하나를 얻기 위해 얼마나 많은 대가를 지불했는가를 말이다.

행운을 주는 디자인

필자 중 한 사람의 명함은 2달러짜리 지폐이다. 교수들의 명함은 기능을 중심으로 디자인해서 틀에 박혀있다. 그런 권위적이고 딱딱한 형식을 깨보고 싶었다. 장난기를 발동하여 떠올린 아이디어가 행운의 2달러 지폐를 활용하는 것이었다. 지폐에 등장하는 제퍼슨 얼굴 위치에 필자의 얼굴을 넣은 디자인이었다. 처음 만나는 분들에게 이 명함을 건네면 재미있어 한다. 2달러 지폐가 왜 행운을 주는지 이야기하다 보면 금세 가까워지기도 한다.

〈마이웨이〉를 부른 가수 프랭크 시나트라. 그가 아름다운 여배우 그레이스 켈리에게 2달러 지폐를 선물로 주었다. 그레이스 켈리는 지폐를 받고 얼마 후 모나코의 왕비가 됐다. 그때부터 '2달러 지폐를 받으면 행운이 온다'는 소문이 퍼지며, 행운의 상징이 된 것이다.

필자는 처음 만나는 분들이나 강연회에서 이 명함을 건네며 "행운을 드리는 디자이너 김희현 입니다."라는 말을 잊지 않는다. 그 덕에 어떤 분은 잊지 않고 만날 때마다 "2달러 교수님, 반가워요!"라며 살갑게 대해준다. 디자인과 스토리텔링이 결합하며 강렬한 각인효과가 탄생한 덕분이다. 물론 부정적으로 보는 분들도 있다. "그래도 교수 명함인데, 좀 가벼운 거 아니야?" 이 말은 필자의 교수로서의 권위를 우려하는 소중한 의견이다. 어쨌든 필자는 2달러짜리 명함 디자인으로 여러 가지 긍정적인 효과를 보았다.

작은 명함 한 장에 자신만의 이야기를 담아보자. 명함이란 정체성이다. 누구도 따라 할 수 없는 자신만의 인생이 담겨 있어야 한다. 그 인생은 자신이 디자인하는 것이다.

당신은 어떤 인생을 디자인하고 있는지 자문해 보라. 새로운 시각으로 바라보고 질문하면 명함이란 작은 디자인 하나에도 다양한 아이디어가 탄생한다. 디자인이란 그런 것이다. 아무리 작고 사소한 것도 어떤 시선으로 바라보고 질문하느냐에 따라 다양한 가치가 탄생할 수 있다. 디자인은 그런 사소한 것에 가치를 부여하고 새로운 힘을 준다.

> "성공은 우연에 의해 만들어지는 것이 아닙니다. 성공은 디자인에 의해 가능한 것입니다."
>
> – 고든 브라운, 전 영국 수상

대박 난 디자인을 조심하라

디자인에 투자하는 기업이 늘어나고 있다. 그럼에도 어떤 기업은 성공하고 어떤 기업은 몰락한다. 그 차이는 무엇일까? 결론부터 말하면 정체성의 차이다.

'디자인' 하면 많은 사람들이 아름다운 외형만 떠올린다. 그게 디자인의 전부라고 생각한다. 물론 일반인들은 그렇게 생각해도 문제가 없다. 아름다움을 즐기면 그만이니까. 하지만 기업을 이끄는 최고 경영자가 그렇게 생각한다면 문제가 심각하다. 아름다운 디자인에만 눈이 멀면 기업이 몰락하는 것은 시간문제다.

2011년 모토롤라가 구글에 합병됐다. 모토롤라가 어떤 기업인가. 1983년 세계 최초로 휴대폰을 만들어 낸 기업이다. 일명 '벽돌폰'이라 불리던 브릭(Brick)은 선망의 대상이었다. 2005년에는 '레이저폰'으로 대박을 터뜨렸다. 전 세계 핸드폰 두 대 중 한 대는 레이저폰이라고 했을 정도였다. 레이저는 얇은 몸체에 금속성 컬러가 눈에 띄는 디자인이었다. 그 톡톡 튀는 컬러와 얇은 디자인이 레이저라는 이름과 절묘하게 맞아 떨어졌다. 모토롤라는 레이저를 출시하고 얼마 동안 세계 최고를 구가했다. 하지만 거기까지였다. 모토롤라의 한계였던 것이다.

'대박 디자인'에 눈이 멀어 끊임없는 변화를 시도하지 못했기 때문이다. 모토롤라는 레이저가 지닌 장점을 다른 제품에도 계속해서 적용하려 했다. 레이저의 디자인을 계속 우려먹다 보니 그를 능가하는 후속타가 없었다. 그들은 "고객들에게 더 큰 공감을 주려면 무엇을 해야 할까?"라는 질문을 하지 못했다. 자신들의 성공에 자만해서 도전하기보다는 안주의 길을 택한 것이다. 결과적으로 고객에게 다가갈 일관된 디자인 정체성을 만들어내지 못했다. 고객들은 그런 모토롤라를 외면했다.

비슷한 사례는 또 있다. 한때 MP3 세계시장점유율 50%를 넘어섰던 기업, 세계 최고 소니의 워크맨을 물리치고 벤처 신화를 창조했던 기업, 아이리버는 2004년 창사 이래 최고 실적을 기록하고 의기양양했다. 거칠 것이 없어 보였다. 그러나 아이팟에 밀려 존재감마저 사라졌다.

아이리버와 애플은 묘한 공통점이 있다. 두 회사 모두 독특한 기술력을 바탕으로 디자인 혁신을 통해 성공한 기업이다. 출발점은 비슷했지만 결과는 극과 극으로 나타났다. 애플이 세계 최고로 등극할 때 아이리버는 세계 정상에서 추락했다. 신화는 신기루처럼 사라지고 한 때 부도위기까지 몰렸다. 어쩌다가 이런 현상이 벌어졌을까?

아이리버와 애플의 디자인을 냉철하게 비교하면 답이 나온다. 아이리버는 디자인 정체성 확보에서 실패했다. 대박 디자인에 눈이 멀어 산발적인 디자인을 연달아 출시했다. 다양한 고객의 요구를 듣는다는 것이 오히려 디자인 정체성을 흐리게 만들었다. 아이리버는 디자인을 문화로 승화시키지 못했다.

고객의 요구에 즉각 반응한 디자인이 공감을 불러일으키지 못했다는 것은 아이러니다. 그렇다. 이 부분이 중요하다. 수많은 요구를 모두 소화하겠다는 디자인은 이도 저도 아닐 가능성이 크다. 디자인에도 강력하고 올바른 리더십이 필요하다는 것은 이 때문이다.

사공이 많으면 배가 산으로 간다. 디자인 역시 그렇다. 디자인에 정답이 없기 때문에 강력한 리더가 없이 고만고만한 사람들만 모여서는 죽도 밥도 아닌 디자인이 되기 쉽다. 이래서는 곤란하다. 애플에 스티브 잡스라는 불세출의 리더가 존재했듯 아이리버와 모토롤라에도 그런 강력한 리더가 존재했다면 상황은 달라졌을 것이다.

어쩌다 황소 뒷걸음치듯 대박 디자인을 만들어 냈지만 그것을 발전시키고 이어나갈 디자이너나 리더가 없었던 것이 그들의 한계였다.

사실 대박 디자인은 평생 한 번 만들어 내기도 어렵다. 그렇기 때문에 아이리버의 경우 아쉬움이 더 크다. 불철주야 새로운 대박 디자인을 꿈꾸는 리더와 디자이너라면 이런 부분을 잊지 말아야 한다.

"기업인들은 그저 디자이너를 더 잘 이해하려고만 해서는 안 된다. 스스로 디자이너가 되어야 한다. 세계경제 안에서, 세련된 디자인은 절대적 경쟁우위이다. 문제는 대개 기업인들이 디자이너처럼 생각하지 않는다는 것이다."

– 로저 마틴, 《디자인 씽킹》 저자

실패를 포상하라

"실수를 저지르지 않는 사람은 윗사람이 시키는 대로만 일하는 사람이다. 뭔가를 해보려고 노력하다가 실패한 사람을 질책하고 망가뜨려서는 안 된다. 연구개발은 99%의 실패를 각오하지 않으면 안 되는 창조의 과정이기 때문이다."

혼다자동차 창업자 혼다 소이치로의 경영철학이다. 실제로 혼다는 '올해의 실패 왕'이라는 제도를 운영한다. 해마다 연구 개발자 중 실패를 가장 많이 한 직원을 선발해 100만 엔의 상금을 준다. 비전을 이루기 위해 열심히 도전하고 연구하는 과정에서 빚어진 실패라면 용기와 도전의식을 북돋워야 한다는 '혼다이즘'이다. 창조는 시행착오 속에서 꽃피운다는 것을 간파한 것이다.

실패를 두려워하면 도전 자체를 기피하게 된다. 누구나 성공을 원하고 실패를 두려워한다. 그래서 실패할만한 일은 피하기 일쑤다. 하지만 실패를 두려워

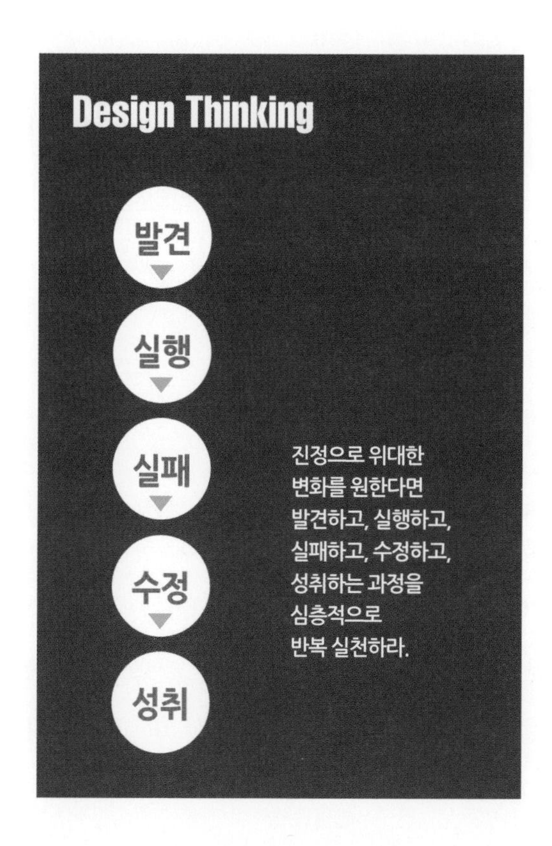

하면 발전할 수가 없다. 세계적인 컨설턴트 톰 피터스는 이렇게 말했다. "지금 우리에게는 보다 빠른 실패가 필요합니다." 고흐 역시 "작품 다섯 편을 그리는 때도 있다. 그러나 스무 편 중 한 편만이 성공적이라는 사실을 알아야 한다."고 말하기도 했고, 헤밍웨이는 "명작 한 페이지 당, 쓰레기 아흔 아홉 페이지를 집필한다."고 고백하기도 했다.

모든 것이 급변하는 현대 사회에서는 관행을 답습하는 사람보다 먼저 도전하고 먼저 실패하는 사람이 최종 승자가 될 수 있다. '좋은 디자인'은 유행을 따르는데 그치지만 '위대한 디자인'은 창조하고 시대를 이끌어간다. 새로운 가치는 한 번도 보지 못하고 경험하지 못한 것에서 탄생한다. 현대는 불확실성과 복잡성의 시대다. 이런 현실에 대응해서 새로운 것을 시도하다 보면 필연적으로 실패가 따르기 마련이다. 그래서 빠른 혁신은 빠른 실패에서 나온다.

실패를 두려워하고 문책하는 조직은 실패를 숨기려는 풍조가 생긴다. 그 결과 실패가 또 다른 실패를 낳으면서 악순환에 빠진다. 사소한 실패가 은폐, 악화되는 '깨진 유리창의 법칙'이 여기서도 적용되는 것이다. 자료를 왜곡해 실패를 성공으로 둔갑시키면, 최고 경영자들은 이 허위보고를 보고 잘못된 의사결정을 하게 된다. 그러다 시간이 지나면 큰 실패로 이어진다. 이런 조직은 새로운 것을 수용하지 않는다. 결국 진실성과 모험심이 사라지는 치명적인 정체성 손상이 오고 조직은 몰락한다.

실패가 없으면 창조도 없다. 디자인은 '발견 → 실행 → 실패 → 수정 → 성취'의 과정이다. 위대한 디자인은 이런 과정을 통해서 탄생한다. 에디슨은 "실패는 실패가 아니라 성공하지 못하는 방법을 한 가지를 더 찾아낸 것이다."라고 이야기했다.

실패를 권하라. 실패의 경험은 전화위복의 기회가 될 수 있다. 기업의 역사를 살펴보면 이런 사례가 많다.

1990년대 말 미국 화이자는 심장약 개발에 실패했다. 그러나 우연히 신약의 임상실험 과정에서 발기부전에 특효가 있다는 것을 발견했다. 이 보고를 받은 경영진은 발기부전 치료제로 약의 용도를 바꾸어 시장에 출시했다. 비아그라는 이렇게 탄생했다.

3M의 히트상품인 포스트잇도 강력접착제 개발 실패로 나온 것이다. 피앤지의 아이보리 비누도 연구원의 실수로 탄생해서 피앤지 기업의 성장 발판이 됐다.

마이크로소프트도 성공가도만 달린 것은 아니었다. IBM과 공동으로 새로운 운영체제 개발 프로젝트를 진행하다 실패했지만 그 덕에 윈도우즈를 만들어 냈다.

실리콘 밸리의 유명한 벤처 자본가 존 도이어는 "실패해도 괜찮다. 사실 이전의 실패 경험은 오히려 이득이 된다고 할 수 있다. 유용한 실패 경험을 그것도 다른 사람 돈으로 해봤으니까."라고 이야기한다. 이처럼 실리콘 밸리에서는 부도를 불가피한 비용으로 본다. 덕분에 많은 기업가가 모험을 감행할 수 있는 여건이 만들어진 것이다.

하지만 유럽에서는 사정이 다르다. 한 번 부도를 낸 경력은 평생을 따라다닌다. 무엇을 하건 독일에서는 절대 부도를 선언해서는 안 된다. 독일 사회에서 부도 선언은 자신은 물론이고, 자기 자식과 손자들까지도 이마에 낙인을 새기고 다니도록 만든다. 부도를 선언해야만 할 상황이라면 차라리 독일을 떠나는 편이 낫다고 한다. 토머스 L. 프리드먼의 《렉서스와 올리브나무》를 예로 들지 않더라도, 실패를 용인하고 격려해주는 사회가 발전을 가능케 한다.

안철수 박사가 구글 본사를 방문해 슈미트 회장을 면담한 후 전한 이야기도 이런 분위기를 뒷받침한다.

> "슈미트 회장은 실패를 용납하며 계속 기회를 주면 결국 실패를 딛고 10배, 100배의 성공을 가져와 국가나 기업에 도움이 될 수 있다고 얘기했고

그 의견에 공감했다."

'실패해도 괜찮다.'는 문화는 도전하려는 마음을 키워준다. 실패를 두려워하지 않아야 새로운 발상이 싹트고 이것이 혁신적인 제품 개발과 디자인으로 이어지게 된다. '실패를 권하는 사회'가 발전한다. 실패를 용납하지 않고 조롱하는 문화라면 위험을 무릅쓰고 도전하는 사람이 나올 리 없다. 이러한 사회적 분위기와 정반대인 곳이 바로 실리콘밸리다. 실리콘밸리에서는 실패가 혁신을 이루는 과정의 자연스러운 일부라고 생각한다.

"한국 기업에서는 실패한 직원에겐 비난과 질책이 쏟아진다고 들었다. 하지만 나는 젊은이들에게 '빨리 실패하라'고 적극 권한다. 젊은 사람은 나이 든 사람보다 무엇이든 20배나 빨리 배운다. 실패 후 교훈을 얻고 실패를 바로잡을 수만 있다면, 빨리 실패하는 게 빨리 성장하는 지름길이다."

– 케빈 로버츠, 사치앤사치 CEO

죽은 아이디어도 살려내는 리더

필자가 엘지애드 제작팀 최연소 팀장 때이던 1995년의 일이다.

엘지증권의 의뢰로 광고시안을 제작해 결재를 보냈지만 번번이 퇴짜를 맞았다. 이유를 알 수 없었다. 시안을 다시 만들어서 직접 광고주를 만나러 갔다. 광고 책임자는 이사급이었다. 그에게 새로 제작한 광고안에 대해서 열심히 설명을 했다.

그런데 이야기를 듣고 있던 광고 책임자가 갑자기 옆에 놓여 있던 경제신문 1면을 내밀더니 그것과 똑같이 만들어 달라는 것이었다. 경쟁사 대우증권 광고였다. 세계지도 바탕에 'No.1'이라는 글씨가 선명하게 새겨진 광고였다(당시 대우증권이 증권업계 1위였다). 필자는 조금 당황스러워서 "엘지증권은 1위가 아니고 현재 2위 아닙니까? 그런데 어떻게 2위를 1위라고 광고를 하나요? 그건 거짓광고입니다. 안됩니다."라고 대답했다.

광고주는 어이없다는 듯 빤히 쳐다보며 "클라이언트가 까라면 까지 말이 많아, 이런 XX 같으니." 라고 언성을 높였다.

기가 막혔다. 광고회사에 입사해서 10년 이상을 산전수전, 공중전에 우주전까지 겪은 신참부장으로 한참 잘나간다고 자부심으로 가득 차 있던 시절, 광고주에게 대놓고 욕을 먹기는 그때가 처음이었다. 물론 이후로도 그런 경험은 없다. 충격이 너무나 컸다. 핵폭탄급 펀치를 한 방 맞은 느낌이었다. 머릿속에서 이런 말만 맴돌 뿐이었다. '내가 틀린 말을 했나? 아니면 없는 말을 한 거야?' 칼자루를 쥔 갑에게 베일까 무서워 벌벌 떠는 초라한 을의 신세가 그렇게 서러울 수 없었다.

지금 생각하면 '그때 왜 끝까지 싸우지 못했던가' 하는 아쉬움이 사무친다. 결국은 그 이사가 원하는 광고 안을 만들어 주었으니 말이다. 물론 그 광고는 집행되지 않았다(이사도 자신의 상사에게 결재를 받아야 하는데, 그런 말도 안 되는 광고가 집행될 리 있겠는가).

문득 엘지증권이 지금도 건재할까 궁금했다. 글을 쓰면서 검색해 보니 엘지증권은 몇 년 전 우리투자증권으로 합병되고 말았다. 우연일까? 하나를 보면 열을 안다. 이 회사가 사라진 것도 그런 사람들 때문인지도 모른다. 실력이 아닌 자리의 힘에 취해 눈이 먼 사람들, 약한 상대라고 마구 짓밟아버리는 사람들, 그런 사람들이 이끄는 조직의 미래는 암울하다.

훌륭한 광고는 누가 만들까? 훌륭한 광고주가 만든다. 광고회사에서 아무리 뛰어난 광고안을 만든들, 광고주가 허락하지 않으면 그 광고는 쓰레기통으로 직행한다. 광고회사가 최고의 작품이라고 내세웠지만 광고주의 책상 위에서 추풍낙엽처럼 사라져간 광고가 부지기수다. 훌륭한 아이디어를 사장시키는 것, 그리 어렵지 않다. 직급, 즉 권위주의에 기대서 군림하고 지그시 눌러 주기만 하면 된다. 욕지거리 한방이면 즉사한다. 그러나 위대한 CEO들은 절대 군림하는 법이 없다. 이해하고 배려한다. 추풍낙엽에 묻은 땀과 눈물을 알아 줄 때 죽었던 아이디어도 되살아난다.

아이디어를 죽이는 것은 윗사람들이 가진 편협한 아이디어 장벽 때문이다. 이 장벽을 허물려면 엉뚱한 아이디어라도 비판하지 말아야 한다. 어떤 이야기라도 편하게 할 수 있는 분위기가 되면 자연히 좋은 아이디어가 나오게 된다. 아이디어는 다다익선이다. 아이디어가 많아야 더 좋은 아이디어를 선택할 여지가 생긴다. 조직원들에게 더 많은 아이디어를 끌어내고 싶다면 그들의 의견을 존중하고 경청하라. 그리고 질문하고 대화하라. 또한 구체적인 주제를 던져 주어라. 그래야 죽었던 아이디어도 부활하게 된다.

자신을 알아주는 사람에게는 목숨도 바치는 게 사람이다. 당신과 당신의 조직은 아이디어를 살리는 쪽인가, 아니면 죽이는 쪽인가?

> "남자는 자신을 알아주는 사람을 위해 목숨을 바치고, 여인은 자신을 사랑하는 이를 위해 화장을 한다."
>
> —예양, 《사기》 열전 중에서

광고가 히트하면 회사가 망한다

광고는 매출 신장에 기여한다. 그러나 광고는 히트했어도 매출에 도움이 되지 않는 일도 있다. 일본의 미라주 자동차 광고가 대표적인 예다.

목도리 도마뱀 한 마리가 뒤뚱거리며 화면을 향해 뛰어온다. 그 옆으로 멋진 세단이 지나가며 "길은 별처럼 많다. 유유히 내가 좋아하는 길을 가자! 미라주와 함께"라는 나레이션이 흐른다.

이 광고 한 편에 일본열도가 떠들썩했다. 호주산 목도리 도마뱀은 일약 스타로 등극했고 아이들은 도마뱀 마스코트를 만들어 가슴에 달고 다녔다. 이 광고는 일본광고대상도 받았다. 그러나 정작 주인공인 자동차는 팔리지 않았고 광고주는 눈물을 흘렸다.

우리나라에도 비슷한 사례가 있다. 올림픽 이듬해인 1989년, 전국에 '따봉' 열풍이 불었다. 남녀노소 누구나 '따봉'을 외치고 다녔다. 델몬트 오렌지주스 TV 광고 때문이었다. 브라질 농장에서 세심하게 오렌지를 살펴보던 검사원이

엄지손가락을 치켜들고 '따봉'을 외쳤다. '따봉(ta bom)'은 브라질 어로 '매우 좋다'는 의미다. '따봉'은 공중파를 타고 순식간에 국민 유행어가 됐다. 말 그대로 대박광고였다. 인기가 어찌나 대단했는지, 코미디 소재로도 즐겨 사용되었다. '소피 마르소의 바지가 멋지다'를 세 단어를 줄인 말은? "드봉! 쓰봉! 따봉!"이라는 개그까지 유행했다.

그러나 정작 델몬트 매출에는 그렇게 큰 도움이 되지 못했다. 오히려 경쟁사인 썬키스트 매출을 올려준 '제 살 깎기 광고'라고 말할 정도다. 실제로 소비자들이 델몬트와 썬키스트를 구분하지 못했기 때문이다.

모든 광고주의 열망은 다름 아닌 광고 히트다. 광고가 히트하면 매출이 늘어나 회사가 성공할 것이라는 기대감 때문이다. 그래서 광고주들은 오늘도 불철주야 노력하고 기도한다. 광고주 못지않게 광고 제작자들 역시 최선의 노력을 경주한다. 그러나 광고는 만만치 않다. 히트광고는 만들기도 어렵지만 광고가 히트한다고 매출이 늘어난다는 보장도 없다. 심지어 히트 친 광고 때문에 회사가 망하기까지 한다.

1975년 당시 우리나라 최초의 미니카세트 '자코'가 선풍적인 인기를 끌었다. TV 광고에는 강호동만큼 체구가 큰 씨름선수가 나와 자코를 보며 "나는 크고 너는 자코~. 나는 크고 너는 자코~."라고 말했다. 광고가 참 쉬웠고 귀에 쏙쏙 들어왔다. 광고 역시 공전의 인기였다. 중학생이던 필자도 없는 살림에 부모님을 졸라 기어코 자코를 손에 넣었다. 그런데 문제는 고장이 쉽게 난다는 것. 육 개월 정도 잘 쓰는가 싶더니 그 뒤로 고장이 잦았다. 게다가 회사 규모가 작아서 애프터 서비스 받기가 하늘에 별 따기였다. 점차 소비자들 사이에서 입소문이 돌기 시작했다. 발 없는 말이 천리 간다고 나쁜 소문은 너무나 빨리 돌았다.

결국 그 회사는 도산하고 말았다. 원인은 광고에 있었다. 제품력이 안 되는데 비해 광고가 빅히트를 치다 보니, 결점을 보완할 새도 없이 제품을 시장에 밀어내기 바빴다. 차라리 광고가 히트치지 않았더라면 좀 더 여유롭게 결점을 보완하고, 회사도 망하지 않았을 것이다.

스티브 잡스도 히트 친 광고 때문에 홍역을 앓았다. 1983년 말 잡스는 회심의 역작, 매킨토시 출시와 함께 대대적인 광고 캠페인을 실시했다. 영화 〈에이리언〉의 리들리 스콧 감독이 연출을 맡은 이 광고는 20세기 최고의 광고로 꼽힌다. 광고 스토리는 다음과 같다.

머리를 짧게 깎은 수많은 노동자들이 긴 복도를 지나 강당으로 들어와 차례로 앉는다. 대형스크린에서는 빅브라더(독재자)가 노동자들에게 뭔가 명령을 내리고 있다. 그때 경비원들에게 쫓기는 여자가 달려 들어와 스크린에 힘차게 해머를 날린다. 굉음과 함께 대형 스크린이 폭파되면서 매킨토시의 출시를 알리는 자막이 떠오른다. 이 광고는 당시 컴퓨터 업계를 장악했던 IBM을 독재자로 풍자한 광고다. 모노톤으로 표현한 빅브라더는 IBM을 상징했고 그를 깨부수는 여자는 매킨토시의 상징이다. 광고는 대성공이었다.

이 광고는 영화관에서도 상영되었는데 극장주들이 계약이 끝났는데도 몇 개월씩 상영할 정도였다. 뉴스에도 보도되고 실매출도 폭발적이었다. 광고 상영 다음날부터 사람들은 애플 매장으로 몰려들었고 주문은 폭주했다.

매킨토시는 출시 100일 만에 7만 2,000대 이상이 팔려나갔다. 하지만 거기까지였다. 매킨토시는 디자이너 등 전문가들에게는 환영을 받았지만 시장의 대

세는 IBM PC였다. 잡스는 지나치게 성공적인 광고 때문에 시장상황을 오판, 매킨토시를 과잉생산했다. 결국 잡스는 1985년 말 자신이 창업한 애플에서 퇴출당하는 수모를 겪었다. 하루아침에 만인의 우상에서 조롱거리로 추락한 것이다.

광고는 양날의 칼이다. 잘 쓰면 활인검이 되지만 잘못 쓰면 회사를 죽이는 살인도가 될 수도 있다. 광고 제작자들은 물론이고 광고주들은 이것을 늘 경계해야 한다. 특히 기업의 명줄을 쥐고 있는 CEO들은 직시해야 한다.

"나는 기업들이 값비싼 광고 캠페인을 통해 심리적으로 소비자의 인식을 조작하려 애쓰기보다, 이례적일 정도로 우수한 상품을 디자인하는 데 더 많은 돈과 시간을 투자했으면 합니다. 디자인은 제품디자인에서부터 서비스디자인, 그래픽디자인, 그리고 환경디자인까지 모두 포함하는 커다란 아이디어입니다. 디자인은 성공하는 상품과 서비스를 마련하는 한 벌의 도구이자 개념입니다. 그러나 디자인이 무엇인지 혹은 그 가치를 어떻게 평가해야 하는지에 대해서는 오직 소수의 경영자만이 인지하고 있습니다."

– 필립 코틀러, 경영학자

디자인이 경쟁력이다

"디자인이 브랜드를 이겼다."

상식적으로 브랜드는 디자인하는 것이고 디자인되는 그 무엇이다. 그런 브랜드를 디자인이 이겼다니… 디자인과 브랜드의 싸움이라도 벌어졌단 말인가? 아니다. 싸움 수준이 아니라 전쟁이었다.

20세기 후반, 전자업계 세계 최고 브랜드는 누가 뭐래도 소니였다. 소니는 코카콜라, 나이키 등과 어깨를 나란히 하는 글로벌 브랜드다. 난공불락의 요새 같았다. 그런데 한 시대를 풍미한 소니가 몰락한 거다. 그 배경에는 삼성전자가 있었다.

브랜드 컨설팅회사 인터브랜드에 따르면, 2000년 브랜드 가치 평가에서 소니는 18위를 기록했고 삼성전자는 43위였다. 2006년 삼성전자가 20위로 올라섰을 때 소니는 26위. 2011년 삼성전자가 17위로 올라선 순간, 소니는 35위까지 추락했다. 삼성전자의 역전승이다.

이 자료를 보다 2005년 봄이 떠올랐다. 필자는 당시 꿈에 그리던 새 아파트에 입주했다. 아파트 입주동호회에서 LCD TV 공동구매를 진행했는데 일제 샤프 39인치 LCD TV를 사면 21인치 LCD 모니터를 끼워주는 행사였다. 지금이야 LCD 가격이 많이 싸졌지만 그때는 LCD 기술이 초기였기 때문에 가격이 비싼 편이었다. 그럼에도 필자 말고도 공동구매에 참여한 사람이 여럿이었다. 개인적으로 일제에 대한 어떤 환상이 있었다. 그래서였을까. 다른 제품들과 상세히 비교도 하지 않고 덜컥 구매를 했다.

TV를 설치하고 선명한 화질에 감탄했다. "와, 화질 죽이는데. 역시 일제라 그런가?" 그런데 이 환상은 며칠도 못 가 산산이 깨져 버렸다. 아내와 우연히 백화점 가전코너를 지나가다 국산 LCD TV를 보는 순간 '아차' 싶었다. 일제를 사고서 그렇게 후회해 본적은 처음이었다. 화질은 둘째 치고 디자인에서 국산 제품들이 월등히 나았다. 소니 역시 마찬가지였다.

TV는 아직도 우리 집 거실에 떡하니 버티고 있다. 순간의 선택이 10년을 좌우한다는 말은 진리였다. 필자는 이때 삼성전자의 디자인이 소니라는 브랜드를 넘어섰다고 직감했다. 그래서 디자인이 브랜드를 이겼다고 표현한 것이다. 브랜드 전쟁에서 삼성전자가 디자인으로 한판승 했다는 말이다.

장세진 교수는 저서 《삼성과 소니》에서 삼성전자가 소니를 앞설 수 있었던 것은 "디지털 기술혁신과 빠른 신제품 개발능력, 마케팅 활용능력" 때문이라며 "디지털 기술은 품질의 차이가 없으므로 후발주자가 따라잡기 쉽다."고 분석했다. 또 "디지털 시대에는 아날로그 시대보다 브랜드와 마케팅 전략이 더 중요하다."고 주장한다.

디지털 시대에는 누구나 선두주자가 될 수 있다. 후발주자라고 낙심할 것도 없고 선두주자라고 낙관해서도 안 된다. 삼성전자라고 예외는 아니다. 중국기업들은 물론이고 신생기업들이 언제든지 선두에 설 수 있다. 기술의 차이가 점차 사라지고 있기 때문이다. 차이 없는 기술에 의미를 부여하는 것이 바로 디자인이다. 디자인은 브랜드 전쟁에서 승리할 수 있는 가장 강력한 무기다.

일본의 대표적인 디자이너 하라 켄야는 2009년 조선일보와 인터뷰에서 "한국 기업들이 세계적인 디자인상도 많이 받고, 정책적으로도 디자인을 강화하고 있어 소니를 이긴 것 같다."고 말했다.

디자인력이 경쟁력인 시대다. 우리 기업들의 디자인 경쟁력도 나날이 높아지고 있다. 그럼에도 불구하고 아직 디자인에 대한 CEO들의 인식 확대는 지지부진하다.

고든 브라운 전 영국 수상은 2010년 덴마크 디자이너 선언에서 "성공은 우연에 의해서 만들어지는 것이 아닙니다. 성공은 디자인에 의해 가능한 것입니다."고 디자인 시대를 갈파했다. 성공하고 싶은 CEO라면 가슴 깊이 새겨둘 말이다.

"디자인은 브랜딩이 아니다. 가까운 미래 산업을 상상하고 보여주는 작업이다. 디자이너는 그 미래를 시각화하는 사람이다."

— 하라 켄야, 일본 디자이너

웃음을 디자인하라

우리는 얼마나 웃을까? 웃음을 연구한 학자들에 따르면 일생동안 50만 번 웃는다고 한다. 엄청 웃는 것 같지만 그 시간을 다 합하면 겨우 22시간 3분. 하루도 되지 않는 시간이다. 웃는 시간이 짧아도 너무 짧다. 우리는 좀 더 웃어야 한다.

1994년 〈USA 투데이〉에 다음과 같은 전면광고가 실렸다.

> "존경하는 허브 캘러허 씨. 우리는 당신이 우리 모두의 이름을 기억해주고, 맥도날드 하우스를 지원해주고, 추수감사절에 선물을 주고, 모든 사람에게 키스를 해주고, 들어주고, 이윤이 남는 항공회사로 키워주고, 휴일 파티에 노래를 불러주고, 상사가 아닌 친구가 되어준 것에 대해 경영자의 날을 맞아 진심으로 감사의 마음을 전합니다."

이 광고는 사우스웨스트 항공사 회장 허브 캘러허의 리더십에 감동한 1만 6,000여 명의 직원들이 비용을 모아 실은 것이다. 광고를 보면 그에 대한 직원들의 사랑이 엿보인다. 대체 사우스웨스트 항공사는 어떤 회사이고, 그는 어떤 CEO길래 직원들에게 이처럼 열렬한 사랑을 받을까?

사우스웨스트 항공사는 '웃다가 성공한 기업'이다. 1971년 미국 달라스에서 보잉 737 항공기 4대에 직원 198명으로 시작했다. 당시는 대형 항공사들이 주름잡던 시대로, 단거리 노선만 운행하는 저가 항공사를 알아주는 사람은 아무도 없었다. 그랬던 회사가 세계에서 가장 존경받는 기업에 이름을 올렸다.

비결은 웃음이었다. 회장 허브 캘러허는 격식을 파괴하고 직원들을 웃게 만들었다. 점잖은 오찬석상에 엘비스 프레슬리 복장으로 나타나고, 이사회에 청바지 차림으로 참석하고, 토끼 분장을 하고 출근길 엘리베이터에서 직원들을 놀래줬다. 회사 로고를 둘러싸고 경쟁사와 협상하는 자리에서는 팔씨름으로 승부를 겨루자고 제안해 분쟁당사자인 두 회사 CEO가 팔씨름을 하는 '이변'이 벌어지기도 했다. 비록 졌지만, 그만의 '위트'로 로고 공동 사용권을 획득했다.

권위적인 CEO들로 넘쳐나는 세상에서 그는 다르게 행동했다. 그는 직원을 선발할 때도 유머지수를 채점한다. 유머가 있는 사람이 창의적이고 업무능력이 뛰어나다고 믿기 때문이다.

> "나는 항공업무가 정말 재미있는 일이 되길 바랍니다. 인생은 너무나 짧고 힘들며 너무 진지한 것이기 때문에 반드시 인생에 대한 유머감각이 있어야 합니다."

이런 정책 덕분에 승무원들은 누구보다 자발적이며 상냥하고 재미있게 일한다. 책임을 타인에게 전가하지 않는다. 이것은 사우스웨스트 항공사의 기업 문화가 됐다. "사우스웨스트항공을 타면 디즈니랜드에 가는 것 같다"고 말하는 고객이 많다. 그만큼 재미있고 신난다는 얘기다. 대표적으로 회자되는 기내방송 멘트를 들어보자.

"기내에서는 금연입니다. 담배를 피우고 싶은 분은 문을 열고 밖으로 나가 날개 위에서 피우시기 바랍니다. 흡연하시면서 관람할 영화는 〈바람과 함께 사라지다〉가 되겠습니다."

농담은 승객들에게 웃음을 주고 사우스웨스트를 다시 찾게 만든다. 농담은 불필요한 규칙을 깨는 최고의 묘약이다. 하지만 그가 늘 웃기기만 한 것은 아니었다. 그는 누구보다도 직원 행복을 최우선으로 챙긴다.

그는 "기업들이 종교적 믿음처럼 신봉하고 있는 '고객은 항상 옳다'라는 말은 완전히 틀렸다."면서 "기내에서 폭음하고, 이유 없이 직원을 괴롭히는 불량 고객은 과감하게 퇴출시켜야 한다."고 주장한다.

사우스웨스트 항공의 한 수리공은 〈포춘〉과의 인터뷰에서 "일요일 새벽 3시에 도넛을 들고 기내 청소원 휴게실에 나타나고, 작업복을 입고 비행기 청소를 하는 CEO가 허브 캘러허 말고 또 있을까요?" 라고 말했다. 다른 직원은 "그는 나를 딱 한 번 봤는데도 일 년 후 다시 만났을 때 내 이름을 기억했다."고 감동했다.

그렇다. 그는 직원들에게 감동을 선사했다. 그것은 꾸며낸 웃음이 아니라 공감에서 우러나오는 감동의 웃음이다. 웃음이란 감동을 선물하는 좋은 수단이다. 성공하기 위해서는 행복한 웃음, 교감하는 웃음, 감동을 주는 웃음을 디자인해야 한다.

> "나는 나를 웃음 짓게 만드는 사람들을 사랑한다. 웃는 것은 내가 가장 좋아하는 일이다. 웃음은 수많은 질병을 낫게 하고, 어쩌면 인간에게 가장 중요한 것일지도 모른다."
>
> – 오드리 헵번

한 방향으로 가면 다 빠져 죽는 이유

브랜드 전문서적을 보다가 "사장에서 말단까지 모두 한 방향을 바라보아야 성공한다."는 이런 글귀를 발견했다.

경영은 '선택과 집중'이 필수라고 말한다. 한 방향으로만 매진해도 살아남기 어려운 기업경영의 정글 속에서 엉뚱한 방향에 힘을 쏟으면 자본의 낭비를 초래할 수 있다. 낭비 정도에 그치면 다행이지만, 자본이 고갈되면 망하고 만다.

그런데 이런 의문이 생긴다. "한 방향을 선택해서 집중하면 부작용이 없을까?" "다른 방향에서 발생하는 수많은 기회를 보지 못하거나 놓치지는 않을까?"하는 의문이다. 설사 가는 방향이 하나일지라도 앞만 중요한 것이 아니다. 뒤도 돌아봐야 하고 좌우도 살펴보아야 한다. 때로는 위도 보고, 아래도 보아야 한다.

"앞으로, 앞으로, 앞으로, 앞으로~♪ 지구는 둥그니까 자꾸 걸어 나아가면

온 세상 어린이들 다 만나고 오겠네~♪"

어린 시절 참 좋아하고 많이 불렀던 동요다. 그런데 지구가 둥글다고 한 방향으로 자꾸 걸어 나가면 어떻게 될까. 지구가 둥글기는 해도 땅이 끝나는 곳에서도 계속 걸어가면 결국 바다에 빠져 죽게 된다. 사실 땅이 끝나는 곳에서는 배로 갈아타야 하겠지만 말이다.

필자는 그래서 이 동요의 가사를 "지구는 둥그니까 자꾸 걸어 나아가면 온 세상 어린이들 다 빠져 죽겠네."로 바꿔 부르고 싶다. 무조건 한 방향을 강요하면 이런 일이 발생한다.

한 방향으로 치우치면 무리의 목숨을 잃게 만드는 것은 곤충실험에서도 밝혀진 바 있다. 곤충연구가 고든은 꿀벌과 파리 각각 6마리를 넣은 유리병을 컴컴한 방에 눕혀 놓았다. 밑바닥은 밝은 빛이 들어오는 창문을 향하게 했다. 꿀벌과 파리 중 누가 먼저 밖으로 나왔을까?

예상외로 파리가 먼저 나왔다. 반면에 파리보다 지능도 높고 논리적인 사고를 한다는 꿀벌은 빠져나오지도 못하고 죽어버렸다. 왜 그랬을까? 곤충은 일반적으로 빛을 향하는 속성이 있다. 처음에는 꿀벌과 파리 모두 빛이 들어오는 창문 쪽, 즉 병의 바닥 면을 향했다. 그 방법으로는 유리병에서 빠져 나올 수 없었다. 시간이 좀 지나자 파리는 사방을 날아다니다가 유유히 반대편 입구로 빠져나왔다. 하지만 꿀벌들은 밝은 빛이 들어오는 방향으로만 날아가다 굶어 죽고 말았다.

꿀벌들은 기존 틀에 갇혀 새로운 해결법을 찾지 못한 것이다. 한 방향만 고

집했기에 유리병을 빠져나올 수 없었다. 반면 파리는 바보 같고 비논리적으로 보이지만 좌충우돌 도전했기에 빠져 나올 수 있었다. 다양한 방향을 추구해서 살아남은 것이다.

그렇다. 앞만 보고 한 방향으로 달리다가는 바다에 빠져 죽게 된다. 자신의 의지대로 앞만 보고 달리다 죽는 것은 그래도 덜 억울하다. 아무 생각 없이 회사의 요구라고, 조직이 원하는 것이라고 무작정 앞사람만 보고 따라 달리다 죽으면 얼마나 억울하겠는가.

언어는 사고에서 나온다. 그런데 그 언어가 거꾸로 우리 사고를 장악해 버린다. 심지어 행동을 제약하고 통제한다. 남의 말만 듣고 아무 생각 없이 직진하다가는 어떤 사고를 당할지 아무도 모른다. 그때 가서 후회하면 무슨 소용이 있으랴.

한 방향을 향해 전력으로 달리는 것이 중요하지 않다는 말이 아니다. 달리다 보면 브레이크를 밟아야 할 때도 있고, 옆 차선을 봐야 할 때도 있다. 후진해야 할 때도, 돌아가야 할 때도 있다. 횡단보도가 나오면 정지도 해야 한다. 또 우연히 아름다운 장소에서 멋진 사람을 만나 쉬기도 하고, 넘어지면 엎어진 김에 놀다가기도 하고 말이다.

21세기는 불확실성의 시대이면서 다양성의 시대다. 또 시장변화가 빠르게 전개되는 가변성의 시대다. 삼성전자 윤종용 고문이 한 인터뷰에서 "전자업계의 시장 변화가 워낙 빠른 점을 감안해, 어떤 방향으로 일을 진행하다가 잘 안되거나 상황이 바뀌면 곧바로 중단하고 다른 방향으로 전환했던 점이 성공 요인 중 하나"라고 평가한 것은 그래서 의미심장하다.

조지 패튼 장군이 "모든 사람들이 똑같은 생각을 한다면, 누군가는 생각하지 않고 있는 것이다."라고 말한 것이나, 스티브 잡스가 "똑똑한 사람들을 고용해서 그들에게 무엇을 하라고 말하는 것은 말이 안 된다. 우리가 똑똑한 사람들을 고용한 이유는 그들에게 무엇을 해야 할지 듣기 위해서다."라고 이야기한 것도 같은 맥락이다.

위대한 CEO들은 핵심을 찌른다. 그들은 '한 방향을 보라.'는 그런 말은 절대 하지 않는다. 잘못된 '한 방향'은 조직을 몰살시킬 수 있기 때문이다. 21세기를 살아가려면 '선택과 집중'의 능력보다 급변하는 환경에 적응할 수 있는 유연한 사고와 다각적인 판단력이 우선이다. 논리와 지식으로는 부족하다. 그래서 디자인이 필요하다. 디자인적 사고가 우리에게 부족한 상상력과 감성을 채워줄 것이기 때문이다.

"성공한 기업의 리더는 그 성공에 만족한 채 기업을 내버려 두지 않는다. 아무리 성공한 기업처럼 보여도 주기적으로 기업의 전략을 수정하지 않으면 어느 기업이건 눈 깜짝할 사이에 시장에서 경쟁력을 잃게 된다. 진정 뛰어난 기업은 미래의 수확을 위해 지속적으로 씨앗을 심는다."

– 하르트무트 에슬링거, 《프로그》 중에서

'어떠하리 디자인' vs '일편단심 디자인'

'하여가'의 이방원과 '단심가'의 정몽주가 CEO로 환생하여 다시 만났다. 두 사람은 급변하는 시대에 디자인이 중요하다고 입을 모았지만, 더 파고들어서 '어떤 디자인'이 중요한지 서로 다른 입장을 내놓았다.

먼저 이방원이 말했다. "변해야지요. 시대가 변하는데 변하지 않는 디자인은 살아남지 못합니다." 그 말을 받아 정몽주가 말했다. "일편단심이지요. 시대가 변해도 정체성을 이어가야 살아남는 겁니다."

서로의 주장이 팽팽했다. 어느 쪽이 맞는 말일까? 두 사람의 주장에 따라 디자인을 나누어 보면 다음과 같다.

- CEO 이방원 = 어떠하리 디자인 = 시류에 맞춰서 변해야 산다.
- CEO 정몽주 = 일편단심 디자인 = 시대가 변해도 정체성을 이어가야 한다.

최근 패션 디자인계에 위와 같은 두 가지 경향이 나타나고 있다. 먼저 '어떠하리 디자인'을 보자. 이 디자인은 급변하는 시류에 발맞춰서 빠르게 변신한다는 강점이 있다. 적응력이 강한 디자인이다. 실패할 확률도 비교적 작다. 실패하더라도 재빨리 다른 디자인을 내놓기 때문에 시장변화에 빨리 적응한다. 단점은 빠르게 변하다 보니 정체성이 모호하고, 자칫 '뒷북 두드리는 디자인'이 되기 쉽다는 것이다. 물론 비용도 만만치 않다. 요즘 유행하는 '패스트 디자인'이 이 유형에 속한다.

'일편단심 디자인'은 세상의 변화와 세월의 흐름에 신경 쓰지 않는다. 그게 장점이다. 아무리 세상이 변해도 묵묵히 자기 길을 간다. 엉뚱한 시장조사에 돈을 낭비하지 않는다. 세상에는 다양한 가치가 존재하고 저마다의 정체성이 있다는 것을 잘 안다. 촌스럽다고 오해받기도 하지만 시간이 지날수록 그 가치를 인정받는다. 일종의 '슬로우 디자인'이라 할 수 있다.

어떠하리 디자인이든 일편단심 디자인이든 모두 장단점이 혼재한다. 어떤 디자인이 더 가치 있다고 말할 수 없다. 시대가 변함에 따라 보는 눈이 달라지고 아름다움에 대한 시각도 달라지기 때문이다.

싸고 빠르게 vs 천천히 오래 오래

패스트 패션 열풍은 2007년을 기점으로 불어왔다. 유니클로, 자라, H&M 등 글로벌 패션 브랜드가 그 주역이다. 소비패턴이 패스트푸드 같다고 패스트 패션이라 부른다. 최신 유행제품을 저렴하게 구입해서 즐기다가 가볍게 버린다. 핵심타깃은 주머니가 가벼운 청춘남녀. 가격대는 보통 1만원에서부터 10만원

미만이며, 간혹 20만원을 넘기는 아이템도 있다. 젊은 소비자들의 취향에 맞춰 최신 유행 스타일을 빠르게 선보인다. 할리우드 스타가 입은 옷이 며칠도 안 돼 아주 싼 가격으로 출시된다.

스페인 브랜드 '자라'는 디자인에서 매장 진열까지 2주 밖에 걸리지 않는다. 빠르면 하루 만에 새로운 아이템을 출시하기도 한다. 대부분의 매장이 2주 만에 기획, 제작, 판매가 가능하고 한 달에 두 번 정도 새로운 디자인으로 매장의 옷을 교체한다. 빠른 변화가 빠른 디자인을 요구하는 것이다. 말하자면 '어떠하리 디자인'이다.

자라는 200~300명의 패션 디자이너를 고용해서 대량 디자인체제를 구축했다. 더러 유명 디자이너와 협업하기도 하지만 일부에 불과하다. 생산 기지는 중국, 인도 등 임금이 저렴한 곳이다. 생산, 판매, 배달 기능을 수직적으로 통합해서 생산성 극대화를 꾀한다. 빠르게 변하는 현대에 가장 어울리는 생산 시스템을 디자인해 낸 것이다.

부작용은 없을까? 패스트 패션은 빠른 스타일 변화에 맞춰 다양하고 신속한 디자인, 저렴하고 합리적인 가격으로 젊은이의 열광적인 지지를 받는다. 하지만 그로 인해 제3세계 노동자들의 열악한 노동환경, 저임금, 의류 폐기물로 인한 환경 문제 등이 생긴다. 특히 쉽게 사고 쉽게 버리는 옷이 크게 늘어나 쓰레기 문제가 심각해지고 있다.

이런 문제점에 대항한 슬로우 패션도 역풍을 일으키고 있다. 옷의 생산과 소비속도를 한발 늦추자는 것이다. 천천히 사서 오래 간직하고 사용하는 '일편단심 디자인'인 것이다. 패스트 패션으로 인한 낭비와 환경 파괴를 줄이고 자본주의와 소비로 오염된 인간성을 회복하자는 운동이다. 미국에서는 슬로우 패션의 일환으로 1년간 한 종류의 옷만 입자는 캠페인도 생겨났다고 한다. 우리나라에서도 버리는 옷을 가방으로 만드는 등 다양한 재활용 운동이 일어나고 있다.

성질 급한 한국인의 디자인

한국 사람들은 성격이 급하다. 자판기에서 커피가 다 뽑아지기도 전에 손을 넣는다. 느긋하게 기다리는 것이 성격에 맞지 않기 때문이다. 세계에서 유래를 찾아보기 어려운 압축성장도 이런 성격에서 기인했다. 디자인을 추구할 때도 슬로우 디자인보다 패스트 디자인을 따르는 경향이 강하다.

제품 디자인이나 광고 디자인을 보면 알 수 있는데, 특히 광고의 경우가 더 심하다. TV 광고에서는 새 광고를 만들면 보통 3개월 정도 방영하고 내린다. 동일한 광고를 4개월 이상 방영하면 나름 롱런한 광고에 속한다. 6개월 또는 1년 이상 방영하는 경우는 가뭄에 콩 나듯 드문 일이다. 왜 그럴까? 광고회사는 새 광고를 찍어야 돈이 되니까 촬영을 새로 권하는 게 일반적이다. 때문에 광고회사는 기존 광고를 폐기처분하고 새 광고를 찍자고 광고주를 열심히 설득한다.

하지만 필자의 경험에 의하면 오히려 광고주들이 스스로 식상해 하는 경우가 더 많았다. 새 광고 제작은 비용과 직결되는 문제임에도, 광고회사가 설득하기도 전에 광고주가 나서서 용도폐기를 자처하곤 했다. 콘셉트가 완전히 달라졌거나 신제품 광고라면 당연히 새로 만들어야 한다. 하지만 그렇지 않은 광고들을 폐기하고 새로 만드는 것은 비용낭비다.

자본이 넉넉한 대기업이야 광고 한편 새로 만든다고 해도 별 문제가 안 된다. 사실 대기업들은 광고를 자주 만들어 빨리빨리 교체해주는 것이 좋다. 그래야 광고회사는 물론이고 협력업체들이 먹고 살 수 있다. 하지만 대기업도 아니면서 이런 행태를 하고 있는 기업이라면 재고해 볼 일이다.

성질 급한 한국인이어서 그런지 우리 광고계에서는 앱솔루트 보드카 광고 같은 롱런 캠페인, 즉 '일편단심 디자인'을 찾아보기 힘들다. 앱솔루트 보드카는 30년간 병 디자인을 테마로 확고한 정체성을 이어가고 있다. 한 광고 캠페인이 일년 이상 지속되기 힘든 우리와 비교하면 엄청난 장수 캠페인이다. 이제는 우리도 바뀌어야 한다. 그 변화의 키는 CEO에게 있다. 어떠하리 디자인이건, 일편단심 디자인이건 중요한 것은 기업이나 상품의 정체성에 도움을 주는 디자인을 해야 한다는 사실이다. 그런 의미에서 앱솔루트 광고가 병을 테마로 30년간 지속했다는 것은 시사하는 바가 크다. 이젠 우리에게도 이런 장수 캠페인이 나와야 한다.

"위대한 디자인의 법칙이 세상을 지배한다. 디자인이 만든 혁신은 1등 제품을 만들어준다. 실용성을 높인 디자인은 높은 점수를 받는다. 바로 핥아먹고 싶은 제품, 소름 끼치는 제품을 표준으로 삼아라."

—톰 피터스, 《리틀 빅 씽》 저자

Watching 당신은 어떤 눈으로 보는가

반이나 남았네(낙관론자)
컵의 가격은?(CEO)
더 좋은 디자인 없을까?(디자이너)
오염 물질일까?(환경론자)
독이 들어 있을꺼야(피해망상)
컵이 아니므니다(개그맨)

반밖에 없네(비관론자)
물의 성분은?(화학자)
컵이란 무엇인가(철학자)
빨간 컵인가?(색맹)
우울한 컵이야(정신병자)

Leader's Alchemy

제3부

질문하라

인류의 위대한 역사는 호기심에서 비롯되었다.
아인슈타인은 이런 말을 했다.
"중요한 것은 질문을 멈추지 않는 것이다. 호기심은 그 자체만으로
가치가 있다. 누구라도 영원성과 생명, 놀라운 세상의 신비를 생각하면 경외심에
사로잡힐 수밖에 없다. 그러한 신비를 매일 조금씩 이해하려고
노력하는 것만으로도 충분하다. 신성한 호기심을 잃지 말라."
언제나 발전하고 꿈을 실현하기를 원하는 리더라면 늘 자문해야 한다.
좋은 질문, 아름다운 질문, 아이디어를 발전시킬 수 있는 질문을 해야 한다.
늘 긍정적인 마인드로 일을 하고 사람을 대해야 한다.

질문, 실행을 이끄는 힘

인류의 위대한 역사는 호기심에서 비롯되었다. 아인슈타인은 이런 말을 했다.

> "중요한 것은 질문을 멈추지 않는 것이다. 호기심은 그 자체만으로 가치가 있다. 누구라도 영원성과 생명, 놀라운 세상의 신비를 생각하면 경외심에 사로잡힐 수밖에 없다. 그러한 신비를 매일 조금씩 이해하려고 노력하는 것만으로도 충분하다. 신성한 호기심을 잃지 말라."

질문에는 부정적인 것과 긍정적인 것이 있다. 부정적인 질문은 부정적인 답변만 불러온다. "왜 하필이면 나지?" "어떻게 그 사람이 내게 그럴 수 있지?" "난 왜 늘 실패만 할까?"… 이런 부정적인 질문은 자기 파괴의 지름길이다.

긍정적이고 가치 있는 질문을 던지는 사람은 자신이 진정으로 원하는 것이 무엇인지 확실히 알아낸다. 의욕을 불러일으키는 질문만 한다. 세계적인 경영학 석학 피터 드러커는 《다섯 가지 경영원칙》에서 경영자들이 끊임없이 자문해야 할 다섯 가지 질문을 이렇게 꼽았다.

1. 우리의 사명은 무엇인가?

"아름다운 질문을 하는 사람은 언제나 아름다운 대답을 얻는다."
- E. E.커밍스

2. 우리의 고객은 누구인가?
3. 우리의 고객이 가치 있게 여기는 것은 무엇인가?
4. 우리의 결과는 무엇인가?
5. 우리는 무엇으로 기억되기 원하는가?

꿈을 실현시키길 원하는 리더라면 늘 물어야 한다. 좋은 질문, 아름다운 질문, 아이디어를 발전시킬 수 있는 질문을 해야 한다. 그러면 답을 구하게 된다. 월트 디즈니는 자신의 회사가 성공할 것인지 아닌지 묻지 않았다. 그렇다고 도움이 되는 질문조차 하지 않은 것은 아니다. 디즈니는 원고 작업이나 프로젝트를 추진할 때 독특한 사항을 요청하곤 했다. 사무실 한쪽 벽에 추진 중인 프로젝트나 원고 또는 아이디어에 대해 '이것을 더 발전시키려면 어떻게 하면 좋을까?'라는 질문을 써놓았다. 그리고 누구나 자유롭게 답을 쓰도록 했다. 디즈니는 직원들이 지나가다 벽에 해결책을 써 넣으면 이를 검토했다. 이런 방법으로 모든 사람들의 능력을 활용하여 위대한 작품들을 만들어 냈다.

포드자동차의 전 CEO 도널드 피터슨은 "당신은 어떻게 생각합니까? 당신이 하고 있는 일을 어떻게 개선할 수 있을까요?"라는 질문을 끈질기게 던지는 것으로 유명했다. 그는 자동차 디자이너 잭 텔넥에게 "지금 디자인하고 있는 자동차에 만족합니까?"하고 질문했다. 그러자 텔넥은 "아니요, 사실 그렇지 않습니다."라고 대답했다. 이때 피터슨이 매우 중요한 질문 하나를 던졌다. "그러면 경영진이 원하는 것은 완전히 무시하고 당신이 갖고 싶은 차를 하나 설계해 보는 것은 어떻습니까?" 텔넥은 피터슨의 말을 받아들여 1983년형 포드 선더버드를 만들었다. 이 차가 바로 이후에 나온 토러스와 세이블의 모델이 되었다.

〈토이스토리〉에서 〈월-E〉, 〈업〉에 이르기까지 무려 10편의 애니메이션을 연속 성공시켜 애니메이션계의 살아있는 전설이 된 픽사의 감독 겸 제작 책임자 존 라세터. 그는 픽사 애니메이터와 디자이너들에게 예술가보다 배우가 되라고 주문하면서 이런 질문을 던졌다.

> "그 장면에서 표현하려는 것은 무엇인가? 이야기와 캐릭터의 핵심은 무엇인가? 빛이 나오는 방향을 바꾸면 장면을 더욱 실감나게 표현할 수 있을까? 처음 구상했던 장면보다 더 생생하게 표현하는 것이 가능한가?"

스티브 잡스도 늘 질문을 했다.

"우리는 상품 전체를 보다 간결하게 만들려고 노력한다. 무슨 문제든 처음에는 꽤나 복잡한 해결방법부터 떠오른다. 사람들은 그 시점에서 생각을 멈춰버린다. 하지만 우리는 거기서 멈추지 않고 문제가 무엇인지, 그것이 반드시 필요한 것인지 스스로에게 질문한다. 양파 껍질 벗기듯 문제를 하나하나 해결하다 보면 종종 획기적이고 단순한 결과를 찾을 수 있다. 그러나 대부분의 사람들은 결과를 찾을 때까지 충분한 시간과 에너지를 들이지 않는다."

위대한 리더들은 명령하고 지시하지 않는다. 다만 시기적절한 질문을 통해 직원들을 실행하게 한다. 성공한 리더의 비결은 실행을 이끌어 내는 질문에 있다. 성공하고 싶은가? 질문하라.

디자인
하지 않는 것이
디자인이다

브랜드 전쟁 시대에 브랜드 없이 성공한 기업이 있다. 무인양품(無印良品)이 바로 그 주인공이다. 일본어로 인(印)은 브랜드를 의미하는데, 무인(無印)이란 브랜드가 없다는 말이다. 그러니까 무인양품이란 브랜드는 없지만 양품(良品), 즉 좋은 품질이라는 뜻이다. 이렇게 역설적인 브랜드가 어떻게 30년 이상 소비자의 사랑을 받았을까?

벽걸이형 CD 플레이어.
이 제품은 나오자마자
품절일 정도로 인기상품이다.
2000년 처음 발매한 후
십년이 넘은 지금도 꾸준히
사랑받고 있다.
줄을 잡아당기면 CD가
실행되는 간단한 조작방법이
매력적이다.

무인양품의 홈페이지(http://life.muji.net)에는 이런 말이 나온다. "무인양품은 브랜드가 아닙니다. 무인양품은 개성과 유행을 상품으로 삼지 않고, 상표의 인기를 가격에 반영시키지 않습니다. 무인양품은 지구 규모와 소비의 미래를 바라보는 관점에서 상품을 만들어 왔습니다. '이것이 좋다', '이것 아니면 안 돼'와 같이 기호성이 강한 상품을 생산하지 않습니다. 무인양품이 목표로 하는 것은 '이것이 최고다'가 아닌 '이걸로 충분하다'와 같은 이성적인 만족감을 고객들께 드리는 것입니다."

무인양품은 디자이너를 선발할 때 이렇게 광고한다. "디자인을 하지 않을 디자이너를 구합니다."

디자인을 하지 않을 회사가 왜 디자이너를 선발할까? 바로 여기에 디자인을 통찰하는 혜안이 있다. 디자인은 자본과 유행의 논리에 따른다. 그 논리에 따라 뜯어고치고 밀어버리고 갈아엎는다. 때문에 겉모습만 보면 그럴듯하다. 하지만 깊이가 없다. 무인양품은 과소비를 부추기는 이런 소비행태가 지구를 병들게 하고 우리의 건전한 삶도 갉아 먹는다는 사실을 간파한 것이다.

때로는 아무것도 하지 않고 물 흐르듯 두는 것도 인생의 지혜다. 그대로 두는 것도 디자인이다. 그대로 둔다는 것은 현재를 잘 보존한다는 의미이고, 자신의 정체성을 제대로 보존하는 것이다.

무인양품은 브랜드도 아닌 것이 정체성이 강하다. 무인양품은 문구에서부터 가정용품, 의류 등 일상생활 전반에 걸친 '라이프스타일 제안' 브랜드다. 생산과정과 소재 자체가 자연친화적이고, 소비자가 금방 보고 알 수 있을 정도의 투명성과 과하지 않은 디자인으로 상품이 아닌 서비스를 파는 인상을 준다. 제품 디자인도 단순 단색의 디자인에 실용성과 기능성을 갖춘 미니멀리즘 스타일이다.

일본 특유의 미니멀리즘을 고스란히 담은 디자인 덕분에 해외에서도 인기 브랜드로 자리 잡았다. 1998년 파리에 진출해 파리 시내와 근교에 9개의 매장과 온라인 쇼핑몰을 운영 중일 만큼 해외에서도 꾸준한 성장세를 기록하고 있다.

무인양품은 2004년부터 경력 디자이너들을 채용했다(이전 디자인은 모두 외부에 위탁을 했다). 사내 디자이너 덕분에 한눈에도 무인양품임을 알 수 있는 신제품을 시기적절하게 개발할 수 있게 됐다.

무인양품의 품목 수는 현재 7,000개가 넘는다. 최근 5년간 약 2,500개 품목이 늘었다. 뛰어난 디자인의 제품을 표창하는 '굿디자인상'도 60회나 수상했는데, 최근에는 자사 디자이너가 개발한 상품이 선정되는 경우가 늘었다.

가나이 마사아키 CEO는 무엇보다 상품개발에 중점을 두고 경영한다. '무인양품다운 디자인' 에 대한 고집이 대단해 상무를 지내던 당시 기획디자인실도 신설했다.

"차세대 무인양품을 제로에서부터 디자인한다." 는 가나이의 말에는 자연히 힘이 들어간다. 무인양품은 불필요한 기능이나 장식을 최소화한 상품 디자인으로 소비자의 지지를 얻고 있기에 타사가 모방하는 경우도 많아졌다. 따라서 무인양품은 소비자의 맹점에 착안한 신기능을 지닌 상품을 만들기 위해 회사 전체의 지혜를 집결한다.

즐거움을 주는 디자인으로 성공하다

알레시(Alessi)는 1921년 이탈리아 북부에서 금속 주방용품 가내수공업체로 출발해 세계적인 고급 생활용품 업체로 성장했다. 조반니 알레시는 구리 황동 니켈 은 등으로 주방 및 생활용품을 만들어 팔다가 1930년대 초 디자인을 공부한 조반니의 장남 카를로가 사업에 합류해 디자인을 강화하기 시작했다.

필립 스탁이 디자인한 레몬즙 짜는 주서기. 이름하여 '주시 살리프'는 마치 우주선 모양을 한 독특한 디자인으로 그의 명성을 세계에 알린 디자인이다.

알레시가 최고급 주방 및 생활용품 전문 브랜드로 일반 소비자들에게 알려지게 된 것은 1970년대 디자이너의 이름을 앞세운 커피메이커가 큰 성공을 거두면서다. 이미 수십 년 동안 고급 레스토랑에 주방용품을 공급하면서 뛰어난 품질을 인정받았지만 일반 소비자의 벽을 넘지 못했다. 절치부심하던 알레시는 이탈리아 문화에서 커피를 빼놓을 수 없다는 점을 착안해 커피메이커로 도전장을 던졌다.

관건은 당시 40년째 커피메이커 시장에서 선두를 달리던 비알레티의 아성을 어떻게 무너뜨리냐는 것이었다. 알레시는 천재 건축가 리챠드 사퍼에게 커피메이커 디자인을 의뢰하고 2년간의 개발 기간을 거쳐 제품을 출시했다. 결과는 대성공이었다.

1982년에도 역시 건축 디자이너인 알도 로시와 손잡고 커피메이커 시리즈 제품을 선보여 또 한 번의 성공을 거뒀다.
이 같은 디자인 전략은 인지도 제고와 부가가치 창출 효과를 가져왔다. 동시에 알레시는 본격적으로 유명 디자이너가 만드는 생활용품 전문업체로 변신했다. 필립 스탁이 디자인한 레몬즙 짜개 '주시 살리프(juicy salif)'는 얼핏 봐서는 기능을 짐작할 수 없다. 문어 모양의 이 디자인은 레몬즙을 짤 수 있는 구조와 아름답고 우아한(?) 자태로 스탁의 명성을 세계에 알렸다. 지금도 이 제품은 전 세계에서 꾸준히 팔리고 있다.
와인 오프너 '안나 지 스크루'도 알레시를 유명하게 만들었다. 이탈리아의 디자인 거장 알렉산드르 멘디니는 자신이 디자인한 와인 오프너에 아내의 이름을 붙였다. '안나'는 웃는 얼굴에 가느다란 목과 치마를 입고 춤추듯 팔을 늘어뜨린 여인의 모습이다. 와인 코르크를 뽑기 위해 여인의 목을 돌리면 양팔이 하늘로 들려 올라간다. 마치 만세를 부르거나 항복하는 모습이다. 남자라면 누구나 아름다운 여인을 행복하게 해주거나 항복시키고 싶은 욕망이 잠재한다는 사실을 통찰한 디자인이다. 디자인이 이야기와 결합하면 강력한 힘이 발생한다. 사람들의 기억에 남아 공감을 일으키고 구매 욕구로 이어진다.
멘디니는 '나는 안 팔리는 것만 디자인 한다'고 말하곤 했지만, 1994년에 출시한 '안나'는 전 세계에서 1분에 한 개꼴로 팔린 '밀리언셀러'가 됐다. 2003년에는 안나의 남자친구 '알레산드로 엠'도 탄생했다.
자신의 디자인에 대해 멘디니는 이렇게 말했다. "주방용품은 늘 사용하는 것인데 이왕이면 즐거움과 미소를 주고 싶었다. 좋은 디자인은 시와 같고 감성을 주고 생각하게 하고, 사람들에게 로맨스를 주는 것이다."

현재 알레시는 접시와 주전자, 팬 등 주방 기구뿐만 아니라 벽시계에 이르기까지 기능적이면서 미적 감각이 뛰어난 생활용품들을 매년 20여 종씩 출시한다. 이들 제품에는 브랜드명과 제품을 디자인한 유명 디자이너의 서명이 함께 들어간다. 제품 판매량에 따라 디자이너들에게 로열티가 지급된다.

알레시는 자체 디자이너가 없이 외부 디자이너들과 작업하는 것으로 유명하다. 이 회사는 동시에 200여 명의 외부 디자이너와 협업을 하며, 디자인 대가를 초청해 일정 기간 '마스터(master)'가 되게 한다. 디자이너 필립 스탁은 알레시를 두고 '행복을 파는 상인'이라고 말한다.

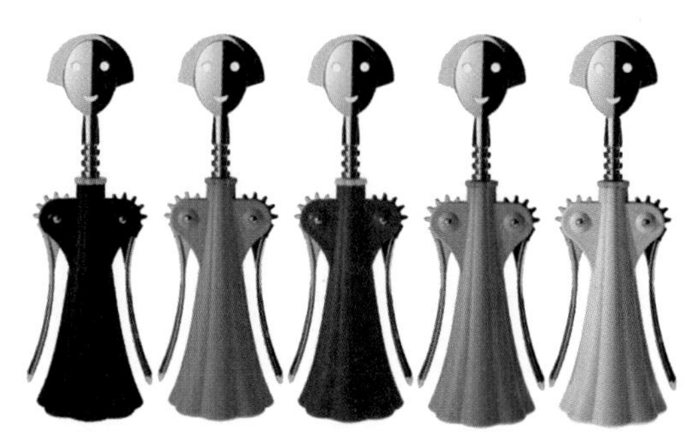

알렉산드로 멘디니가 디자인한 와인 오프너 '안나 더 스크루'.
자신이 디자인한 오프너에 아내의 이름을 붙였다.
이 디자인은 전 세계에서 1분에 한 개씩 팔리는 디자인으로도 유명하다.

문제를 푸는 핵심, 디자인

축구는 골을 넣어야 이긴다. 아무리 연습을 많이 하고 체력이 좋아도 골을 넣지 못하면 이길 수 없다. 골은 축구경기의 존재 이유이자 목표이다.

그런데 골대가 없다면 어떤 일이 벌어질까? 제 아무리 메시나 호나우두라고 해도 우왕좌왕하고 말 것이다. 축구는 골대가 있기에 존재하고 골을 넣을 때 비로소 완성된다. 골대는 최종목표이며 하나의 상징이다.

물론 축구경기에서는 골대가 명확하게 눈에 보인다. 하지만 인생과 비즈니스라는 경기에서는 그렇지 않다. 때문에 목표를 명확하게 보는 능력에서 차이가 발생한다. 문제를 정의하는 능력은 골대를 명확하게 찾는 것이다. 최종목표에 대한 구체성을 확보하면 그 목표를 향한 동인이 발생한다. 개인이나 기업의 경쟁력은 여기서 출발한다.

문제정의의 중요성을 선각자들은 잘 알고 있었다. 철학자이자 교육학자 존 듀이는 "문제만 잘 정의하면 이미 반은 해결된 것"이라고 말하고, 철학자 베르

그송은≪사유와 운동≫에서 "철학에서, 그리고 심지어 다른 것에서도 정말 중요한 것은 문제를 푸는 것보다는 문제를 발견하고, 결과적으론 문제를 제기(설정, 정의)하는 일이다."라고 얘기한다.

아인슈타인은 "문제를 만드는 것이 해결하는 것보다 더 중요하다. 문제를 만들려면 상상력을 토대로 의문을 제기하고 예전 것들을 새로운 각도에서 바라보아야 하는데, 바로 이것이 과학의 진정한 발전을 가져올 수 있다."고 정의했다. 세계적인 디자인회사 아이디오도 "문제를 명확하게 이해하고 질문하고 정의하면 해법은 자연스럽게 드러난다."고 주장한다.

이들은 말은 "문제가 무엇인지 확실하게 정의하라."는 주문이다. 문제정의란 결국 골을 넣을 수 있는 골대를 그리는 능력이다. 골대가 보여야 골을 넣을 수 있다. 골대가 안 보여 여기저기 헤매는 인생이 얼마나 많은가?

문제를 푸는 방법은 수없이 많다. 그러나 어떤 문제라도 다 풀 수 있는 공식은 없다. 문제를 잘 푸는 사람은 그 속성을 잘 파악하는 사람이며 문제를 단순화하는 힘이 있다. 쉬운 문제도 어려워하는 사람이 있고 어려운 문제도 쉽게 해결하는 사람이 있다. 알면 쉽고 모르면 어려운 것이 문제의 속성이다. 문제의 속성을 이해하고 문제를 질문하고 정의하라. 문제정의만 잘 해도 문제의 50%가 해결된다.

문제해결에 실패하는 원인

1869년 수에즈 운하를 건설해서 세계적 영웅이 된 프랑스 엔지니어 페르디낭 레세프. 그는 여세를 몰아 1881년 파나마 운하 건설에 도전했다. 파나마와 수에즈는 기후가 완전히 달랐다. 수에즈가 사막 기후인데 반해 파나마는 열대 우림 기후여서 말라리아와 황열병이 극성을 부렸다. 그는 건설인력을 질병으

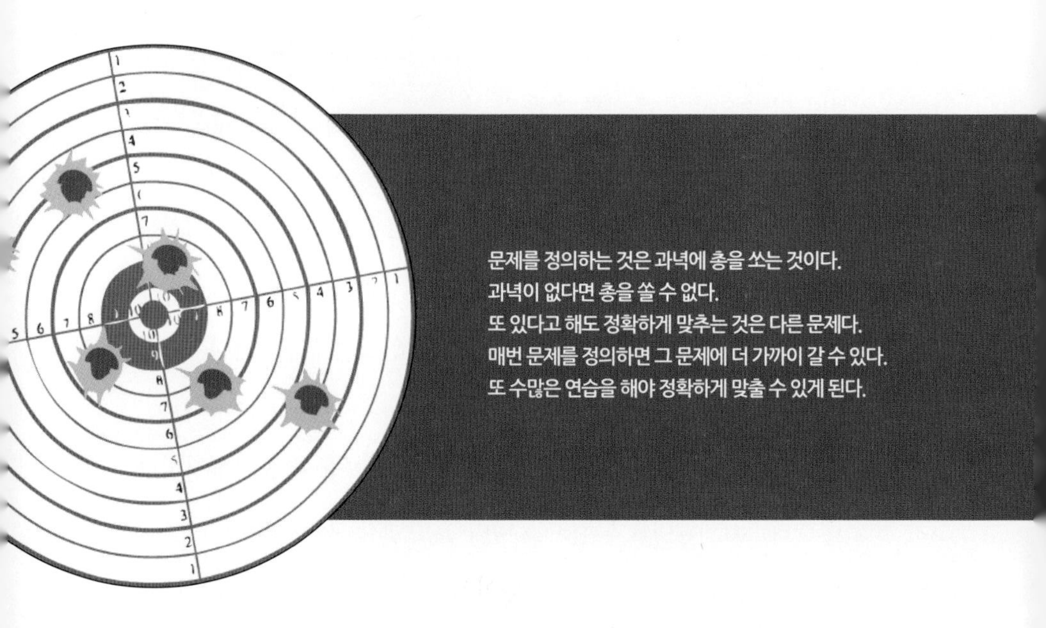

로부터 보호하기 위해 개미를 막아야 한다고 생각했다. 그래서 개미가 기어오르지 못하게 침대다리를 모두 물그릇에 담가 놓게 했다. 그럼에도 불구하고 질병은 심해져만 갔다. 8년간 2만 명의 희생자가 속출했고 결국 재정파탄까지 겹쳐 레세프는 파나마 운하 사업에서 손을 뗐다. 처절한 실패였다.

나중에 병을 옮긴 원인이 밝혀졌다. 다름 아닌 모기였다. 개미를 막기 위한 침대다리 밑의 물그릇은 모기의 번식만 도운 셈이었다. 질병의 매개체를 잘못

짚은 것이 실패원인이었다. 인간의 상상력은 이처럼 오류를 범하기 쉽다. 잘못된 문제정의는 배를 산으로 몰고 간다. 안 풀리는 문제가 있다면 다시 확인해 보라. 문제정의가 제대로 되어있는지 말이다.

디자인의 핵심가치

디자인의 핵심가치는 문제를 정의하고 해결하는 능력이다. 애플, 스타벅스, 구글, 나이키 등 위대한 글로벌 기업의 위대한 CEO들은 디자인을 모든 문제해결의 중심에 놓는다. 일반기업들이 디자인을 프로젝트의 최종단계에서 마무리 정도로 이해할 때 그들은 디자인을 문제해결의 열쇠로 삼았다.

모든 프로젝트의 기획단계에서 디자이너가 적극 투입되어, 관리에서 마무리까지 책임을 진다. 차이를 만들어 낸 것은 바로 이 덕분이다.

신상품 개발이 당면 과제라고 해보자. 상품개발은 일반적으로 신상품 기획 → 신상품 설계 → 신상품 디자인의 3단계를 거친다. 기업의 경우 기획단계에서는 마케터가, 설계단계에서는 엔지니어가 개입한다. 결국 디자이너는 최종단계인 신상품 디자인에만 관여한다. 모든 단계가 전문적이고 독립적이기 때문에 원활한 소통이 이루어지지 않는다. 게다가 이런 조직은 수직적인 체계다. 상품기획 파트가 가장 상위에 존재하면서 상명하달 방식으로 의사소통이 이루어진다. 마케터의 기획안에 따라, 엔지니어가 설계해 주는 안에 따라 디자이너는 그저 그런 디자인만 한다.

반면 디자인 중심기업들은 기획단계에서부터 디자이너들이 적극적으로 개입한다. 마케터는 물론 엔지니어와 디자이너들이 조화롭게 협업하고 소통한다.

일반기업 구조가 수직적이고 폐쇄적이라면, 디자인 중심기업들은 수평적이고 개방적이다. 디자인으로 리딩하는 기업들은 모든 조직원들이 원활하게 소통한다. 일반기업과 디자인 중심기업은 이런 차이가 있다. 문제해결 능력이 뛰어난 기업으로 체질을 바꿔야 한다.

> "해법을 찾지 못하는 게 아니다. 문제를 보지 못하는 것이다."
> – G.K 체스터튼

디자이너처럼 생각하라

'어떻게 해야 디자이너처럼 생각하지?'

'디자인도 모르는데, 뭘 디자이너처럼 생각해?'

"디자이너처럼 생각하라."고 하면 CEO들의 머릿속을 맴도는 생각들이다. 이 말은 일부 디자이너들도 생소할 수 있다. 아직 일반화된 이야기는 아니기 때문이다. 그러니까 CEO인 당신이 이 말을 모른다고 당황할 필요는 없다. 지금부터 알아가도 늦지 않다.

세계적인 디자인회사 아이디오는 이 말을 가치로 삼았다. 그 결과 다섯 명의 디자이너로 시작해 글로벌 기업으로 성장했다. 2008년에는 〈패스트 컴퍼니〉가 선정하는 글로벌 기업 랭킹에 나이키, 노키아, 닌텐도 등을 제치고 5위에 올랐다. 아이디오는 '디자이너처럼 생각하라.'는 말이 가지는 힘을 증명했다.

아이디오 CEO 팀 브라운은 "디자인은 소수의 천재적인 디자이너가 번뜩이

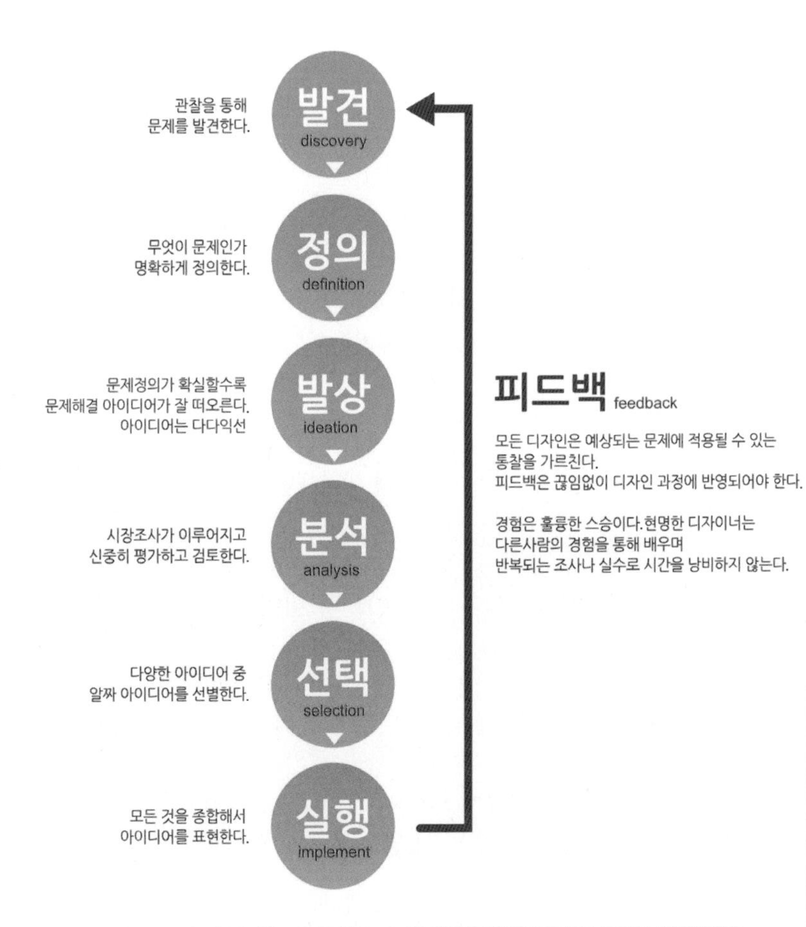
Design Process
관찰을 통해
문제를 발견한다.
발견
discovery
무엇이 문제인가
명확하게 정의한다.
정의
definition
문제정의가 확실할수록
문제해결 아이디어가 잘 떠오른다.
아이디어는 다다익선
발상
ideation
시장조사가 이루어지고
신중히 평가하고 검토한다.
분석
analysis
다양한 아이디어 중
알짜 아이디어를 선별한다.
선택
selection
모든 것을 종합해서
아이디어를 표현한다.
실행
implement
피드백 feedback
모든 디자인은 예상되는 문제에 적용될 수 있는
통찰을 가르친다.
피드백은 끊임없이 디자인 과정에 반영되어야 한다.
경험은 훌륭한 스승이다. 현명한 디자이너는
다른사람의 경험을 통해 배우며
반복되는 조사나 실수로 시간을 낭비하지 않는다.
디자이너는 모든 과정을 꿰뚫고 있어야 한다. 그는 최종적인 결과를 향해 계획하고 조절하고 실행해야 한다.

는 영감으로 탄생시키는 것이 아니라, 사람중심의 '창의적인 발견 → 개발 → 실험 → 수정 → 성취'의 반복 과정이다. 디자이너처럼 생각하면 제품은 물론이고 서비스에서부터 공정 개발 전략에 이르기까지 모든 방식에 변화를 줄 수 있다." 고 말한다.

그는 또 "디자인적 사고란 소비자들이 가치 있게 평가하고 시장의 기회를 이용할 수 있으며 기술적으로 가능한 비즈니스 전략을 요구하는 사람들의 욕구를 충족시키기 위해 디자이너의 감수성과 작업방식을 이용하는 사고방식"이라고 말한다.

토론토 경영대학원장 로저 마틴은 "생각의 가장 완벽한 방식은 분석적 사고에 기반을 두고 완벽한 숙련과 직관적 사고에 근거한 창조성이 역동적으로 상호작용하면서 균형을 이루는 것이다. 이를 디자인적 사고라고 부른다."고 말한다. 새겨들을 이야기이다.

결론적으로 '디자이너처럼 생각하라.'는 것은 고객들의 행동을 직접 관찰해서 욕구와 선호도를 철저하게 분석하고 이를 바탕으로 사람 중심의 혁신을 추구하라는 것이다. 디자이너의 직관력과 감수성 그리고 방법론을 통해서 말이다. 이를 바탕으로 글로벌 경쟁이 치열한 21세기에 개인은 물론이고 기업과 조직을 차별화된 경쟁력으로 재무장해서 새로운 비즈니스와 서비스로 지속 가능성을 확보하라는 것이다.

《탤런트 코드》의 작가 데니얼 코일은 "위대한 것은 태어나는 것이 아니다. 자라나는 것"이라고 했다.

그는 위대함이 자라나기 위해서는 목표를 높게 잡아 실수를 허용하고 이를 심층적으로 반복 교정하는 것이라고 주장한다. '시도 → 실패 → 오류교정 → 재시도 → 성취'를 통해 위대한 변화가 이루어지며 이를 반복실행하면 누구든지 위대해질 수 있다는 것이다. 위대한 기업이나 위대한 CEO는 태어나는 것이 아니다. 자라나고 만들어지는 것이며 디자인하는 것이다. 그 변화의 과정은 아이디오의 디자인 과정과 맥락을 같이 한다. 두 과정을 비교해 보면 쉽게 알 수 있다.

- 아이디오 : 발견 → 개발 → 실험 → 수정 → 성취
- 탤런트 코드 : 시도 → 실패 → 오류교정 → 재시도 → 성취

어떤가? 이 둘이 같은 과정을 그리고 있는 것을 확실히 살펴볼 수 있다. 두 과정의 시사점은 하나다. 우리가 진정으로 위대한 변화를 원한다면 "디자이너처럼 생각하라."는 것이다. 그리고 발견하고 시도하고 실패하고 수정하고 성취하는 과정을 심층적으로 반복 실행하라는 것이다. 위대한 변화를 원하는가? 디자이너처럼 생각하고, 디자인 연금술사가 되어야 한다.

> 미래를 가장 정확하게 예측하는 방법은 직접 미래를 만들어 가는 것이다.
>
> – 앨런 케이

리딩하는 디자이너는 자기 눈을 의심한다

'디자이너처럼 생각하라.'는 말은 쉬운 말이 아니다. 특히 CEO들이 디자이너처럼 생각하는 것은 더 더욱 쉽지 않다. 디자이너처럼 생각하기 위해서는 디자이너처럼 보는 눈이 있어야 한다. 하지만 CEO의 눈과 디자이너의 눈이 같을 수 없다는 것이 문제다.

CEO의 눈과 디자이너의 눈은 자라난 환경부터 다르다. CEO들이 경영학, 경제학, 회계나 재정 등 분석적 학문(좌뇌형 공부)을 할 때, 디자이너는 조형학, 예술 등 직관과 감성, 상상에 의해 새로운 것을 만들어내는 창조적 학문(우뇌형 공부)을 했다.

디자이너들이 공부를 시작해서 대학에 들어가고 사회에 나와 제대로 된 디자이너로 성장하기까지는 적어도 10년 이상이 걸린다. CEO도 학교를 마치고 회사에 입사해서 CEO의 자리에 오르기까지는 최소 10년에서 20년은 걸린다. 물론 창업을 한 경우는 조금 다르지만 말이다.

디자이너건, CEO건 그 역할을 충분히 해내기까지 10년 이상의 세월이 요구된다. 10년이면 강산도 변하는 세월이다. 이런 세월과 환경은 사람의 눈을 변하게 한다. 게다가 서로 다른 공부를 한 사람들이라면 사용하는 언어가 다르고, 안목에는 더 큰 차이가 있다.

디자이너에게 CEO의 눈으로 보라 하고, CEO에게는 디자이너의 눈으로 보라고 하는 이유가 여기에 있다.

눈을 의심하라

우리는 자신의 눈을 믿는 경향이 있다. 백문이 불여일견이고 보는 것이 곧 믿음이라는 말처럼 말이다. 우리는 자신이 보고 들은 것에 대해서는 별로 의심하지 않는다. 고정관념은 여기서 싹튼다.

우리 눈은 태어나면서부터 교육과 훈련을 통해 길들여진다. 스스로 느끼고 깨우치기 전에 교육이라는 사회적 시스템 속에서 훈련되고 강요된 눈을 갖게 된다. 특히 입시위주의 주입식 교육은 개개인의 다양성보다는 우리의 시각을 틀에 박힌 방향으로 몰아가는 경향이 강하다.

대부분 이런 눈을 갖다 보니 차별화되고 창의적인 문제해결이 어렵다. 모두 획일적인 교육과 훈련을 받아왔으므로 남들과 다른 눈으로 보는 사람들을 이상하게 여기고 심지어는 미친 사람 취급하기도 한다.

보다 차별화되고 창의적인 디자인을 원한다면 이런 고정관념을 깨야 한다. 고정관념은 디자인을 하는데 치명적인 장애물이다. 의심하고 질문하고 자신의 눈으로 보아야 한다. 겉모습이 아닌 내면을 꿰뚫어야 한다. 스스로 깨우쳐 마음으로 보아야 한다. 디자이너의 눈으로 보라는 것은 바로 이런 눈으로 보라는 것이다.

고정관념을 깨는 것. 그것은 하루아침에 이루어지지 않는다. 고정관념은 깨겠다는 각오만으로 깨지지 않는다. 그 사회를 살아간 나이만큼 쌓이는 것이 고정관념이기 때문이다. 앙드레 지드는 ≪지상의 양식≫에서 고정관념을 깨는 것이 얼마나 어려운지를 이야기했다.

> "다른 사람들은 작품을 발표하거나 일을 하는데 반해 나는 3년 동안이나 여행을 하며 머리로 배운 모든 것을 잊어버리려 했다. 배운 것을 비워버리는 작업은 느리고도 어려웠다. 그러나 그것은 사람들로부터 강요받은 모든 배움보다 더 유익했으며, 진정한 교육의 시작이었다."

자신이 배운 모든 것을 비워버리려고 했다는 것은 결국 모든 고정관념에서 벗어나 자신만의 눈, 즉 새로운 눈으로 세상을 보기 위한 훈련을 했다는 것이다. 그런 노력이 앙드레 지드를 노벨 문학상 수상으로 이끌었다. 시대는 갈수록 창의적 문제해결 능력을 요구한다. 우리가 진정 다르기를 원하고 창의적이길 원한다면 디자이너의 눈으로 보고 질문해야 한다. 다르게 생각하는 것은 다르게 보기에서 출발하는 것이다.

새로운 눈으로 보라

남다른 것과 새로운 것을 만들어내는 것은 결국 남다른 눈으로 보고 새로운

눈으로 본다는 것이다. 세상의 모든 위대한 리더나 철학자들은 자신만의 눈으로 세상을 보았다. 높이 나는 새가 멀리 보고, 낮게 나는 새가 자세히 본다는 말처럼 말이다. 일반인들이 일상을 논하고 틀에 박힌 이야기를 할 때 그들은 고정관념의 틀을 뛰어넘어 새로운 사상을 만들어냈다.

예수님이나 부처님도 그랬다. 사람들이 세속적인 눈으로 세상을 바라볼 때 그들은 새로운 눈으로 사람들에게 놀라운 비전을 보여주었다. 모든 혁명가들도 마찬가지다. 사람들이 미처 보지 못한 새로운 세상을 제시했다. 위대한 예술가는 어땠을까? 천재 화가 레오나르도 다빈치도 다른 눈을 갖고 있었다.

다빈치는 열네 살에 당시 최고의 화가이자 조각가 베로키오의 제자가 되어 피렌체에서 가장 큰 공방에 들어갔다. 스승은 다빈치에게 계란꾸러미를 그려보라고 했다. 다빈치의 눈에 비친 계란은 모두 똑같았고, 그가 그린 그림을 본 스승은 이렇게 말했다.

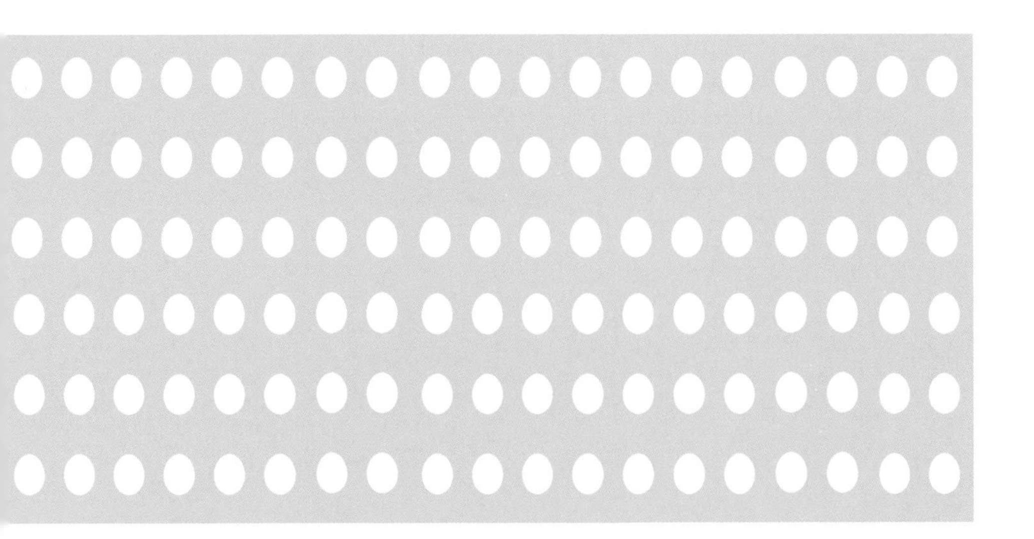

"천 개의 계란이 있다 해도 모양이 같은 것은 하나도 없다. 다른 각도에서 보면 전부 다르다. 계란은 전부 나름의 차이를 가지고 있다."

다빈치는 똑같아 보이는 사물에도 미세한 차이가 있다는 것을 이때 깨달았다. 스승의 말에 의해 새로운 눈이 열린 것이다. 새로운 눈이 열린다는 의미는 새로운 세상이 열린다는 것이다. 이런 눈을 통해 마침내 대기원근법(대기의 작용으로 물체가 멀어짐에 따라 물체가 희미해지는 현상)이라는 표현법을 고안하며 그는 천재의 반열에 올랐다.

또 한 사람의 천재, 관찰의 대가이자 다르게 보기의 대가였던 피카소는 "사람들은 실제로 항상 보던 버릇 그대로 보고 있으며 심지어는 더 못 보기도 한다. 왜냐하면 그들은 항상 똑같은 방식으로 보면서도 보는 방법을 터득했다고 착각하기 때문이다."고 말했다.

피카소의 황소 그림 연작이다.
이 그림의 과정을 보면
피카소가 사물을 어떻게 보았는지
짐작할 수 있다.
그는 남다르게 보기 위해
끊임없이 노력했다.

피카소는 일반인과 다르게 보았다. 하루는 피카소가 기차를 타고 여행을 하고 있었다. 옆좌석의 신사와 얘기를 나누게 되었는데, 신사는 상대가 피카소란 걸 알자 불평을 늘어놓기 시작했다. 현대 예술이 실재를 왜곡하고 있다는 것이었다. 그러자 피카소는 신사에게 실재의 믿을 만한 본보기가 있다면 그것을 보고 싶다고 말했다. 신사는 지갑에서 사진을 한 장 꺼내며 말했다. “이거요! 진짜 사진이죠. 내 아내와 정말 똑같은 사진이오." 피카소는 그 사진을 위에서도 보고, 아래로도 보고, 옆에서도 보고 여러 각도에서 세심하게 들여다 본 다음 "당신 부인은 끔찍하게 작군요. 게다가 납작하고요."라고 말했다.

결국 새로운 가치를 만들어 낸다는 것은 고정관념을 과감히 깨고 남다른 눈, 새로운 눈으로 보는 것에서 탄생한다. 어떤 눈으로 세상을 보는가에 따라 역사가 달라지고, 운명이 달라지고, 인생이 달라진다.

보는 것이 운명이다. 다르게 보자.

"연구 결과나 실적, 숫자를 보고 이를 분석하는 건 누구나 할 수 있어요. 하지만 감성과 상상력, 직관을 활용해 전체적인 브랜드 이미지를 구축하고 비전을 제시하는 것은 어려운 일이에요."

– 케빈 로버츠, 사치 & 사치 CEO

다르게 보기

우리는 매일 지구를 보면서 살아간다. 그런데 누군가 지구에 대해서 질문하면 아마 이런 대답을 할 것이다.

"지구요? 둥글죠!(우이씨, 당연한 걸 왜 물어봐?)"
"수금지화목토천해명. 그중 세 번째 별이요.(당당한 태도로)"

이런 답변은 스스로 보고 느껴서 안 것이 아니라, 교육을 통해 습득한 단편지식에서 나온 것이다. 솔직히 지구가 둥글다는 것을 스스로 이해하고 자신의 눈으로 확인한 사람이 몇이나 있는가? 우주에서의 순서 또한 마찬가지다. 우리는 이것이 과학적으로 증명된 것이라고 배웠고 ,이를 별 의심 없이 받아들인다. 지구에 대해서 막시무스는 이렇게 말한다.

아주 오래전부터
허공을 돌고 있는
커다란 배다.
처음 만들어질 때부터
사용설명서가 첨부되지 않아
아무도 제대로 된 사용법을 모른다.
게다가 배를 책임질 선장은
원래부터 없고
승객만 가득 타고 있다.

뭔가 다르지 않은가? 일반적인 지식과는 다른 해석이다. 조금은 엉뚱하기까지 하다.

천편일률적이고 획일적인 시각은 더 이상의 가치를 창출할 수 없다. 하품만 난다. 정답은 없다. 누가 더 새로운 시각으로 보고, 남다르고 재미있는 새로운 의미를 부여하는가에 달려 있다. 재미와 가치는 남다른 시각에서 보고 새롭게 해석하는 데서 탄생한다. 이렇듯이 재미와 가치는 고정관념 깨기에서 출발한다.

다르게 보기 1

'11월 11일' 하면 떠오르는 것은? 젊은이들이라면 금방 알 것이다. "아하, 빼빼로 데이!" 그렇다. 이 날은 빼빼로가 엄청나게 팔린다. 과자 회사들은 광고도 별로 하지 않는다. 그런데도 이 날은 엄청난 수익을 거둔다. 천박한 장삿속이라고 비난하기도 하지만, 제과사 입장에서는 회사와 직원들을 먹여 살리는 남다른 가치가 창출된 것이 분명하다.

빼빼로 데이의 유래는 과자 회사가 시작했다는 설과 영남 지역 학생들 사이에서 시작됐다는 이야기가 있는데, 아무튼 누군가 특별할 것 없는 11월 11일에서 빼빼로를 연상했고 거기서 의미를 찾아냈다.

다르게 보기 2

포도주의 생명은 숙성에 있다. 그래서 오래된 포도주일수록 가격이 비싸다. 그런데 이런 관점을 뒤집은 것이 바로 '보졸레 누보'다. 포도주가 오래될수록 비싸고 값어치가 있다는 고정관념을 깨고 새로 나온 햇포도주도 맛있다는 새로운 시각을 부여함으로써 새로운 가치를 창출했다. 게다가 11월 셋째 목요일에 전 세계에 출시한다는 마케팅을 통해 대성공을 거뒀다.

다르게 보기 3

일본 아오모리 현에 엄청난 태풍이 불었다. 그 바람에 사과가 거의 다 떨어져 농부들의 상심이 이만저만이 아니었다. 땅에 떨어진 사과는 상품 가치가 없었다. 그때 한 농부는 자신의 사과나무에서 떨어지지 않은 사과들을 보았다. 그리고 그 사과들을 곱게 포장해서 '합격사과'라고 이름 붙였다. '태풍에도 떨어지지 않은 사과가 여러분의 합격을 보장합니다!' 이렇게 탄생한 합격사과는

10배나 비싼 가격에도 날개 돋친 듯 팔려나갔다.

다르게 보기 4

클립 한 개를 가지고 무엇을 할 수 있을까? 보통 책갈피로 쓰거나 서류뭉치를 꽂는 정도로 쓸 것이다. 캐나다의 카일 맥도날드라는 백수 청년은 빨간 클립 한 개로 물물교환을 시도했다. 16번의 교환 끝에 자기가 꿈꾸던 집 한 채를 만들어냈다. 인터넷에서 그는 일약 스타로 떠올랐다. 그의 이야기를 담은 책 《빨간 클립 한 개》는 베스트셀러가 됐고 영화로도 만들어질 예정이다. 클립을 그냥 클립이라고 보지 않고 물건을 교환할 수 있는 가치를 찾아낸 남다른 안목이 기적을 만들어낸 것이다.

다르게 보기 5

운동화 한 켤레 사는데 두 켤레 값을 내라고 하면 어떤 기분이 들까? 이런 운동화를 사는 사람이 있을까? 다들 "노!"라고 할 것이다. 그러나 보기 좋게 성공한 사업가가 있다. 미국의 블레이크 마이코스키라는 청년이다.

그는 아르헨티나 어린이들이 맨발로 다니는 것을 보고 마음이 아팠다. 가난과 질병으로 고통 받는 그들에게 운동화를 신겨주고 싶어 아이디어를 떠올렸다. 한 켤레를 사면 다른 한 켤레를 기증할 수 있는 운동화를 판매하는 것이었다. 친구들에게 이러한 사업 구상을 물어보니 다들 말렸다. 그러나 그는 과감히 시도했고 여봐란듯이 성공했다. 최근 우리나라에서도 재고가 없을 정도로 폭발적인 인기를 누리고 있다. 바로 톰스 슈즈이다.

다르게 보라

디자이너의 눈으로 본다는 것은 이런 것이다. 스스로 느끼고 성찰하고 돌아보고 질문하라. 자신의 눈을 의심하고 자신만의 독특한 시각을 찾아라. 질문을 하게 되면 해답을 찾게 된다. 위대한 디자인은 남다르게 보는 남다른 눈에서 탄생한다. 당신의 눈은 어떤가? 당신은 지금 다르게 보고 있는가? 다른 질문을 하고 있는가?

> "오로지 마음으로 보아야 잘 보이는 거야. 가장 중요한 것은 눈에는 보이지 않는단다."
>
> – 생 텍쥐페리

CEO의 맹목은 위험하다

멀쩡하게 뜬 눈이 안 보이는 경우가 있다. 백내장이나 녹내장 등 시력 장애가 생긴 것도 아닌데 말이다. 눈이 안 보인다면 심각한 일이다. 방향 판단은 물론 사리 판단도 어려워지기 때문이다. 왜 멀쩡하게 뜬 눈이 안 보이는 것일까?

영화 〈쿵푸팬더〉를 보면 이런 대사가 나온다. "너를 너무 사랑한 나머지 네가 어떻게 변하고 있는지 보지 못했구나."

버려진 아기를 아들로 삼고 쿵푸 최고수가 되라고 애지중지 길렀더니 악의 화신이 되어 자신을 죽이려는 타이렁을 향해 시푸 사부가 던진 탄식이다. 아버지는 지나친 자식 사랑을 눈물 흘리며 후회했다.

사랑이 지나쳐서 집착하게 되면 볼 것을 보지 못하게 된다. 맹목이 되는 것이다. 눈을 뜨고 있으나 보지 못하면 눈 뜬 장님 신세와 다를 게 없다. 그러다 보면 질문하는 능력을 상실한다. 영화 〈연을 쫓는 아이들〉에서 부잣집 아이가 자작 동화를 하인의 아들인 친구에게 들려준다.

"옛날에 가난한 남자가 있었는데 그는 아주 신기한 램프를 얻게 되었지. 눈물방울이 닿으면 진주로 변하는 마술 램프였어. 그는 부자가 되고 싶다고 빌었고 결국 소원이 이루어졌어. 어느 날 그는 피 묻은 칼과 사랑하는 아내의 머리를 들고 울고 있었고 그 뒤로는 진주가 산더미처럼 쌓이고 있었어."

그 이야기를 들은 친구가 물었다. "그러니까 부자가 되기 위해 아내를 죽인 거야?" 부잣집 아이가 그렇다고 하자, 가난한 하인의 아들이 정말 이해할 수 없다며 말했다. "눈물 때문이라면 양파껍질을 벗겨도 되잖아."

오! 그렇다. 양파 하나면 아주 간단하게 부자가 될 수 있었다. 하지만 동화 속 남자는 재물에 눈이 멀어 사랑하는 아내를 죽였다. 지나친 탐욕이 눈을 멀게 한 것이다. 아이가 지어낸 동화라지만 너무나 상징적이다. 이런 일은 현실에서도 종종 일어난다.

많은 이들이 부를 위해서 물불을 가리지 않는다. 그러다 건강도 잃고 처자식까지 잃는다. 돈 때문에 더 소중한 것들을 희생시키는 결과이다. 과욕과 탐욕으로 불철주야 뛰다가 소중한 것을 잃는다면 무슨 의미가 있는가?

대한민국의 CEO들은 정상에 서 있는 가장 바쁜 사람들이다. 눈코 뜰 새 없이 바쁘다 보니 자신의 건강과 가정을 돌볼 새가 없다. 조직과 회사를 위해 목숨까지 바칠 각오로 뛰지만, 결과는 외화내빈이다. 겉모양은 화려하지만 속은 텅 빈 쭉정이 신세가 되기 쉽다. 사랑하는 아내를 죽이고 절규하는 동화 속 남자의 신세와 다르지 않다.

우리는 늘 살피고 돌아보아야 한다. 작은 양파로 해결할 수 있는 문제를 크게 만드는 것은 아닌지? 문제를 해결하는 열쇠가 가까이 있는데 먼 길을 돌아가는 것은 아닌지? 질문해 보아야 한다.

돈이든 권력이든 자식 사랑이든 지나친 탐욕은 우리 눈을 맹목적으로 만든다. 맹(盲)이라는 한자는 '亡'과 '目'이 합쳐진 글자다. 눈이 망하는 것이 곧 맹목이다. 눈이 망하면 사람이 망한다. 사람이 망하면 인생이 망한다. 인생이 망하면 사회가 망한다. 사회가 망하면 세상이 망한다. 악순환의 중심에 맹목이 있다.

맹목적인 CEO는 작고 별 볼일 없다는 이유로 양파의 진정한 가치를 보지 못한다. 지나친 탐욕에 자식을 망치고 결국 자신이 망한다. 반면 눈이 밝은 CEO는 올바로 본다. 작은 양파 하나로도 원하는 것을 얻는다. 지나친 탐욕에 눈이 멀지 않는다. 돈, 명예, 권력보다 소중한 가치를 볼 수 있는 것은 자문하는 능력을 잃지 않기 때문이다.

발명이 필요의 어머니다

'필요가 발명을 낳는다.' 새로운 것을 창조하기 위해서 무엇이 필요한지, 무엇이 결핍되었는지 떠올려보라고 주장하는 책도 많다. 많은 발명품이 사람들의 필요에 의해 태어나기 때문이다. 하지만 꼭 그럴까? 제레드 다이아몬드는 그의 저서 ≪총, 균, 쇠≫에서 이렇게 통찰한다.

"이처럼 낯익은 사례들을 보면서 그 밖의 중요한 발명품들도 모두 필요에 대한 인식에서 비롯되었다고 착각하기 쉽다. 사실 수많은 발명품, 또는 대부분의 발명품은 호기심에 사로잡히거나 이것저것 주물럭거리는 일을 좋아하는 사람들이 개발했고 그들이 염두에 둔 제품에 대한 수요 따위는 있지도 않았다. 일단 어떤 물건이 발명되면 그때부터 발명자는 그것의 용도를 찾아야 했다. 그리고 상당 기간 사용된 이후에야 비로소 소비자들은 그것이 '필요'하다고 느끼게 되었던 것이다. 또 어떤 물건은 어느 한 가지 용도에 더 많이 쓰이게 되었다. 놀랍게도 이렇게 어느 한 가지 쓸모를 위해 만들어졌던 발명품 중에는 현대에 이루어진 중요한 기술적 혁신이 대부분 포함되어 있다. 비행기와 자동차, 내연기관과 전구, 축음기와 트랜지스터 등도 예외가 아니다. 그러므로 오히려 발명이 필요의 어머니일 때가 더 많다."

아이폰이 나오기 전에는 누구도 아이폰의 필요성을 느끼지 못했다. 아이폰은 결국 잡스의 직관과 감성의 산물이다. 애플의 창조적이고 혁신적인 디자인들은 시장조사를 거치지 않고 나온 것이다. 아이콘 역시 마찬가지다. 제록스의 기술자들은 아이콘을 발명해놓고 어디에 써야 할지 몰랐지만 제록스 연구실에서 그 기술을 보고 아이디어를 얻어 세계 최초로 상용화한 것도 스티브 잡스였다.

스티브 잡스는 애플의 위대한 발명품들에 대해 이렇게 성찰한다. "고객이 무엇을 원하는지는 고객조차도 모른다. 그들은 진열된 상품을 본 후에야 자신에게 그것이 필요한지를 결정한다."

상황이 이런데 일부 마케터들은 '조사하면 다 나온다.'고 착각한다. 시장조사를 전가의 보도처럼 휘두른다. 뭐가 필요한지도 모르는 고객에게 묻는답시고 쓸데없는 정보를 잔뜩 끌어 모은다. 그리고 그 정보를 자신에게 유리하게 조작한다.

CEO들은 '조사하면 다 나와.'라고 주장하는 마케터와 시장조사를 경계해야 한다. 자칫 돈은 돈대로 쓰고 얻은 것은 별로 없이 뒷북치기 십상이고, 기업을

DIFFERENT

A SOURCE OF SUCCESS

위험에 빠뜨릴 수도 있기 때문이다.

"1등이 되고 싶다면 시장조사를 멀리 하라." 하버드 경영대학원 문영미 교수는 저서 《디퍼런트》에서 "여러분이 만약 중간을 목표로 하고 있다면 얼마든지 설문조사를 활용해도 좋다. 하지만 '최고'가 되기를 원한다면 설문조사에 집착하는 태도는 가급적 멀리하는 편이 좋을 것이다."라고 주장한다.

그녀의 주장은 스티브 잡스의 통찰과 같은 맥락이다. 대부분의 기업이 시장조사를 하면서 비슷한 오류를 범한다. 그 결과 경쟁이 치열할수록 더 비슷한 제품들을 내놓게 된다. 자신의 정체성을 잊어버리고 약점 보완에 급급해서 시장평균을 지향하기 때문이다. 강점에 더욱 집중하고 투자하는 기업은 극소수다. 아이러니하게도 차별화하고자 하는 시장조사 때문에 거꾸로 하향평준화의 함정에 빠지고 만다. 결과적으로 개성은 사라지고 모두 비슷해지고 만다. 그러면서도 끊임없이 차별화를 추구한다는 착각에 빠진다.

기업들의 행태를 보라. 고객을 위한다며 공짜 혜택을 퍼붓는다. 마일리지 서비스를 도입하고 각종 이벤트를 벌인다. 마케팅 비용을 물 쓰듯 쏟아 붓는다. 고객 입장에서 보면 별 차이가 없다. 그게 그거다. 문영미 교수는 이런 현상을 '진화의 역설'이라고 주장한다.

이런 역설에서 빠져 나오는 길은 한 가지다. 차별화가 핵심이다. 남들이 고만고만한 아이디어와 비슷비슷한 서비스 경쟁에 빠져있을 때일수록 더 기회가 있다. 우리의 브랜드를 더 강력하게 만드는 것은 바로 디자인이다. 경쟁자들과 차별되게 만드는 강력한 힘이 디자인이다. 한때 최고였던 미국 자동차들이 왜 몰락했는가? 디자인에서 차별화하지 못했기 때문이다.

반면 BMW나 벤츠, 아우디는 정체성이 확실한 디자인으로 승승장구하고 있다. 답은 차별화에 있다. 끊임없이 질문하고 차별화하라. 시장을 리드하라. 새로운 디자인에 목숨을 걸어라. 필요에 의해서 발명하기보다 발명으로 필요를 만들어라. 그게 리더의 진면목이다.

"모험과 도전을 추구하는 사람들에게 깊이 감사할 줄 알아야 한다. 이와 같은 자세야말로 우리 모두를 위한 창조성을 낳게 하고, 새로운 아이디어와 상품으로 우리의 삶을 풍부하게 한다. 가장 훌륭하고 가장 힘든 일은 모험과 도전 정신에 의해 이루어진다."

– 윌리엄 맥나이트, 3M CEO

입맛은 심순애다

"입맛은 정직하다."고 광고한 나가사끼 잠뽕. 그 광고 내용은 다음과 같다.

4편의 광고가 있는데 각 광고마다 라면 7년차, 11년차, 24년차, 38년차 모델이 등장하여 노란 양은 냄비에 보글보글 끓인 라면을 맛있게 먹으며 말한다. "입맛은 정직하다." 이 광고를 보다가 문득 궁금해졌다. 정말 입맛이 정직할까?

30년 전의 일이다. 대학생 시절 엠티 준비를 위해 선배와 함께 슈퍼마켓에 갔다. 쇼핑목록에 따라 물건을 사는데 선배가 '요플레'를 하나 집어주었다. 일본에서 선풍적인 인기인데 정말 맛있으니 먹어보라며, 자신도 하나 뜯어서 맛있게 먹었다. 선배는 일본에서 살다온 사람이었고 필자는 요플레를 그때 처음 보았다.

호기심 반 기대감 반으로 한 입 떠먹는 순간, 맛이 너무나 당황스러웠다. 뭐라 말로 표현할 수 없는 맛. 썩은 것을 먹는 그런 느낌이었다. 결국 선배가 보지 않는 틈을 타 요플레를 쓰레기통에 던져버렸다. 선배의 호의는 고마웠지만 도저히 참을 수 없는 맛이었기 때문이다.

처음에는 이상하다고 쓰레기통에 던져버린 맛인데, 지금은 먹고 싶어서 자주 찾게 된다. 하나 먹고 나면, 하나 더 먹어볼까 하는 생각까지 든다. 이쯤 되면 입맛은 정직한 게 아니라 '길들여지는 것'이다.

1980년 일본에서 출시된 포카리 스웨트를 처음 맛본 사람들은 이렇게 말했다. "헐, 이기 뭔 맛? 이런 걸 돈 주고 누가 마시나?" 그랬던 포카리 스웨트가 일본은 물론 한국에서도 30년 이상 사랑받는 효자제품이 되었다. 스포츠 이온음료라는 새로운 시장을 창출하며 승승장구한 것이다. 다양한 마케팅 전략도 전략이지만, 무엇보다 CEO의 빛나는 통찰 덕분이었다. 발매 전 포카리를 처음 맛본 일본 오츠카 직원들은 이구동성으로 말했다. "이런 맛으로는 절대로 팔릴 수 없다."고 말이다.

하지만 오츠카 CEO만은 달랐다. 그는 사원들의 반대를 무릅쓰고 발매를 결정했고 대성공을 거뒀다. 만약 소비자 맛 테스트에 의존하고 선호도 조사에 따라 발매를 결정했다면 포카리 스웨트는 흔적도 없이 사라졌을 것이다.

지금은 베스트셀러가 된 '사나이 울리는 신라면' 역시 그랬다. 신라면이 나오기 전까지 라면시장은 닭고기와 쇠고기 국물 맛으로 경쟁했다. 누구도 매운맛을 생각하지 못했다. 그 시장의 패러다임을 깬 사람이 바로 농심 신춘호 회장이다.

그는 우리나라 사람들이 매운맛을 좋아한다는 사실을 꿰뚫었다. 제품개발 당시 직원들 모두가 반대했고, 심지어는 회사가 망한다고까지 했다. 신춘호 회장은 굴하지 않았다. 결국 매운 신라면을 앞세운 농심은 라면시장에 지각변동을 일으켰다. 시장점유율 1위인 삼양라면을 정상에서 밀어내고 라면시장의 70%를 장악했다.

입맛은 길들여지고 익숙한 것을 좋아하는 경향이 있다. 하지만 어떤 계기를 통해 변하기도 한다. 좀 더 적확하게 말하자면 입맛은 '일편단심 민들레'라기보다는 금가락지에 마음이 변하는 '심순애'에 가깝다.

입맛도 따지고 보면 보는 것에 좌우된다. 위대한 디자인은 소비자의 마음을 통찰한다. 결코 고정관념에 빠지지 않는다. 냉철하게 소비자가 원하는 것을 직시한다. 그런 디자인이 기업의 생존을 보장한다. 새로운 기회를 포착하는 것 역시 기업의 생존과 결부되어 있다. 새로운 기회는 상식과 고정관념을 깨는 것에서 탄생한다. 새로운 기회를 잡고 싶다면 질문하고 디자인하라. 상식이라는 착각을 깨는 디자인이 무엇인지 찾아야 한다.

"상식은 18세 소년이 길거리에서 주워 모은 편견의 집합이다."
– 아인슈타인

안기부를 바꾼 디자인의 힘

하얀 눈이 펑펑 쏟아지는 겨울이었다. 찬바람을 뚫고 머리와 옷깃에 눈을 털어내며 연구실로 막 들어서는데 전화벨이 울렸다. 수화기 너머로 중저음에 가까운 목소리가 들려왔다.

"김 교수님이세요? 여기는 안기부인데 좀 뵀으면 좋겠습니다."

순간 긴장을 하다가 대답했다.

"네에? 안, 안기부요?"

예전 중앙정보부로 악명 높았던 그 안기부? 갑자기 등골이 서늘해졌다. 그 짧은 순간에 여러 가지 불안감이 스치고 지나갔다. 안기부에서 왜 나를 찾을까? 정신을 가다듬고 자초지종을 들어보니 완전 오해였다. 다름 아닌 안기부 CI를 디자인해 달라는 요청이었다. 모월 모일 안기부에서 만나기로 약속을 잡고 전화를 끊었다.

상대를 알고 나를 알라

그 때까지 부동자세로 굳어 있던 필자는 전화를 끊고 나서야 겨우 숨을 돌렸다. 굳었던 머리가 돌아가기 시작한 거다. 먼저 왜 '안기부'라는 말 한마디에 그렇게 긴장했는지를 생각해 보았다. 결론은 안기부에 대해서 몰라도 너무 모른다는 것이었다. 제대로 모르면서 떠도는 얘기나 흘려들었던 얘기들 때문에 형성된 고정관념 탓이었다.

지피지기 백전불태(知彼知己百戰不殆). 손자병법이 떠올랐다. 상대를 알고 나를 알아야 위태로움이 없다. "그래, 알아야 면장도 하는 거다." 첫 미팅 때까지 안기부에 대해 조금이라도 알기 위해 자료를 찾았다.

지금이야 인터넷 검색하면 다양한 정보가 뜨는 세상이지만 당시는 그렇지 못했다. 도서관에 가서 안기부에 대한 자료를 찾아보니 다음과 같은 정보들이 나왔다.

> "1961년 박정희 정부 시절 중앙정보부로 시작했다. … 1981년 전두환 정부 때 국가 안전기획부로 개명하면서 오늘에 이르렀다(1999년 김대중 정부시절 국가정보원으로 개명). 안기부는 나라의 안전과 이익을 저해하는 모든 위협에 선제대처해서 대한민국의 영속번영을 위해 어쩌고저쩌고…".

공부도 좋지만 슬슬 졸음이 몰려오려는데 개그 한토막이 눈에 들어왔다.

"미국 CIA와 소련 KGB, 한국 안기부가 내기를 했다. 높고 험한 산에 영구를 풀어주고 누가 더 빨리 영구를 생포해오는지 시합을 벌인 것이다. 먼저 KGB가 출동하더니 하루 만에 꼭꼭 숨어 있던 영구를 잡아왔다.

"오, 훌륭한 솜씨요. 어떻게 하루 만에 영구를 잡아왔소?"

"KGB 최정예 요원들을 투입해서 산을 샅샅이 뒤졌소!"

다음은 CIA가 출동해서 반나절 만에 영구를 잡아왔다.

"레알 대단하군요, 어떻게 이렇게 빨리 영구를 잡았소?"

"최첨단 정찰위성으로 산을 모조리 스캔해서 잡았오."

마지막으로 안기부가 출동하더니 단 1시간 만에 곰을 잡아서 내려왔다.

"아니, 이건 곰이잖소? 영구를 잡아 오랬더니 어찌된 거요?"

"하하, 이건 영구가 맞소. 내가 확인해 주지요."

그러더니 안기부 요원이 곰을 발로 마구 걷어차며 말했다.

"야, 이 새끼야. 너 곰이야?"하고 물으니 곰이 울면서 말했다.

"윽, 흑흑흑, 저 곰이 아니에요. 영구 맞아요."

우스갯소리지만 나름 안기부를 잘 풍자하고 있다는 생각이 들었다. 순기능은 없고 역기능만 부각시킨 이야기. 사실 중앙정보부 이래 많은 일을 해온 안기부지만 이미지는 한마디로 부정적이었다.

디자인으로 바꿔라

드디어 약속 날이 되었다. 나름 공부를 한 덕에 처음 전화를 받을 때처럼 떨리지는 않았지만 그래도 긴장됐다. 차를 어떻게 주차했는지 기억이 나지 않을 정도다. 현관을 지나 조금 어두침침한 본관의 긴 복도를 걸었다. 왠지 한 번 걸어 들어가면 다시는 돌아오지 못할 것 같은 느낌이었다. 회의실로 들어가니 오리엔테이션 준비가 다 되어 있었다.

처음부터 예상이 빗나갔다. 안기부 요원 하면 신경질적이고 사천왕상 같은 이미지를 연상했는데 우리와 다름 없는 사람들이었다. 어쨌든 새로운 디자인에 대한 오리엔테이션 내용은 다음과 같았다.

'글로벌 정보를 파악하고 국내기업에 도움을 준다는 것을 목표로 국가 정보기관으로서 위상을 재정립하고자 한다. 그러기 위해 새로운 사고와 행동으로 대국민 신뢰를 회복하겠다는 것. 그런 목표와 행동방침이 우러나는 새로운 디자인을 해달라.'는 요청이었다. 그들은 심벌과 로고 디자인 등 새로운 디자인 정체성을 원했다.

그랬다. 김영삼 정부 당시 안기부는 이미지 변신을 꾀했다. 박정희 정부의 중앙정보부에서 전두환 정부의 안기부까지 이어진 부정적인 이미지를 불식시키려 했고, 새로운 디자인이 히든 카드였다. 연구실로 돌아오는 내내 마음이 복잡했다.

연구실로 돌아와 서울대 김교만 교수님(1998년 작고)께 전화로 참여를 부탁드렸다. 흔쾌히 수락을 해주신 덕에 천군만마를 얻은 기분이었다. 이미 프로젝트를 다 마친 기분이었다.

디자인의 힘

디자인 프로젝트가 가동됐다. 가장 중요한 것은 지향하는 콘셉트에 어울리는 자료수집이었다. 지금이야 필요한 자료가 있으면 인터넷을 검색하고 모자라면 해외에 있는 친구들에게 자료요청을 하면 웬만한 자료는 다 모을 수 있다. 하지만 그 때만 해도 발로 뛰는 수밖에 없었다.

우선 대학 도서관을 중심으로 뛰었다. 2주쯤 지나니 제법 많은 자료가 모였다. 동시에 아이디어 스케치가 시작되었다. 시간은 쏜살 같이 흘렀고 스케치는 백장이 넘어갔다. 2개월이 지나갔다. 드디어 약속된 1차 프레젠테이션 날이 밝았다.

열 손가락 깨물어 아프지 않을 디자인 안 중 최선의 안을 선별했다. 처음 미팅을 했던 그 장소에서 프레젠테이션을 하려는데 담당관이 말했다.

"안 설명 시 지정된 장소에서 절대 이동하시면 안 됩니다."

순간 별의별 생각이 섬광처럼 머릿속에서 번져 나갔다.

'헉. 이런 게 안기부구나!'

1차 프레젠테이션을 마치고, 2차 프레젠테이션에서 5개 시안 중 최종안을 결정하는 순간이 왔다. 회의실에는 침묵과 긴장이 맴돌았다. 참석했던 모든 간부들이 안기부장의 눈치를 살피는 분위기였다. 필자는 분위기를 파악하고 안기부장에게 말했다.

"부장님께서 먼저 제일 좋은 안을 선택하시지요."

안기부장은 잠시 뜸을 들이더니 1번 안을 꼽고 참석한 국장들에게 말했다.

"어떻습니까? 우리 국장님들 의견은? 난 이게 제일 좋은데."

이견이 있을 리 없었다. 사실 기업의 CEO보다 더 영향력 있는 자리가 아니던가? 결국 만장일치로 안기부장이 꼽은 1안이 통과되었고 다음 일은 일사천리로 마무리되었다. 그리고 그 디자인은 안기부의 부정적인 이미지를 씻어 주는 데 일조했다. 호박에 줄을 그었더니 수박으로 변신한 셈이다. 디자인은 그런 힘이 있다. 비근한 예로 새누리당은 당의 심벌과 컬러 등에 새로운 디자인을 적용시켜 한나라당과 차별화하는 데 성공했다.

디자인 정체성의 구축

심벌디자인은 하나의 아이콘이다. 사람으로 치면 얼굴이다. 겉으로 드러난 모습, 즉 이미지 정체성은 눈에 보이는 가치이다. 보다 중요한 것은 눈에 보이지 않는 가치, 즉 마인드와 그에 따른 행동이다. 진정한 디자인 정체성이란 눈에 보이는 가치와 보이지 않는 가치가 씨줄과 날줄 엮이듯 결합하여야 비로소 형성된다. 말하자면 회사원이나 조직원 한 사람 한 사람의 마인드와 행동이 모이고 쌓여서 거대한 정체성이 이루어지는 것이다.

심벌을 디자인하는 것은 성형외과 수술과 같다. 아무리 예쁘고 멋지게 고친다고 해도 그 근본이 예쁘고 멋지게 변하지는 않는다. 중요한 것은 신뢰와 사랑받을 수 있는 마음과 그 마음을 표출하는 행동에 있다. 심벌디자인 하나 바꿨다고 모든 것이 변한다고 생각하면 큰 오산이다. 얼굴과 외모가 아무리 예뻐도 마음과 행동이 따라주지 않으면 변할 게 없다.

최근 지자체와 정부 각 부처들이 경쟁이라도 하듯 디자인과를 신설하고 디자이너를 채용해서 심벌과 로고, 캐릭터 디자인에 열을 올리고 있다. 나쁜 현상은 아니다. 그 덕에 디자이너들도 밥 먹고 살 수 있으니 말이다. 그러나 그 디자인을 제대로 운용하고 있는지 살펴보면 무척 실망스럽다. 괜찮은 디자인도 수장이 바뀌면 자신의 세를 과시하는 듯 하루아침에 바꿔버리는 일이 비일비재하다. 게다가 각 부처들이 경쟁적으로 심벌이나 로고를 만들어 내니 오히려 시민들은 헷갈리기 일쑤다.

정부 조직이나 지자체를 운영하는 리더들에게 묻고 싶다. 정작 중요한 것이 무엇인지. 정부와 지자체의 정체성은 무엇인지. 이왕이면 다홍치마라고 정부 조직이나 지자체를 아름답게 포장하는 것은 중요한 일이다. 하지만 그 조직을 움직이는 조직원들의 마인드가 변하지 않고 행동이 따라 주지 않는 디자인은 공허할 뿐이다.

말은 힘이 세다

필자 두 사람의 디자인 경력을 더해보았다. 50년이 훌쩍 넘는다. 적지 않은 세월이다. 강산이 다섯 번 바뀌었을 세월에 우리는 다양한 유형의 CEO들을 만나왔다.

CEO의 모습은 사천왕상 같았다. 큰 눈을 부라리고 금세 벼락같은 꾸짖음을 내릴 것 같은 존재. 자칫하면 목을 날려버릴 것 같은 공포감을 주는 이가 CEO요, 그 앞에만 서면 한없이 작아지는 존재가 디자이너다. 교수가 된 지금은 그렇지 않지만, 디자이너 초년병 시절에는 늘 그런 생각이 따라다녔다.

이런 CEO도 있었다. 광고 시안을 결재 받으러 간 자리에서 디자인 문제는 뒤로 하고 다른 일로 아랫사람에게 면박을 주는 것이었다. 그 아랫사람도 필자에게는 클라이언트인데, 그 CEO는 아랑곳하지 않았고, 마구 소리까지 질러댔다. 더 당황스러웠던 것은 이런 말도 서슴지 않았다.

"야, 너 돌대가리야?"

이런 CEO 밑에서 어떤 사람이 버틸 수 있을까? 목구멍이 포도청이라도 호시탐탐 도망갈 기회만 노릴 것이다.

물론 말 한마디로 필자의 마음을 흔들어 놓은 CEO도 있었다. 20년 전 회사 심벌과 로고 디자인을 의뢰받고 몇 달간 밤낮없이 일한 결과물을 발표하던 날. 디자인에 대한 모든 설명을 듣고 흡족해한 CEO가 이런 말을 건넸던 것을 잊지 못한다.

"교수님. 세상 사시다가 혹시 어려운 일 만나시면 꼭 한 가지만 제게 부탁해주세요. 무엇이든 제가 도와드릴 수 있는 일이라면 성심을 다해 도와드리고 싶습니다."

그때 에밀레종을 울리는 당목처럼 내 가슴이 사정없이 울렸다. 지금도 생생하게 귓가에, 내 심장 깊은 곳에 그 이야기가 남아 있다. 그 말 한마디 덕분에 몇 개월 동안 지난했던 프로젝트가 눈 녹듯 녹아내렸다. '말 한마디로 천 냥 빚을 갚는다'는 속담이 그때 비로소 피부에 와 닿았다. 나를 믿어주는 사람이 있다는 사실에 세상이 다르게 보였다.

잘 안 풀리는 일을 만나면 디자이너들은 입버릇처럼 말한다. 모든 게 '클라이언트 복'이라고, '복불복'이라고도 한다. 필자도 그 말을 참 많이 했었다. 돌이켜 보면 그건 좀 아니라는 생각이 든다.

복도 자기가 디자인하는 것이고 불복도 자기가 디자인하는 것이다. 복이건 불복이건 하늘에서 떨어지는 게 아니다. 자기가 짓기 나름이다. 말 한마디가 그 힘의 근원이 되더라는 말이다. 결론적으로 말은 힘이 참 세다.

기분 좋은 말을 생각해보자.
파랗다. 하얗다. 깨끗하다. 싱그럽다.
신선하다. 짜릿하다. 후련하다.
기분 좋은 말을 소리내보자.
…
머릿속에 가득 기분 좋은
느낌표를 밟아보자.
느낌표들을 밟아보자. 만져보자. 핥아보자.
깨물어보자. 맞아보자. 터뜨려보자!

– 황인숙, 〈말의 힘〉 중에서

만사불통 만사고통

구 소련이 철의 장막을 거둔 지 이십여 년이 지났다. 소련은 서방세계와 불통했기 때문에 철의 장막으로 불렸다. 소련은 러시아로 국가 이름을 바꾸면서 장막을 활짝 열고 소통하기 시작했다.

10년 전 학생들과 러시아를 방문할 기회가 있었다. 문화와 예술의 나라를 눈으로 볼 수 있다는 마음에 한껏 부풀었다. 학생들과 필자를 포함한 교직원 그룹, 러시아어 전공 교수님과 총장님과 이사장님 그룹으로 나뉘어 별도의 스케줄을 가지고 움직였다. 당시 러시아어를 할 수 있는 사람은 전공 교수님 밖에 없었다.

문제는 첫 행선지인 모스크바에 도착하면서 시작되었다. 러시아어 전공 교수님이 총장님과 이사장님 미팅에 합류하면서 교직원들과 학생들은 졸지에 언어 장애인이 되어 버렸다. 해독 불가한 모스크바의 간판들 사이에서 홀로 남은 고아가 된 기분이었다. 주변에는 온통 코 큰 사람들에 '~스키', '~세키' 등

심한 욕설 같은 소리만 들려왔다. 낯선 이방인을 향해 욕을 하는 것일까? 가방을 쥔 손에 땀이 나기 시작하며, 불안감이 서서히 증폭되었다.

겨우 무사히 호텔에 도착하여 짐을 풀었다. 한숨을 돌린 우리는 집에 안부 전화를 시도했다. 같은 방에 묵었던 직원도 국제전화카드를 사왔는데 쓰는 방법을 몰라 애를 먹고 있었다. 러시아 말을 모르니 발만 동동 구를 뿐이었다. 그 모습을 보고 필자는 호텔방의 수화기를 점잖게 들고 전화번호를 눌렀다. 애가 탄 직원 앞에서 보란 듯이 번호를 또박또박 눌렀다. 다 누르자 신호가 갔다. "따르르릉~ 따르르릉~ 따르르릉~" 아무리 신호가 가도 집에서는 전화를 받지 않았다. 다시 걸어도 역시 받지 않았다. 다음 날도 계속해서 전화를 시도했지만 역시 통화는 되지 않았다. 결국 한 통화도 못하고 체크아웃을 해야 했다.

느긋하게 짐을 챙기고 숙박비 정산을 하는데 뜬금없이 전화요금을 100달러나 내란다. 마른하늘에 날벼락이었다. 한 통화도 안 했는데, 아니 못했는데 100달러라니? 기가 막혀 따지려 해도 소통불가였다. 모두들 버스를 타고 기다리고 있어서 울며 겨자 먹기로 돈을 냈다. 나중에 통역을 통해 이야기를 듣고는 기가 막혔다. 일단 수화기를 들어 신호만 가도 통화시간으로 처리되는 게 러시아법이란다. 통화도 못하고 100달러를 지불하고 나니 속이 쓰려왔다. 러시아 말을 모르니 소통불가하고, 소통불가는 만사고통으로 이어졌다.

모스크바를 떠나 다음 행선지로 향했다. 러시아 제2의 도시 페테르부르크에 도착한 필자와 교직원 일행은 배가 고팠다. 주변 식당을 찾아보았지만, 러시아 말을 모르니 식당을 잘 알 수 없었고 배고픔을 넘어서 고통이 밀려왔다. 걸어도 걸어도 흔한 햄버거 가게 하나 찾을 수 없었다. 게다가 한 여름의 땡볕도 장

난이 아니었다. 그때 눈에 들어온 것이 중국집이었다. 사막에서 오아시스를 발견한 기분으로 필자 일행은 중국집으로 향했다. 하지만 그 기쁨도 잠시 뿐. 자리를 잡고 앉았는데 메뉴판을 보는 순간 눈앞이 아득했다.

음식 사진은 없고 러시아어로만 쓰여진 메뉴판이었다. 바로 그때 아이디어가 반짝 떠올랐다. 식탁에 있는 냅킨에 볼펜으로 쓱쓱 그림을 그리기 시작했다. 먼저 그릇을 그리고 그릇에 담긴 면을 그렸다. 그 면을 젓가락으로 올리는 그림이었다. 그림 아래에 아리비아 숫자로 사람 숫자를 표기했다. 또 한 장에는 큰 접시를 그리고 군만두가 옆으로 나란히 누워있는 그림을 그렸다. 그 그림을 보여주니 바로 뜻이 통했다. 잠시 기다리니 김이 모락모락 나는 따끈한 군만두와 우동이 나왔다. 불안감을 안고 기다리던 일행의 환호와 박수 소리가 이어졌다. 우동과 군만두를 먹다보니 술 생각이 났다. 다시 냅킨 한 장에 고량주 병과 잔을 그려주었다. 그 그림을 보고 주인이 고개를 끄덕이더니 술을 가지고 왔다. 일행은 다시 한 번 환호했다. 축제 분위기가 따로 없었다. 덥고 배고프고 다리도 아파 죽을 지경이었는데 그런 일행에게 밥을 먹여 주었던 것이다. 만국 공통어인 그림으로 말이다. 당시 동행했던 동료는 그 그림을 버리지 않고 아직도 갖고 다닌다. 혹시 다른 데 가서도 말이 통하지 않으면 또 써먹겠단다. 그러면서 필자만 보면 말한다.

"역시 디자인이 핵심이야. 배고파 죽을 뻔 했는데 러시아에서도 통했으니 말일세. 하하하."

그렇다. 우리 일행은 작은 그림 한 장. 디자인 덕분에 만사형통의 기쁨을 누렸다. 디자인이 소통의 키워드라는 것은 이런 이유 때문이다. 디자인은 만국공통어이다.

만사소통 만사형통

2002년 한일 월드컵 때 이야기다. 거스 히딩크가 국가대표팀 감독으로 부임한 당시, 우리 선수들은 훈련 중에도 서로 대화를 하지 않았다. 경기 때는 물론이고 심지어 밥 먹을 때도 몇몇 그룹으로 나뉘어 섞이지 않았다. 선수들 간에 엄격한 위계질서로 인한 소통부재가 심각했던 것이다. 그 모습을 세심하게 관찰한 히딩크는 며칠 뒤 파격 선언을 한다.

"나이에 상관없이 운동장에서 선수끼리는 무조건 반말을 한다. 밥 먹을 때도 마찬가지다."

느닷없는 감독의 지시에 당황한 선수들 사이에서는 정적만 흘렀다. 그 순간 어디서 들려온 한마디. "명보야, 밥 먹자!" 최고참이자 과묵하기로 소문난 홍명보에게 막내 김남일이 툭 던진 말에 식당은 온통 웃음바다가 됐다. 이후 선수들은 신나게 소통하기 시작했고 이탈리아, 스페인 등 세계 최강팀들을 연파하는 4강 신화를 이루어냈다.

만사불통 만사고통
만사소통 만사형통

소통이란 이런 것이다. 소통이 원활하면 조직이 살고 소통이 안 되면 조직이 죽는다. 설마 소통 때문에 죽기까지 하겠냐고 생각한다면 다음 사건을 보자. 말콤 글래드웰이 《아웃라이어》에서 밝힌 '비행기 추락에 담긴 문화적 비밀'이다.

1997년 8월 5일 밤 10시 30분, 대한항공 801편은 괌으로 향했다. 다음날 새벽 1시 42분 26초. 괌 공항 남서쪽 4.8킬로미터 지점에 있는 야산 니미츠 힐(Nimitz Hill)을 들이받고, 6,000만 달러에 달하는 21만 2,000킬로그램짜리 강철은 시속 160킬로미터의 속도로 곤두박질쳤다. 기체는 화염에 휩싸였다. 구조대원들이 도착하기도 전에 254명의 탑승객 중 228명이 사망했다. 희생자 가운데는 신혼부부나 휴가를 떠난 일가족이 많았다. 비극이었다.

이 사고는 악천후, 사소한 기술적 결함, 조종사의 피로 등 비행기 사고의 전형적인 요인들이 복합적으로 결합된 사고였다. 그러나 더 큰 요인은 한국식 권위주의 문화로 인한 소통부재였다. 비행기 조종석은 기장과 부기장이 협력하여 조종하도록 설계되어 있다. 그럼에도 불구하고 기장(상급자)의 잘못을 부기장(하급자)이 지적하는 것을 터부시하기 때문에 벌어진 참사였다는 것이다. 한국식 완곡어법이 불러온 비극이다. 한국식 완곡어법의 특징에 대해 글래드웰은 한국어학자 손호민의 논문을 인용한다.

과장 : 날씨도 으스스하고 출출하네. (한 잔하러 가는 게 어때?)

회사원 : 한잔 하시겠어요? (제가 술을 사겠습니다.)

과장 : 괜찮아. 좀 참지 뭐. (그 말을 반복한다면 제안을 받아들이도록 하지.)

회사원 : 배고프실 텐데 가시죠? (저는 접대할 의향이 있습니다.)

과장 : 그럼 나갈까? (받아들이도록 하지.)

이런 대화 스타일의 문제는 아랫사람은 완곡하게 표현해 위험을 회피하고, 윗사람은 그 말귀를 알아듣기 힘들어 하고 심한 경우에는 무시할 수도 있다는 것이다.

네덜란드 사회학자 기어트 홉스테드는 국가별 상하급자 간의 협업관계를 분석했다. 권력간격지수(Power Distance Index)가 그것이다. PDI 지수라고 하는데 위계질서와 권위를 얼마나 존중하는지 나타내는 척도다. 이것은 "직원들이 관리자의 의견에 동의하지 않아도 두려움 때문에 그것을 드러내지 않는 일이 얼마나 자주 발생 하는가?"라는 질문으로 측정한다.

1990년대 세계 조종사들을 대상으로 한 평가결과, PDI 1위는 브라질, 2위는 한국, 3위가 모로코였다. 이 순위는 국가별 비행기 추락사고 발생 빈도와 거의 일치한다.

이 사실에 주목한 대한항공은 2000년 1월 델타항공 출신 데이비드 그린버그를 영입했다. 당시 대한항공은 미 국방부가 직원 탑승을 금지할 만큼 안전평가에서 최악이었다. 그런 평판을 데이비드 그린버그가 2년 만에 바꾸어 놓았다. 조종사들에게 영어 사용을 의무화한 것이다. 그린버그는 영어 전용을 통해 경어체로 상징되는 권위주의적 위계를 무력화시킨 것이다. 이 사례는 미국 경제 전문지 〈포춘〉에 소개되었다.

언어는 사고에서 나온다. 그런 언어가 거꾸로 사고를 지배하고 나아가 행동을 제약한다. 권위주의적 언어와 화법으로는 소통할 수 없다. 소통할 수 없는 개인과 조직은 사고를 낸다. 디자인도 마찬가지다. 21세기 치열한 창의성 전쟁에서 생존하려면 만사소통으로 성공을 디자인해야 한다. 경청하고 소통하는 개인과 조직, 그리고 질문하고 소통하는 디자인만이 만사형통할 것이다. 일방적인 디자인은 죽음에 이르는 병이다.

"의사소통을 잘하는 팀은 정보를 전달하는데 그치지 않고, 조직원들이 그 정보를 이해했는지 그리고 가능하다면 동의하는지까지도 확인한다."
– 스콧 버쿤, 컨설턴트

Leader's Alchemy

제4부

몰입하라

몰입은 아이디어를 숙성시키는 단계, 즉 익히는 단계다.
더 좋은 답은 결국 더 좋은 디자인을 만들어내고 더 좋은 디자인은
CEO 당신을 더 행복하게 만들어주고 그것이 결국 조직을
살리고 성공으로 인도한다. 남다르고 창의적인 아이디어를 구하는가?
그렇다면 몰입하라. 특히 기업 경영의 세계에서는
구성원들이 일에 흥미를 느끼며 기꺼이 위험을 감수하고 새로운
아이디어에 도전하는 것이 무엇보다 중요하다. 조직 내부의 상상력과 창의력을
극대화하기 위해서는 몰입해야 한다. 분명한 목적과 목표를 가지고
몰입하는 것은 더 좋은 답을 만들어내는 필수 과정이다.

몰입의 힘에 주목하라

한 불평 많은 청년이 왕을 찾아와 인생을 성공적으로 사는 법을 가르쳐 달라고 졸랐다. 왕은 잔에 포도주를 가득 부어 청년에게 주면서 말했다.

"포도주 잔을 들고 시내를 한 바퀴 돌아오면 성공비결을 가르쳐 주겠다. 단, 포도주를 엎지르면 네 목을 베리라."

청년은 땀을 뻘뻘 흘리며 시내를 한 바퀴 돌아왔다. 왕이 물었다.

"시내를 돌며 무엇을 보았느냐? 거리의 거지와 장사꾼들을 보았느냐? 혹시 술집에서 새어 나오는 노래 소리를 들었느냐?"

청년이 대답했다.

"포도주 잔에 신경을 쓰느라 아무것도 보고 듣지 못했습니다."

그러자 왕이 말했다.

"바로 그것이 성공의 비결이다. 인생의 목표를 확고하게 세우고 일에 집중하면 주위의 유혹과 비난이 들리지 않을 것이다."

일하지 않는 사람은 불평이 많다. 분명한 인생관을 갖고 일에 몰입하는 사람은 불평할 틈이 없다.

- 〈좋은 생각〉 중에서

자진해서 원하는 일을 늘려야 한다. 무엇을 원한다는 사소한 마음의 움직임이
집중력을 높이고 의식을 명료하게 만들며 내면의 조화를 이루어낸다.
- 미하이 칙센트미하이, 심리학자

몰입에는 그런 힘이 있다. 정상에 선 대가들은 특히 몰입하는 힘이 남다르다. 세계 정상급 바이올리니스트 장영주와 협연했던 뉴욕 필하모니오케스트라의 수석 지휘자 크르트 마주어는 〈동아일보〉와 이렇게 인터뷰를 했다.

"정상급 연주자 중에 재능이 뛰어나지 않은 사람은 한 명도 없다. 장영주가 높게 평가받는 이유는 하나다. 항상 자신의 연주에 신들린 듯 몰입하기 때문이다. 무아지경에 빠져 연주에 몰입할 때면 우리 오케스트라 단원들은 물론 청중도 넋을 잃는다. 바로 이런 것이 정상의 자리에서 혼신의 힘을 다했을 때 대가만이 누릴 수 있는 희열이 아닐까."

몰입 이론의 창시자 미하이 칙센트미하이 교수는 "무엇인가에 몰입하는 것은 행복의 필수조건이다. 물질적이고 감각적인 쾌감을 행복이라 할 수는 없다. 목적의식을 가지고 어떤 일을 이뤄낸 다음 기분 좋았다고 느끼는 것. 그것이 행복으로 연결된다."고 말한다.

《몰입》의 저자로 유명한 서울대 황농문 교수는 "해야 할 일을 남보다 더 잘할 수 있도록 해주는 방법이 바로 몰입이다. 몰입적 사고야말로 잠재되어 있는 우리

두뇌의 능력을 첨예하게 깨우는 최고의 방법이며 나 스스로 창조적인 인재가 되는 지름길이다. 이 사실을 깨닫고 몰입적 사고를 할 수 있게 된다면 내 안에 숨어 있는 천재성을 이끌어내고 인생의 즐거움과 행복을 만나는 일이 그리 어렵지만은 않을 것"이라며, 'work hard'하지 말고 'think hard'하라고 주장한다.

그렇다. 어떤 세계도 마찬가지겠지만 특히 기업 경영의 세계에서는 구성원들이 일에 흥미를 느끼며 기꺼이 위험을 감수하고 새로운 아이디어에 도전하는 것이 무엇보다 중요하다. 조직내부의 상상력과 창의력을 극대화하기 위해서는 몰입해야 한다. 분명한 목적과 목표를 가지고 몰입하는 것은 더 좋은 답을 만들어내는 필수 과정이다.

몰입은 아이디어를 숙성시키는 단계, 즉 익히는 단계다. 더 좋은 답은 결국 더 좋은 디자인을 만들어내고, 더 좋은 디자인은 CEO 당신을 더 행복하게 만들어준다. 그것이 결국 조직을 살리고 성공으로 인도한다. 남다르고 창의적인 아이디어를 구하는가? 그렇다면 몰입하라.

'동그라미 버튼 하나'만 남긴 디자인 혁명

아이팟의 단순하면서도 컬러풀한 디자인. 네모에 동그라미 버튼만 남기고 복잡한 모든 것을 없애 버렸다. 슬림한 디자인을 위한 최상의 선택이었다. 아이팟은 아이튠스와 결합하면서 음악시장을 석권했다.

1997년 연봉 1달러짜리 임시 CEO로 애플에 돌아온 스티브 잡스. 당시 애플은 10억 4,000만 달러의 적자에 허덕이고 있었다. 그대로 가면 몇 달 내에 파산할 수도 있는 상황이었다. 잡스는 '다르게 생각하라.'는 비전을 제시했다. 고객을 감동시킬 명품을 만들자는 것이었다.

잡스는 신개념 '올인원(All in One)' 컴퓨터를 1,200달러 대에 출시하는 목표를 제시했다. 당시 애플 제품의 가격이 모두 2,000달러가 넘었던 것을 감안하면 엄청난 파격이었다. 잡스의 비전 아래 똘똘 뭉친 임직원들이 발 빠르게 움직였다. 엔지니어들은 강력한 마이크로 프로세서와 장치들을 개발했고 조너선 아이브를 중심으로 한 디자인팀은 달걀처럼 둥근 형태의 반투명 케이스 디자인을 제안했다. 색상도 딸기, 블루베리, 라임, 포도, 오렌지 등 다섯 가지 칼라 중에서 고객이 취향대로 고를 수 있게 했다.

그런데 케이스 제작에 기존 컴퓨터보다 3배나 비싼 60달러가 든다 하여 논란이 일어났다. 엔지니어들이 38가지 이유를 들어 반대했지만 잡스는 혁신을 위한 디자인 비용은 투자라고 판단하고 디자이너의 손을 들어주었다. 그 결과 고객의 마음을 사로잡

애플이 기사회생하는데 기폭제가 된 아이맥 G3 디자인.
오렌지, 라임, 딸기, 블루베리, 포도 색의
상큼하면서도 맛있는 컬러를 적용시킨 최초의 디자인이다.
애플이 세계 최고가 되는 기반이 되었다.

는 반투명 케이스를 생산해냈다. 기존 컴퓨터가 화이트나 블랙 등 무채색에 직선 형태의 딱딱한 디자인이었던 것과 비교할 때 아이맥 디자인은 컴퓨터 디자인의 혁명이었다.

1998년 9월, 1,299달러에 출시된 아이맥은 폭발적인 반응을 얻었다. 3개월 만에 80만 대가 팔려 애플은 3억 900만 달러에 이르는 흑자를 올렸다. 1년 만에 200만 대를 팔았고 2003년 단종될 때까지 600만 대가 팔려 애플 디자인 성공신화의 든든한 기반이 되었다. 그 여세를 몰아 2001년에는 아이팟을 출시했는데 이 디자인 역시 혁명적이었다. 지극히 단순한 네모에 동그라미 버튼 하나만 남기고 복잡한 모든 것을 과감하게 없애버렸다. 슬림한 디자인을 위한 최상의 선택이었다. 아이팟 디자인 개발 당시, 잡스는 8개월 이상 아이팟 개발에 몰입했으며 버튼을 세 번 눌러서 노래가 나오지 않으면 불같이 화를 냈다고 한다. 아이팟의 심플한 디자인은 디자인에 대한 잡스의 열정을 그대로 보여주는 상징이다. 잡스는 말했다.

"무엇인가를 철저히 이해하기 위해서는 열정적인 노력이 필요하다. 그러나 그만큼 노력하는 사람은 별로 없다."

애플의 디자인은 한마디로 애플답다. 단순하고 일관성이 있으며 정체성이 뚜렷하다. 그 배경에는 '단순함'에 대한 잡스의 확고한 신념이 있었다. 1977년 한 입 베어 먹은 사과 로고를 만들어 애플II 팸플릿에 인쇄할 때 그는 레오나르도 다빈치가 말한 "단순함이란 궁극의 정교함이다(Simplicity is the ultimate sophistication)."라는 문구를 그 옆에 잘 보이게 찍어 넣을 정도였다.

잡스에게 단순함이란 신앙이었다. 아이팟 디자인은 대를 이어 아이폰으로 이어졌다. 아이폰 역시 동그란 홈 버튼 하나만 있는 디자인으로 세상을 놀라게 했다. 잡스의 디자인에 대한 기준은 스스로에 대한 용기이자 확신이었다.

심플함 뒤에 숨은 치밀한 디자인 전략

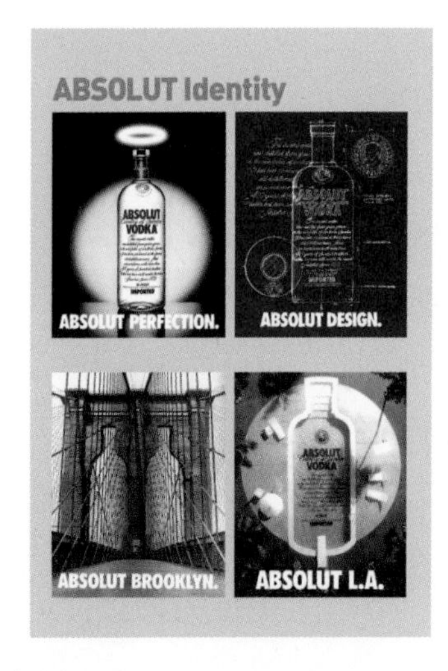

앱솔루트의 광고 디자인은 광고 회사 TBWA를 위대한 회사의 반열에 올려놓았다. 심플한 병 디자인을 테마로 30년간 일관성과 정체성을 구축한 대표적인 사례이다.

전 세계에서 가장 잘 팔리는 보드카 앱솔루트. 미국 시장에서 연간 1만 2,000상자였던 판매량이 단 10년 만에 270만 상자로 증가한 기적의 술이다. 술맛만큼이나 심플한 디자인으로 유명한 앱솔루트 보드카는 1979년 스웨덴에서 태어났다.

사람들은 앱솔루트가 처음부터 지금과 같은 예술적인 디자인과 참신한 광고로 승승장구했을 거라고 생각하지만, 사실 앱솔루트의 '아트 마케팅'은 생존전략이었다.

앱솔루트의 병 디자인은 스웨덴의 디자인 에이전시 '카를손&브로맨' 작품이다. 카를손은 스톡홀름의 한 골동품 가게에서 본 구식 약병에서 영감을 얻었다. 그는 병목을 짧게 하고 미니멀리즘 스타일 디자인에 금속 마개를 가미했다. 링거 병처럼 보이지 않게 하려는 시도였다. 원래 약으로 판매된 보드카의 유래를 보아도 앱솔루트의 약 개념은 타당성이 있는 콘셉트였다. 실제로도 약병을 전문적으로 생산하는 공장에서 병을 제작했다고 한다. 그들은 종이 레이블이 제품을 산만하게 만든다고 생각해 병에 직접 브랜드 이름을 인쇄해 넣었다. 무색무취 보드카의 순수한 이미지를 부각시키는 전략이었다. 이 심플한 디자인은 그대로 앱솔루트의 정체성이 되었다. 사실 이 디자인은 기존의 술병 디자인이라는 시각에서 보면 너무나 단순하다. 하지만 이런 심플함을 앱솔루트는 치밀한 디자인 전략을 통해 정교한 무기로 만들어냈다.

스웨덴산 앱솔루트 보드카가 미국에 진출한 1980년 당시, 미국인들에게는 '보드카=러시아 술'이라는 인식이 확고했다. 당시 보드카 시장의 80%는 러시아산 '스톨리치나야(Stolichnaya)'가 장악하고 있었다. 앱솔루트는 러시아산 정통 보드카와는 거리가 먼 스웨덴산이었고, 이름에서도 러시아 냄새가 전혀 나지 않았다. 게다가 병 모양은 너무나 심플했다. 한마디로 약점만 있는 듯했다.

이때 광고회사 'TBWA'는 앱솔루트 병을 주인공으로 부각시키는 프리미엄 전략을 제시했다. 그래픽 디자이너 제오프 헤이즈는 앱솔루트 병 위에 천사의 후광을 올리고, 병 뒤편을 스포트라이트로 빛나게 했다. 그리고 '앱솔루트 완벽(ABSOLUT PERFECTION)'이라는 문구를 넣었다.

반응은 대단했다. 도서관에서 사람들이 잡지에 실린 광고를 몰래 찢어갈 정도였다. 이후 역사에 길이 남을 '아트 보틀' 광고 캠페인이 이어진다. 이 광고 캠페인에 얽힌 일화는 수도 없이 많다. 대학생들은 우표 수집을 하듯 광고를 모으고 서로 교환하기도 했다. 일부 가판대에선 잡지에서 광고를 오려내어 2~3달러에 팔기도 했다. 각 잡지사들은 앱솔루트 광고를 유치하기 위해 경쟁했다. 이러한 광고 디자인의 인기 덕에 1980년 앱솔루트 보드카는 미국에 진출한 지 1년 만에 1만 2,000상자를 팔아치웠다. 그리고 그로부터 11년이 지난 1991년에는 270만 상자를 판매해 수입 보드카 시장에서 1위로 등극했다. TV광고는 전

혀 하지 않았다.

앱솔루트는 30년 이상 병 모양을 모티브로 지속적이고 일관성 있는 잡지광고를 집행하고 있다. 'ABSOLUT'와 다른 단어가 결합되는 단순하면서도 정체성이 돋보이는 광고다. 무엇보다도 앱솔루트의 아트 보틀 마케팅을 돋보이게 해 준 것은 앤디 워홀, 키스 해링을 비롯한 아티스트들의 참여였다. 1985년 팝아티스트 앤디 워홀은 앱솔루트 보드카 병을 소재로 작업을 하고 싶다는 뜻을 밝혔다. 앱솔루트는 이 제안을 받아들였다. 이때부터 앱솔루트의 예술 마케팅은 더욱 불붙기 시작했다. 앤디 워홀은 자신의 작업에 이어 낙서 화가로 유명한 키스 해링을 앱솔루트에 소개했으며 이후 이 작업은 여러 아티스트로 이어졌다. 이들은 앱솔루트 병에 그들 특유의 시각적 스타일로 예술적 비전을 창조했다. 앱솔루트 캠페인은 이러한 디자인 전략을 통해 주류 마케팅에 혁명을 일으켰다. 대부분의 광고들이 해마다 콘셉트가 바뀌고 캠페인 방향이 틀어지는 상황과 비교해 볼 때, 이 광고 캠페인은 시사하는 바가 너무나 크다. 디자인으로 리딩하는 사례를 완벽하게 보여준 것이다.

"Designed by" 시대가 왔다

아이폰을 처음 받고 요리조리 살펴보니 뒷면 하단에 깨알 같은 은빛 글씨가 적혀 있었다.

"Designed by Apple in California. Made in China"

기존 제품들은 'Made in'이라는 원산지 표기가 기본이지만 애플은 'Designed by'라는 표기 하나로 그 상식을 뛰어 넘었다. 이 표기로 애플은 자신들의 제품이 중국산이라는 부정적인 이미지를 불식시키고 거꾸로 애플 디자인에 대한 자긍심을 고취시켰다. 아이폰 고객들이 이 표기를 얼마나 눈여겨 보았는지는 모르지만 유심히 본 고객이라면 아마도 중국산이어서 실망하기보다는 애플이 디자인한 제품이라는 것에 신뢰감을 느꼈을 것이다.

선진국과 후진국 사이의 기술력 차이는 점점 줄어들고 있다. 그럴수록 디자

Designed by 시대가 왔다

인이 새로운 가치를 창출하게 된다. '어디서 만들어졌는지(Made in)' 보다 '누가 디자인했는지(Designed by)'가 더 큰 의미를 가지는 세상, 바야흐로 디자인이 세상을 바꾸는 시대가 도래했다.

아이폰을 디자인하는 곳은 미국 캘리포니아 팔로알토에 있는 애플 본사다. 그래서 'Designed by Apple in California'라고 표기된다. 그런데 'Made in China'라는 표기가 있지만 실제로 만들어지는 곳은 중국이 아니다. 중국 공장은 단지 조립이 완성되는 곳이라고 한다.

〈시사인〉의 이종태 기자에 따르면 "애플 본사의 주요업무는 디자인을 중심으로 아이폰을 설계하고 새로운 콘셉트를 창출해 내는 일이다. 그에 버금가는 중요한 일이 아이폰에 들어가는 수많은 부품을 가장 싸게 만들고 조립할 수 있는 나라들을 찾아서 네트워크화하는 것"이라고 한다.

애플만이 아니다. 나이키나 뉴발, 푸마나 아디다스, 베네통이나 버버리 등 많은 글로벌 브랜드 역시 디자인은 자신들이 하지만 제조는 중국 등 제3국에서 하는 것이 일반적이다. 우리나라의 많은 브랜드 역시 가격 경쟁력을 확보할 수 있는 제3국에서 제조하는 경우가 많다. 고객들 또한 제품에 'Made in China'나 'Made in Vietnam' 등 제3국명이 표기되어 있다고 해서 품질을 의심하지 않는다. 생산국이 아니라 어떤 브랜드의 어떤 디자인이냐가 가치의 기준이기 때문이다.

인류는 산업혁명 시대와 정보혁명 시대를 거쳐서 감성혁명 시대로 진입했다. 저명한 미래학자 다니엘 핑크는 ≪새로운 미래가 온다≫를 통해 새로운 시대를 '하이터치 하이컨셉' 시대로 정의했다. 요약하면 이 시대는 예술적 미와 감정의 아름다움을 창조해내며, 훌륭한 이야기를 창출해서 언뜻 관계가 없어 보이는 아이디어를 결합해 뭔가 새로운 것을 창조하는 시대라는 것이다. 즉 창작하고 공감하는 시대로 "기능만으로 안 된다. 디자인으로 승부해야 한다."는 것이다.

기능을 중시했던 '하이테크' 시대, 20세기에는 'Made in'이 중요했지만 이제는 디자인이 중요한 21세기다. 21세기는 그에 어울리는 패러다임으로 바라보아야 한다. 치열한 생존 경쟁력 확보는 그런 마인드와 시각에서 탄생한다.

하지만 21세기인 지금도 20세기 마인드에서 벗어나지 못하는 CEO들이 있다. 그들은 디자인을 그저 껍데기를 아름답게 만드는 것 이상도 이하도 아니라고 생각한다. 반면에 21세기형 CEO는 디자인을 문제해결의 핵심으로 바라본다. 모든 문제를 해결하고 새로운 가치를 창출해서 세상을 선순환으로 이끄는 핵심가치가 디자인이라는 것을 이해하고 실행하고 몰입한다. 차이는 여기에서 발생한다. 그 차이가 결국 기업의 생존을 담보한다.

20세기형 CEO이고 싶은 사람이 있을까? 아무도 없다. 그럼에도 불구하고 많은 CEO가 20세기의 굴레에서 벗어나지 못한다. 빛의 속도로 변하는 세상에서 자리를 지키는데 급급하다 결국 스스로의 생명을 단축시키고 몰락하게 된다.

21세기형 CEO가 되고 싶다면 시대를 직시해야 한다. 세상이 얼마나 빨리 변하고, 무엇을 원하는지 말이다. 유행가요를 생각해 보면 알 수 있다. 7080 세대가 즐겼던 히트곡을 생각해 보자. 히트곡이 하나 나오면 일 년 이상 유행했다. 여름 해변에서 〈나 어떡해〉가 인기였다면, 연말연시에도 그 노래가 흘러나왔다. 심지어 그 유행이 이듬해까지 갔다. 요즘에는 꿈도 꾸지 못할 일이다. 최근에 유행했던 〈내가 제일 잘나가〉라는 노래를 비교해 보자. 엄청나게 히트한 곡이지만 유행주기가 잘해야 한 달에서 두 달이었다. 이런 유행주기는 갈수록 빨라질 것이다.

21세기는 속도의 세상이다. 디지털 세상이기도 한 21세기의 변화를 주도하는 것은 20대를 중심으로 한 젊은이들이다. 디자인의 핵심 소비층도 젊은이들이다. 감성세대이자 디자인세대라고 불러야 할 이들은 20세기 젊은이들과는 완전히 다르다. 마음에 드는 컬러나 디자인이면 운동화도 몇 켤레씩 사들이는 세대다. 이 세대를 통찰해야 한다. 이제 나이 먹은 것이 우대를 받는 시대는 갔다. 젊음과 동안이 각광받는 감성시대가 바로 'Designed by' 시대이다.

CEO들이 디자인에 몰입해야 하고, 디자이너가 되어야 하는 이유가 바로 여기에 있다. 이것이 곧 '리더의 연금술'이자, 21세기 연금술이다.

낡은 시각에서 벗어나기

디자인 파워는 새로운 무언가를 창조하는 힘이다. 새로움은 낡은 시각을 파괴하는 것으로 발명과 발견을 통해 탄생한다. 한마디로 패러다임 시프트를 통해서 이루어진다는 말이다.

'패러다임 시프트(paradigm shift)'는 미국 철학자 토마스 쿤이 《과학혁명의 구조》에서 처음 제시한 용어다. '패러다임'이란 동시대인들을 지배하는 견해나 사상, 즉 이론적 틀이나 개념의 집합체이다. 모든 사회적 변화는 어느 순간 급격한 패러다임 시프트에 의해 파괴되고 변화한다는 것이다.

특히 과학에서 중요한 업적들은 낡은 사고와 전통의 패러다임을 파괴함으로써 혁명적으로 실현되었다. 예를 들면 몇천 년 간 사람들은 지구가 우주의 중심이라고 보았다. 그 낡은 전통과 시각적 패러다임을 시프트한 것은 코페르니쿠스였다. 지동설은 지구를 우주의 중심에서 변두리로 옮겨버렸다. 이렇게 패러다임이란 과학용어로 시작했다.

하지만 오늘날에는 이론, 지각, 가정 등 다양한 의미로 통용된다. 일반적으로 패러다임이란 우리가 세상을 보는 방법을 말한다. 이 때 '보는' 것은 눈으로 본다는 의미만이 아니라 만져보고, 맛보고, 들어보는 등 사람이 세상을 이해하고, 해석하는 과정에서 감각적으로 느끼는 모든 보는 것을 뜻한다.

패러다임 시프트는 결론적으로 우리가 세상을 보는 시각을 바꿔버린다. 그 힘은 엄청나며 그로 인한 변화 또한 엄청나다. 사물을 볼 때 우리는 있는 그대로 보고, 객관적으로 본다고 생각한다. 사실 그렇지 못한데도 말이다. 우리는 세상을 있는 그대로 보는 것이 아니다. 우리 눈은 철저하게 교육되고 고정된 주관으로 보게 된다. 다른 눈으로 보는 것이 어려운 것은 바로 그 고정관념 때문이다. 달라지고 싶고 변화를 원한다면 고정관념을 깨고 다르게 보아야 한다.

≪성공하는 사람들의 7가지 습관≫의 저자 스티븐 코비는 자신에게 사고의 전환이 일어나게 된 경험담을 소개한다.

어느 일요일 아침, 뉴욕 지하철에서의 일이다. 한 역에서 중년 남자와 그의 아이들이 승차했다. 중년 남자는 코비 박사 바로 옆에 앉았고, 두 눈을 감고 요지부동이었다. 아이들은 왔다 갔다 하며 큰 소리로 말하고, 물건을 던지는 등 매우 소란스러웠다. 모든 승객들이 짜증을 내고 있다고 느낀 코비 박사는 참을 수 없어서 남자에게 말했다. "선생님, 아이들이 많은 손님들에게 폐를 끼치고 있습니다. 어떻게 아이들을 좀 조용하게 할 수 없겠습니까?"

그제야 남자는 눈을 뜨면서 "당신 말이 맞군요. 저도 뭔가 어떻게 해봐야겠다고 생각합니다. 그런데 사실 지금 막 병원에서 오는 길인데, 한 시간 전에 저 아이들의 엄마가 죽었습니다. 저는 앞이 캄캄해서 무엇을 어떻게 해야 할지 모르겠고, 아이들 역시 이 일을 어떻게 해야 될지 막막한 것 같습니다."

그 말을 듣는 순간 코비는 패러다임이 한순간에 바뀌는 것을 경험했다고 한다. 갑자기 상황을 다르게 보기 시작했고, 다르게 생각하고, 결국은 다르게 행동하기 시작했다.

짜증은 어디론가 사라졌고, 화가 났던 자신의 태도나 행동을 어떻게 다스릴까 걱정할 필요도 없었다. 어느 새 그의 마음은 온통 중년남자의 고통으로 가득 채워졌고 연민과 측은함이 자연스럽게 밀려왔다. 그래서 자신도 모르게 "부인이 돌아가셨다고요? 저런, 안됐습니다. 뭐라고 위로해야 할지 할 말이 없습니다." 고 말했다고 한다.

모든 것이 그 한 순간에 바뀌었다. 코비는 "사물을 다르게 보기만 해도 변화는 자연스럽게 나타난다." 고 말한다.

그렇다. 똑같은 상황이나 똑같은 사물도 어떻게 보느냐에 따라서 전혀 다르게 변한다. 원효대사는 해골바가지에 담긴 물을 마시고 그 진리를 깨달았다. 변화의 포인트는 여기 있다. 우리가 일상적으로 바라보는 것들도 어떻게 보느냐에 따라 달라진다. 평범한 것도 비범한 것이 될 수 있다. 새로운 것을 만드는 것보다 기존의 것을 새롭게 보는 것이 더 중요하다.

화가 마르셀 뒤샹은 일상을 예술의 경지로 끌어올린 선구적인 화가다. 그는 미술관에 소변기를 전시하려다가 심사위원들의 반대로 뜻을 이루지 못했다. 하지만 그 소변기는 현대예술의 상징이 되었다. 뒤샹의 말을 들어보라.

"소변기라는 선입견을 버리고 순수한 눈으로 본다면 소변기가 얼마나 세

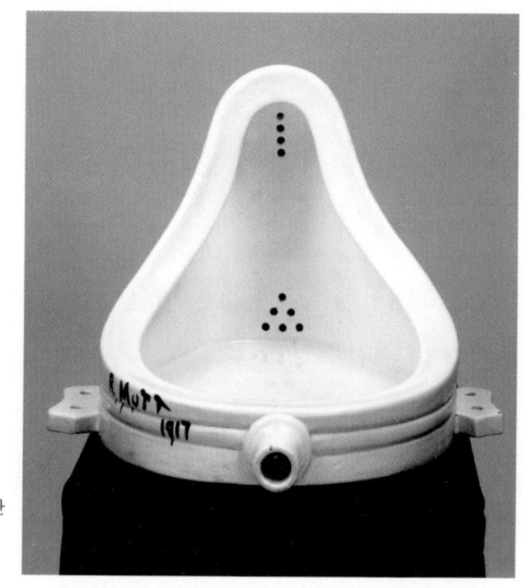

화가 마르셀 뒤샹은 일상을
예술의 경지로 끌어올린
선구적인 화가다.
미술관에 소변기를
전시하려다가 심사위원들의
반대로 뜻을 이루지 못했지만
그 소변기는
현대예술의 상징이 되었다.

> 련된 형태미를 갖추었는지 느낄 수 있다. 위에서 아래로 매끄럽게 흘러내린 곡선과 순백색의 고상한 색감은 조각품을 빰칠 만큼 아름답다. 또 조그맣게 뚫린 구멍에서 물이 흘러내린다고 상상해 보라. 역겨운 배설기라는 고정관념만 버리면 아름다움을 느끼기에 전혀 부족함이 없다."

이제 그의 작품을 다시 보자. 그의 이야기가 절절히 와 닿는다. 뒤샹은 일반인들이 보는 평범한 사물에서 아름다움을 찾아냈다. 산업사회의 다양한 기성품도 그만의 눈으로 발견해 예술로 승화시켰다. 검은 자전거 바퀴를 하얀 의자 위에 거꾸로 세워 놓은 작품 〈자전거 바퀴〉에서도 이를 알 수 있다.

아마도 그는 산업사회를 풍요롭고 아름답게 만드는 디자이너들의 역량에 감탄한 게 아닐까?

하지만 이를 생산한 디자이너들은 자신의 작품으로 밥벌이를 하는데 급급했는지도 모른다. 그리고 현대인들은 예술품을 몰라보고 실용적인 가치로만 바라본 게 아닐까? 뒤샹의 작품을 보면 우리가 얼마나 주변의 아름다움에 둔감한지 알 수 있다.

그러면서 우리는 늘 우리가 가지지 못한 새로움을 갈망한다. G. K. 체스터튼은 이렇게 말했다. "우리는 경이가 부족해서가 아니라 또 다른 경이를 원하기 때문에 멸망해 간다." 정곡을 찌르는 말이다. 우리는 오늘도 "뭐 재미있는 거 없을까?" 하고 따분한 일상을 구원해줄 무언가를 기대한다. 그러나 일상은 평범하고 하품 나는 일들로 채워져 있을 뿐이다. 경이로운 그 무엇을 원하지만 그런 일은 거의 일어나지 않는다. 왜냐하면 평범한 눈, 고정관념에 사로잡힌 눈으로 바라보는 세상은 그저 평범할 뿐이기 때문이다.

창의성이 오해받는 것은 이런 것이다. 우리는 무언가 새로운 것을 만들어내는 것만이 창의력이라고 착각한다. 때문에 새로운 아이디어, 새로운 재미 때문에 고민하고 자학하다가 강박관념에 의해 결국엔 사라지고 만다. 창의성이란 그렇게 거창하고 대단한 것만이 아니다.

무엇을 더 할 수 있고 새로운 무엇을 만들어낼 수 있을까 고민하는 대신 이미 우리가 가진 것들을 즐기는데 집중할 필요가 있다. 낡은 시각을 파괴하라는 말은 그런 말이다. 가까운 주변부터 다시 보고 평범함에서 비범함을 찾아내는데 몰입하라는 것이다.

네모인가, 다이아몬드인가?

숫자 6을 180° 돌려 보면 9다. 6과 9는 형태는 같지만 완전히 다르다.

그렇다면 네모를 180° 돌려보면? 역시 네모다. 다를 게 없다. 하지만 네모를 45°로 돌려보면 다른 모양이 나온다. 마름모 모양이다. 이런 당연한 사실을 광고에 활용해 히트 친 사례가 있다.

캐나다산 시리얼 '슈레디스'가 그것이다. 슈레디스는 전통적으로 네모 형태의 시리얼이다. 제품을 새롭게 광고하고 싶다는 클라이언트의 요청으로 다음과 같은 광고가 제작됐다

슈레디스 공장 생산라인에서 네모 형태의 슈레디스가 천천히 지나간다. 그걸 지켜보던 직원은 순간 네모 형태가 45°로 돌아가 있는 슈레디스를 발견한다. 다른 슈레디스는 전부 네모 형태로 천천히 라인을 지나가고 있었는데 갑자기 45° 돌아간 다이아몬드 형태의 슈레디스가 나오는 것이었다. 놀란 직원은 비상벨을 누르고 생산라인을 멈춰 세웠다. 급히 모인 공장장과 직원들이 모여

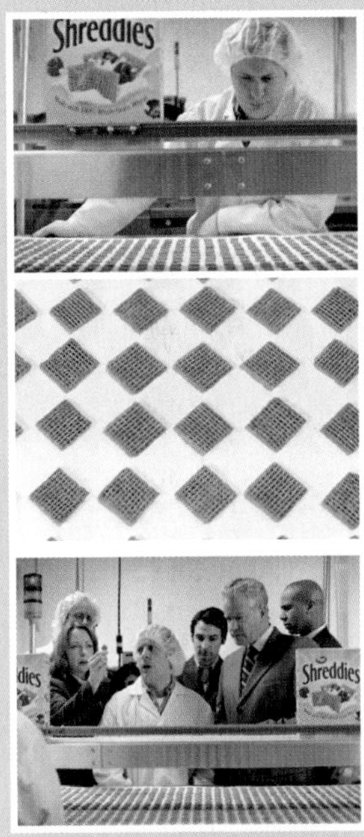

변한 것이 아무것도 없지만 기존의 네모 형태를 다이아몬드라고 재정의 하면서 새로운 재미를 이끌어 낸 광고 캠페인으로 큰 인기를 모았다.

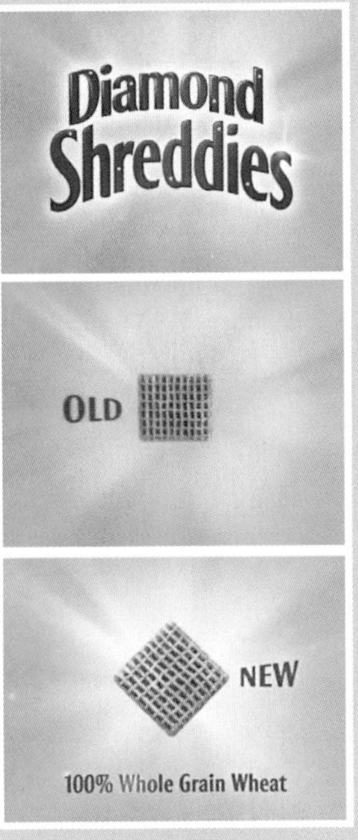

새롭게 출시된 다이아몬드 슈레디스. 여전히 100% 통밀로 만들었지만, 더욱 맛있는 다이아몬드 모양이다.

서 대책을 논의한다.

공장장 : 슈레디스는 사각형이어야 하는 거 아닌가?

여직원 : 이미 출시된 다이아몬드 슈레디스가 있는 게 아닐까요?

성우 : 새롭게 출시된 다이아몬드 슈레디스. 여전히 100% 통밀로 만들었지만 더욱 맛있는 다이아몬드 모양!

이 광고의 다음 편은 고객들을 회사로 초대해서 소비자 조사를 실시하는 상황이다.

조사원 : 저희 슈레디스가 새로운 제품을 발표하는데 말이죠. 회사 측은 신상품에 상당히 고무돼 있어요. 신상품은 다이아몬드 슈레디스인데, 여러분이 다이아몬드 슈레디스 박스를 보고 어떤 첫인상을 받으시는지 궁금합니다.

여자고객1 : 좀 혼란스럽네요.

여자고객2 : 저도 아직은 그냥 사각형으로 보이는데요.

TRAVEL

FOR SUCCESS

새로운 발견을 위한 여행은
새로운 장소로 떠나는 것이 아니다.
다른 것을 볼 줄 아는
시야를 갖는 것이다.

조사원 : 그게, 다 보기 나름인데요. 6을 뒤집으면 9처럼 보이고 반대로 9를 뒤집으면 6처럼 보이지만, 6과 9는 다르잖아요?

여자고객 3 : 아, 'M'이랑 'W'처럼요?

조사원 : 그렇죠! 바로 그겁니다. 둘 다 드셔보세요. 먼저 사각형. 어느 쪽이 더 맘에 드시나요?

남자고객 2 : 첫 번째 거요.

남자고객 1 : 첫 번째?

이 아이디어는 결국 기존의 네모 형태와 다이아몬드 형태가 결합된 콤보팩으로 발전한다. 성분이나, 모양이나 변한 것이 하나도 없는 제품, 즉 네모 형태를 다이아몬드 형태라고 재정의함으로써 소비자들에게 새로운 재미를 부여하고 있다. 그렇다. 똑같은 사물도 어떻게 보는가에 따라 이렇게 달라질 수 있다.

창의력이란 다르게 보는 능력이다. 작고 사소한 것에도 의미를 부여하고 새로운 가치를 찾아내는 능력. 그것이 창의력이다. 주변을 섬세하게 돌아보고 관찰하다 보면 새로운 기회가 보일 것이다.

사소한 것으로 어떻게 창의성을 키울 수 있냐고? 필자가 찍은 사진들을 보면, 주변에서 흔히 보는 것들에서 얼굴을 찾아낼 수 있다. 스치고 지나가는 사물들도 유심히 바라보면 다양한 얼굴이 나타난다. 작년부터 찍은 사진이 벌써 백 장이 훌쩍 넘었다. 또한 이 얼굴 사진을 찍다가 물방울 얼굴들을 발견해 냈다. 이 물방울 얼굴들은 중국에서 전시회도 열었다. 중국인들도 너무나 재미있어 하고 즐거워했다. 그 무엇보다 필자 스스로 이런 사진들을 발견하고 만들어 내는 데 몰입하는 것이 재미있다. 누구나 발견할 수 있다. 이런 발견이 일상화되면 굳이 여행을 떠나지 않아도 일상이 여행이 된다.

"새로운 발견을 위한 여행은 새로운 장소로 떠나는 것이 아니다. 다른 것을 볼 줄 아는 시야를 갖는 것이다."

– 마르셀 프루스트

마음을 통찰하고 몰입하는 디자인

어느 유명한 고급 아파트 광고. 아름다운 유럽의 성을 배경으로 귀족풍의 여자모델이 등장한다. 클래식한 배경음악과 함께 허스키한 여자 성우의 나레이션이 깔린다.

"당신이 사는 곳이 당신을 말해 줍니다."

고급 중형차 광고도 보자. 화려한 도시 야경을 배경으로 정장을 빼입은 남자 동창생 둘이 만났다. 두 사람 사이로 고급 중형차 한 대가 빛난다. 그 중형차를 바라보며 한 친구가 독백처럼 말한다.

"요즘 어떻게 지내느냐는 친구의 말에 타고 있는 차로 말해 주었습니다."

두 광고 모두 당신을 말해주는 것이 큰 집이나 고급 차라는 메시지를 전한다. 집이나 차뿐이겠는가. 옷차림이나 외모, 가방이나 헤어스타일 등을 보면 그 사람을 알 수 있다고 오해한다. 그게 그 사람의 정체성(Personal Identity)이라고 착각한다. 그냥 사는 데 바쁜 사람들, 생각 없이 사는 사람들은 이런 광고에 휘둘린다. 그게 정체성이며 사실이라고 오해하니까 말이다. 이미지 정체성(Image Identity)에 불과한 것을 모든 것으로 본다.

디자인이 많은 오해를 받는 것이 바로 이 부분이다. 대부분 디자인을 포장과 유혹의 기술로 생각한다. 디자이너도 겉멋을 보여주는데 골몰하고 스타일 경쟁에 주력한다. 그리고 그런 것을 디자인이라고 착각한다. 그러다 보니 내면을 보고 진정성을 보는 순수한 눈이 점차 멀어버린다. 맹목이 된다.

우리는 못생긴 사람보다는 잘 생긴 사람, 작은 집보다는 큰 집에 사는 사람, 경차 타는 사람보다는 중형차나 외제차를 타는 사람이 더 인격적이고 성공했다고 본다. 결론적으로 눈뜬 장님 신세가 되고 그로 인해 큰 오류를 범하게 된다.

치명적인 오류

그를 본 사람들은 누구나 그 외모에 반하고 만다. 완벽한 체격에 조각 같은 얼굴 그리고 매력적인 목소리까지…. 워렌 하딩은 한마디로 '대통령처럼' 생긴 남자였다. 그 덕에 미국의 29대 대통령이 되었다. 하지만 거기까지였다.

사실 워렌 하딩은 그다지 지적인 인간이 아니었다. 그는 포커 게임과 골프, 술, 특히 여자 사냥을 즐겼다고 한다. 실제 성욕은 전설적이었다.

정치적인 지위가 높아졌을 때도 결코 자신의 입장을 드러내지 않았다. 각종 정책 사안에 대해 양면적이고도 모호한 태도를 취했다. 그는 2년간 대통령직에 있다가 돌연사했고 미국 사상 최악의 대통령으로 꼽힌다.

《블링크》의 저자 말콤 글래드웰은 이를 '워렌 하딩의 오류'라고 명명했다. 섣부른 직관력이 편견과 선입견을 만나서 치명적인 오류를 낳은 사례라는 것이다. 특히 정상에 있는 CEO들이 이런 오류를 범하게 되면 큰 일이 아닐 수 없다. 자신은 물론이고 기업 전체를 위험에 빠뜨릴 수 있으니까 말이다.

할 수 있다면 편견과 선입견에서 눈을 떠야 한다. 그러나 그게 말처럼 쉽지 않다. 아무리 객관적인 사람이라도 편견과 선입견에서 자유로울 수 없다. 그렇다면 적어도 편견과 선입견에 휘둘리지 않으려는 의지가 있어야 한다. 스스로 편견과 선입견을 이해하고 제어할 수 있을 때 치명적인 오류에서 벗어날 수 있다.

편견과 선입견은
사람의 눈을
멀게 하고
이성을 마비시킨다.

정체성을 통찰하라

편견과 선입견을 이해하기 위해서는 정체성을 바로 보아야 한다. 진정한 정체성이란 그런 것이다.

단지 겉모습으로 나타나는 게 아니다. 그것은 세 가지 정체성이 오랜 시간 하나하나 쌓이고 결합하면서 이루어진다. 로마가 하루아침에 이루어지지 않았듯이 정체성 역시 하루아침에 이루어지지 않는다. 때문에 진정한 정체성을 구축하기는 멀고도 험한 길이지만 한번 구축된 정체성은 그 어떤 것보다 막강한 파워를 지니게 된다. 진정한 정체성은 다음과 같은 삼위일체로 구축된다.

① **마음의 정체성**(Mind Identity)
인간의 사상이나 사랑, 신념, 신뢰 등 내면과 잠재력 등을 형성하는 모든 것의 정체성이다. 눈에 보이지 않는 부분이다.
② **행동의 정체성**(Behavior Identity)
실천력이나 행동하는 양태 등 움직이는 모습으로 드러난다. 마음의 정체성이 바탕이 되어 말이나 행동으로 나타나게 된다.
③ **이미지 정체성**(Image Identity)
눈에 보이는 모든 총체적인 모습이다. 외모와 옷차림, 집과 차 등 눈으로 확인할 수 있는 모든 스타일이다.

정체성을 바다에 떠 있는 빙산으로 가정하면 좀 더 이해하기 쉽다. 먼저 마음의 정체성은 해수면 아래 잠겨 있기 때문에 눈으로 볼 수 없는 부분이다. 다음으로 행동의 정체성 역시 해수면 아래 잠겨 있어 눈으로 볼 수 없으나, 마음의 정체성과는 달리 말이나 행동으로나마 느끼고 볼 수 있는 부분이다. 마지막으로 이미지 정체성은 해수면 위에 솟아 있기 때문에 눈에 잘 보이는 부분이다. 즉 해수면 위에 솟아 있는 이미지 정체성은 총체적 정체성으로 볼 때 빙산의 일각이다. 그럼에도 불구하고 사람들은 이 빙산의 일각만을 보고서 정체성을 다 안다고 착각하고 오해한다.

정체성이란 해수면 아래 잠겨 보이지 않는 마음의 정체성과 행동의 정체성이 해수면 아래에서 탄탄하게 자리 잡고 있을 때 비로소 형성되는 것이다.

정체성이란 그저 외모나 겉치장만으로 완성되지 않는다. 그것은 하나의 거대한 건축물과도 같다. 마음의 정체성이라는 든든한 기둥과 행동의 정체성이라는 탄탄한 양대 기둥으로 완성되는 위대한 건축물이다.

정체성을 통찰하라는 것은 바로 이런 의미다. 겉으로 드러난 이미지만 보고 착각하고 오해하고 속지 말라는 말이다. 정체성을 통찰하는 것은 나를 통찰하는 것이다. 나를 통찰하는 것은 사람을 통찰하는 것이다. 결국 세상을 통찰하는 지름길이고 진정한 디자인에 몰입할 수 있는 길이다.

사소한 일에 몰입하라

상상력이란 보고 느끼고 체험하는 만큼 성장하고 확장된다. 문제해결은 이렇게 보다 다양한 체험에서 우러날 수 있다. 엄청나게 어려워 보이는 문제도 사소하다고 생각하는 것에 의해 해결될 수 있다.

상상력을 동원해 보자. 잘나가는 CEO인 당신이 한 도시의 시장으로 선출되었다. 가문의 영광이다. 너무나 기쁘고 흥분해서 밤잠도 이루지 못했다. 다음날 아침 일찍 즐거운 마음으로 시청에 출근했는데 해결해야 할 일이 산더미였다. 무엇보다 큰 문제는 지하철 문제였다. 지하철 내부는 낙서로 가득했고 무임승차 천국이었다. 게다가 한 달에 한 번 이상 지하철에서 살인사건이 일어났다.

이런 문제로 도시는 점차 활력을 잃어 갔다. 시민들은 지하철 이용을 기피했고 관광객들에게도 소문이 퍼져서 관광수입이 급감했다. 이대로 가다가는 도시 전체가 범죄도시로 전락할 가능성까지 대두됐다. 시장 취임 며칠 만에 해임

될 판이다. 시장인 당신은 이 문제를 어떻게 해결할 것인가? 아마 머릿속이 복잡해 질 것이다. 단순한 문제가 아니기 때문이다. 몇 달이 아니라 몇 년이 걸려도 쉽게 해결할 수 없다는 불안감이 엄습하지 않는가?

이것은 실제 일어났던 일이다. 1980년대 뉴욕시가 그랬다. 연간 60만 건 이상의 중범죄가 있어났다. 시민은 물론이고 여행객들 사이에서도 '뉴욕 지하철은 절대 타지 마라.'고 할 정도였다. 뉴욕시의 치안은 형편없는 무법천지였다.

그때 미국 라토가스 대학의 젤링 교수가 낙서 지우기를 제안했고, 교통국장 데빗 간은 그 제안을 받아들여 낙서를 철저하게 지우는 방침을 세웠다. 그러자 교통국 직원들이 반발했다. "범죄부터 단속해야지 낙서 지우기가 웬 말이냐"는 것이었다. 하지만 간 국장은 낙서 지우기를 철저하게 단행했다.

무려 6,000대에 달하는 지하철의 낙서를 지우기 시작했다. 지우고 또 지웠다. 낙서를 지워서 내보낸 차량에 다시 낙서가 되어서 들어오면 철저하게 지워서 운행시켰다. 낙서가 얼마나 많았던지 5년 후에야 낙서 지우기가 완료됐다. '범죄와의 전쟁'을 한 게 아니라 '낙서와의 전쟁'에 몰입한 것이다.

이 일을 후임 루돌프 줄리아니가 이어받았다. 그는 경찰국장과 의기투합해서 지속적으로 낙서 지우기를 추진해 나갔다. 거대한 비전이나 담론이 아니라 사소한 일에 집중했다. 무임승차, 보행자의 신호무시, 성매매 단속 등 사소한 경범죄를 철저하게 단속했다.

이를 본 뉴욕 시민과 언론들은 비웃었다. 줄리아니 시장과 경찰국장이 겁이 많아서 강력범들은 안 잡고 돈 없어서 무임승차하는 애꿎은 사람들만 잡는다고 비난했다. 그리고 지하철의 낙서는 왜 지우느냐는 소리도 많았다. 문제의 핵심을 제쳐놓고 왜 엉뚱하고 쓸데없는 일에 예산을 낭비하느냐는 비난 일색이었다. 하지만 줄리아니 시장과 경찰국장은 묵묵히 추진해 나갔다.

결과는 놀라웠다. 범죄율이 현격하게 떨어지기 시작했다. 이런 일들을 추진한 후 2년이 지나서는 중범죄 건수가 감소하기 시작했고 결과적으로 지하철 중범죄 사건도 75%나 급감했다. 마침내 뉴욕은 범죄도시의 오명을 불식시키고 세계적인 관광도시로 거듭났다. 썩어 들어가던 큰 사과, '빅애플(뉴욕시의 애칭)'이 싱싱하게 되살아난 것이다.

이것은 '깨진 유리창 법칙'으로도 유명하다. 사소하지만, 깨진 유리창 하나를 방치하면 큰 범죄로 이어진다는 범죄심리학 이론이다. 1982년 제임스 윌슨과 조지 켈링이 자신들의 이론을 〈애틀란타〉 3월호에 발표하면서 명명한 범죄학 이론이다.

예를 들어 어떤 건물에 깨진 유리창이 하나 있다고 하자. 귀찮고 바빠서 신경 쓸 시간이 없다고 고치지 않고 지내는데, 한 취객이 그 건물 벽에 오줌을 싼다. 일을 해결하고 보니 시원한데다 취기도 오르니 돌을 던져 나머지 유리창도 깨버린다. 그걸 보고 행인들은 관리를 포기한 건물로 판단한다. 동네 아이들도 신이 나서 낙서를 해대고 쓰레기가 슬며시 쌓이기 시작한다. 낙서, 투기, 파괴의 악순환이 일어나면서 멀쩡한 건물이 순식간에 슬럼화한다. 결과적으로 범죄의 온상이 돼버리고 만다.

반면 한 건물에 세를 얻어 작은 식당을 운영하는 식당주인이 있었다. 그 주인은 성격이 부지런하고 깔끔했기 때문에 늘 식당 안팎을 쓸고 닦았다. 홀과 주방은 물론이고 후미진 화장실 구석구석까지 반짝반짝 청소했다. 자기 건물도 아닌데 여러 식당이 쓰는 공용화장실까지 말이다. 식당일이란 게 그렇듯이 챙길 일도 많고 몸도 고달팠지만 식당주인은 늘 사소해 보이는 것에도 최선을 다했다.

하나를 보면 열을 알 수 있다고 했다. 고객들에게도 최선을 다했다. 식사는 물론이고 말 한 마디도 상냥하고 친절하게 했다. 사소한 것에도 최선을 다하는 식당주인의 정성으로 선순환이 일어나기 시작했다. 식당은 입소문이 나면서 나날이 번창해 갔다. 한 번 온 고객들은 평생고객이 되었다. 작은 식당이 커지면서 직원들이 늘어나기 시작했다. 알뜰하고 살가운 식당주인의 배려 덕에 직원들은 신이 나서 일했다. 드디어 세 들어 살았던 식당주인은 그 건물을 인수하고 건물주가 되었다. 건물은 주인을 닮아 그 주변에서 가장 깨끗하고 친절한 건물로 자리 잡았다. 선순환과 악순환이 만들어내는 차이다.

식당 운영에 있어 화장실이란 아주 사소하고 부차적인 부분이다. 대부분 식당은 맛으로 승부하지 화장실로 승부하지 않기 때문이다. 그래서 대충 넘어가기 쉽다. 특히 여러 식당이 공용으로 사용하는 화장실은 '방관자효과'가 발생해서 관리가 안 되는 곳이 많다. 책임이 분산되다 보니 다른 누군가 치우려니 하고 내버려두기 쉽다. 하지만 그런 식당들치고 크게 성공하는 식당은 별로 없다.

성공하는 CEO들은 다르다. 그들은 사소한 것에 강하다. 디테일에 목숨을 걸고 몰입한다. 작은 양파 하나도 그냥 지나치지 않고, 깨진 유리창을 그대로 방치하지도 않는다. 그런 사람들이 거대한 꿈을 성취한다.

디자인 경영이란 그런 것이다. 스타벅스의 CEO 하워드 슐츠는 처음 자신의 가게를 만들었을 때 냅킨 하나 쓰는 것에 대해 종업원들과 하루 종일 고민하고 토론했다고 한다. 그래서 그는 "Retail is detail"이라고 주장한다. 이런 디테일에 몰입하는 그의 태도가 오늘의 스타벅스를 만들어 낸 것이다. 디테일 경영 열풍을 일으킨 왕중추 교수 역시 기업의 성공과 실패는 디테일한 부분에서 결정된다고 강조한다. 성공하고 싶은가? 디테일에 목숨을 걸고 몰입하자.

"자신의 직업을 사랑한다면 매일 자신이 할 수 있는 가장 완벽한 상태를 추구할 것이고 머지 않아 주변 사람들까지도 그 열정에 감화될 것이다."
– 샘 월튼, 월 마트 창업자

가로등 불빛 하나 바꿨을 뿐인데

칠흑같이 어두운 밤 외진 골목길. 귀가가 늦은 한 여성이 총총걸음으로 걷고 있다. 스산한 바람에 쓰레기가 뒹굴고 자꾸 뒤에서 누군가 뒷덜미를 잡을 것만 같다. 순간 뭐가 툭 튀어나와 그녀의 다리를 스쳤다.

"꺄악~" 외마디 비명소리에 "이야옹~" 소리가 화답한다. 다행히 고양이였다. 섬뜩한 가슴을 진정시킨 다음 다시 집으로 가는 길에 그나마 가로등이 환하게 켜져 있어 마음이 안정된다.

누구나 이런 상황을 겪어 보았을 것이다. 남자라도 이런 상황은 별로 달갑지 않다. 인적이 드문 밤길에서는 평소 별 것 아니라고 생각한 가로등 하나도 큰 힘이 된다.

범죄가 일어나는 곳은 어둡고 인적이 드문 스산한 곳이다. 영화 〈살인의 추억〉을 보면 인적이 없고 가로등도 없는 시골길에서 살인사건이 일어난다. 그런 시각에서 보면, 가로등 불빛 하나도 누군가를 지켜주는 생명의 불빛이 될 수 있다.

할머니가 들려주시던 옛날이야기에도 고마운 불빛이 등장한다. 깊은 산속에서 밤길을 헤매던 나그네의 희망은 멀리서 반짝이는 인가의 불빛이었다. 물론 도시 사람들은 휘황찬란한 조명이 익숙해서 그 소중함을 느끼지 못하기도 한다. 하지만 시골길이나 가로등 없는 밤길을 생각해 보면 작은 불빛 하나도 결코 사소하지 않다. 가로등 불빛은 범죄율과도 깊은 관련이 있기 때문이다.

2005년 일본 나라 시는 가로등을 전면 교체했다. 기존의 백색 가로등을 파란 빛이 나는 가로등으로 교체하면서 놀라운 사실을 경험했다. 범죄율이 30%나 급감한 것이다. 이 사실이 알려지면서 일본 39개 시가 파란 가로등으로 교체를 단행했다. 2006년 무단 침입, 절도, 강도 등 각종범죄 발생 건수 26건을 기록한 도쿄 아치다 구는 2007년 이후 범죄율이 0%로 떨어졌다고 한다. 범죄율을 감소시킨 주역이 바로 가로등이다. 놀랍지 않은가. 가로등 불빛 하나 바꾸었을 뿐인데 말이다. 파란 불빛의 안정감이 가져온 효과다. 색깔에서 느끼는 사람의 심리를 이용해 범죄율을 감소시킨 훌륭한 디자인 사례다.

사소한 차이

EBS 다큐멘터리 〈사람의 두 얼굴〉 제작팀은 이런 실험을 했다. 빨간 방과 파란 방이 있다. 10명의 참가자들은 시간을 잴 수 있는 도구를 지니지 않은 채 방에 들어간다. 시간이 20분이 지났다고 생각되면 방에서 나오기로 했다. 어느 방에 있던 사람이 시간을 정확하게 맞췄을까?

빨간 방에 있던 사람들은 평균 16분 정도 방에 머물렀다. 반면 파란 방에 있던 사람들은 평균 24분 정도 머물렀다. 왜 이런 현상이 일어나는가? 빨간색은 동적이어서 사람을 흥분시키고 맥박이 빨라지고 혈압이 오르게 한다. 반면 파란색은 정적이며 편안함을 느끼게 하고 아늑하게 한다. 때문에 빨간 방에 있던 사람들은 시간을 못 채우고 빨리 나왔다. 파란 방에 있던 사람들은 여유로운 모습으로 책도 읽고, 잠도 자다 느긋하게 나온 것이다.

일반적으로 색의 차이는 사소하다고 여긴다. 하지만 그 사소함에서 발생하는 차이는 우리가 생각하는 것 이상이다. 세상을 변화시키고 싶다면 이렇게 작고 사소한 것들을 돌아보고 챙겨야 한다. 사소한 차이를 보지 못하면 변화는 물 건너간다. 그런 사소한 차이를 직시하는 것이 바로 디자인 경영이다.

EBS 팀은 이런 실험도 진행했다. 광진구의 골목에 전신주가 하나 있었다. 처음엔 깨끗했는데 누군가 쓰레기를 버리고 갔다. 한 사람이 버리기 시작하니까 나중에는 자연스럽게 쓰레기장이 돼버렸다. 쓰레기장으로 변한 이후에는 그 어떤 경고문도 소용이 없었다.

실험 팀은 지자체의 협조를 얻어서 그곳에 작은 화단을 꾸몄다. 몰래카메라를 설치하고 주민들의 반응과 행동을 촬영했다. 그것을 본 동네 주민들은 부정적인 반응을 보였다. 코웃음을 치며 '헛수고 하네' 하고 조롱했다.

화단을 만든 날 밤, 한 주민이 쓰레기봉투를 들고 전신주로 왔다. 전신주 옆에 쓰레기를 버리고 돌아서더니 몇 걸음 가다가 멈춰서 잠시 머뭇거린다. 다시 전신주 옆을 돌아보니 안 보이던 예쁜 화단이 보인 것이다. 그 주민은 결국 쓰레기봉투를 다시 주워 돌아갔다. 다음 날, 전신주 옆 작은 화단은 쓰레기 하나 없이 깨끗했다. 사소하게 보이는 작고 예쁜 화단 하나가 사람들을 변화시킨 것이다.

CEO나 디자이너들은 이런 것에 주목해야 한다. 우리는 물리적으로 엄청난 돈과 시간을 쏟아야 대단한 변화가 있을 거라고 생각하지만 그것은 착각이다. 변화는 아주 작고 사소한 것에서 일어난다.

한 가지 예를 더 들어 보자. 남자 화장실에 가면 이런 문구가 붙어 있다. "남자가 흘리지 말아야 할 것은 눈물만이 아니다." 또는 "한발 앞으로" 등 다양한 표어가 난무한다. 중앙대학교는 화장실 표어 공모전을 해서 이런 표어를 써 붙였다. "중앙인은 중앙에" 나름 아이디어가 돋보인다. 하지만 과연 이런 표어가 얼마나 효과를 보는지 궁금하다. 어쨌든 남자 화장실은 늘 소변 문제로 골치가 아프다. 암스텔담 공항에서는 사소한 아이디어로 소변이 튀는 문제를 해결했다. 남자들의 심리를 이용한 아이디어로 밖으로 튀는 소변을 80%나 감소시킬 수 있었다. 변기에 파리 그림 하나를 붙였을 뿐인데 말이다.

이 파리 한 마리로 인해 소변보는 사람들은 그 정확도가 높아지고 심지어 소변에 몰입(?)하는 즐거움까지 느끼게 되었다. 이 디자인은 남자들의 소변보는 방식에 변화를 가져 왔다.

이런 예도 있다. 일학년을 마치고 군대에 간 필자의 제자 최성훈 군은 어느 날 페이스북을 통해 자신의 사례를 보내 왔다. 군대에 입대해서 신병교육대에 있을 때 화장실의 그 많은 변기들이 자꾸 막히는 일이 발생했다. 신병들의 불만은 팽배했지만 해결할 방법이 없던 차에 최 군이 그 일을 해결하겠다고 자청했다고 한다. 필자의 수업시간에 디자인이 문제해결의 핵심이라고 배운 것에서 힌트를 얻은 것이다. 그래서 꼼꼼하게 관찰을 하기 위해 변기에 앉아서 여러 상황을 점검하다 보니, 하나의 단서를 찾아냈다는 것이었다.

화장실에 놓여 있었던 휴지통이 모두 용변을 보는 사람의 왼쪽에 놓여 있었던 것이다. 그래서 그 휴지통을 오른쪽으로 옮기자 화장실이 더 이상 막히지 않았다는 것이다. 휴지통이 왼쪽에 있을 때는 귀찮아서 그냥 변기에 휴지를 버리는 일이 잦아서 변기가 자주 막혔던 것이다. 그저 휴지통 위치만 옮겨 놓았을 뿐인데 그 많은 신병교육대의 변기가 더 이상 막히지 않게 되었다며 감사의 메시지를 보내온 것이다. 이 사례 역시 사소한 것에 문제해결의 실마리가 있다는 것을 잘 보여준다.

"때로는 그런 사소한 일이 중대한 결과를 불러오기도 한다. 한마디 말과 표정과 억양이 개인뿐만 아니라 국가의 운명에도 영향을 미치는 것이다. 모든 것을 사소한 일로 여기는 사람들은 지나치게 대범한 사람들이다. 누군지 잘 기억은 나지 않지만, '사소한 일쯤은 무시하라'는 충고에 '사소한 일이 무엇인지를 가르쳐주면 기꺼이 그렇게 하겠다.'고 대답한 사람이 있었다. 젊은이들은 사소한 일에 신이 주시는 가장 훌륭한 선물이 담겨 있음을 알아야 한다."

– 카네기, 강철왕

쉼이 필요하다

CEO들은 대개 '아침형 인간'이다. 반면 디자이너는 '저녁형 인간'이 많다. CEO의 업무와 디자이너의 업무가 다르기 때문이다. 디자이너들이 '올빼미'가 되는 이유는 일에 몰입하기 때문이다. 그렇다고 CEO가 일에 몰입하지 않는다는 것은 아니다. 일반적으로 CEO들은 부하직원들에게 일을 지시한다. 하지만 디자이너는 스스로 작업하지 않으면 안 되는 일이 많다. 게다가 디자이너의 속성이 그렇다. 일을 하기 시작하면 그 작업에 푹 빠진다. 디자이너들이 날밤을 새는 이유가 여기에 있다.

작업을 다 마치면 자기가 한 작업에 스스로 감동하여 이렇게 말한다. "오, 신이시여, 이게 진정 제가 만든 겁니까!" 그러면서 나르시시즘에 빠진다. 누가 알아주든 말든 말이다. 그 맛에 사는 게 디자이너다. 그걸 못 잊어 오늘도 야근모드다. 그러다 보니 자연스럽게 올빼미가 된다.

CEO들은 '얼리버드'다. 늦어도 아침 5시면 기상이다. 일어나자마자 각종

일간지에 경제신문까지 빠르게 독파한다. 밥 먹는 시간도 아까워 식사하면서 신문을 본다. 왜냐하면 세상 돌아가는 정보가 돈이기 때문이다. CEO의 머릿속은 온통 돈이 차지하고 있다고 해도 과언이 아니다.

CEO 사전에 늦잠이란 없다. 해가 뜨기도 전에 침대에서 총알같이 튀어나간다. CEO의 퇴근은 칼이다. 5시나 6시, 퇴근 시간이면 조용히 사라진다. "나의 퇴근을 직원들에게 알리지 마라."는 멘트와 함께.

그렇다고 CEO들이 쉰다고 생각하면 큰 오산이다. 퇴근 후에도 줄줄이 스케줄이 잡혀있다. 은행 지점장도 만나야 하고, 거래처 사장도 만나야 한다. 만나면 그냥 미팅만 하는 게 아니다. 당연히 술자리로 이어지고 귀가시간은 보통 새벽 1시를 넘긴다. 지치고 쉬고 싶지만 그럴 수가 없다. 자기가 책임지는 식구가 몇 명인데 쉰단 말인가. 그러고 보니 CEO는 밤늦게 잠자리에 들어 새벽에 일어나는 유형이다. 한마디로 얼리버드와 올빼미의 특성을 결합한 '얼빼미'다. 대한민국 CEO는 모두 '얼빼미'라고 해도 과언이 아니다.

어느 CEO의 죽음

'홍소장의 가을'이라는 SBS 특집드라마가 있었다. 김수현 원작으로 2004년에 첫 방영되었고 2009년에 앵콜 방영됐다. 이 드라마는 형제의 삶을 통해 인생에서 진정 중요한 것이 무엇인지 묻는다. 최불암은 파출소 소장으로 정년퇴임하고 아내 김혜자와 서로를 아끼며 소박하게 살아간다. 반면 동생 임채무, 박정수 부부는 남편이 대기업 CEO를 지내면서 경제적 풍요를 누린다. 대기업 CEO 임채무는 전형적인 얼빼미였고 가정과 아내를 돌볼 새가 없었다. 일이 전부였기 때문에 아내는 마음의 병이 깊을 대로 깊었다. 두 사람의 관계는 남편이 회사에서 퇴출당하면서 완전히 무너져 내린다. 임채무는 갑작스런 정체성 상실로 허탈감에 빠져 절규한다.

"난 그동안 내가 잘난 줄 알았어. 그런데 내가 잘난 게 아니라 내 위치가 그렇게 만든 것이었어."

아내에게 핍박받던 그는 끝내 투신자살을 택한다. 드라마를 본 많은 사람이 남편의 그 고백에 전율이 일 정도로 공감했다고 한다. 정상의 자리에 오르기까지 앞만 보고 달려온 사람들이 대한민국 CEO다. 높이 올라갈수록 추락하면 회복하기 어려운 상처를 입게 된다. 말 그대로 정체성의 혼란이 일어나고 인생이 무너지는 느낌일 것이다. 사실 사회적 위치와 자신을 분리해 생각하기란 쉬운 일이 아니다. 때문에 많은 CEO가 지위와 자신을 동일시하는 경향이 있다. 문제는 그 지위를 상실했을 때 발생한다. CEO들은 이 부분에 대한 성찰이 필요하다. 가끔은 멈춰 서서 돌아보아야 한다. 가장 소중한 가치가 무엇인지 말이다.

일러스트레이터의 죽음

몇 년 전, 두 명의 일러스트레이터가 운명을 달리했다. 1980년대에서 1990년대 약 20년간 두 사람 모두 정상을 달리던 일러스트레이터였다. 에어브러시 일러스트레이션 부문에서는 대한민국 최고 수준이어서 일이 끊이질 않았다. 우리나라 모든 광고회사 일을 두 사람이 나누어 한다고 해도 과언이 아니었다. 한참 일을 많이 할 때에는 한 달 수입이 몇 천만 원을 웃돌았다. 보통 월

급쟁이 열 배 내지 스무 배는 거뜬히 벌었다. 대신 철야작업을 밥 먹듯이 했다. 많은 광고회사 디자이너들이 일러스트를 의뢰하기 위해 줄을 섰으니 말이다.

잘나가던 두 사람은 포토샵이 보급되면서 일이 급속히 줄어들기 시작했다. 포토샵 기능이 두 사람의 일러스트 기능을 대신했기 때문이다. 결국 두 명의 일러스트레이터는 2000년 초 모두 문을 닫고 말았다. 그런데 아이러니하게 두 사람 모두 회사 문을 닫고 얼마 지나지 않아 운명을 달리했다. 두 사람 모두 50대의 젊은 나이였고 외견상 별 문제가 없었는데 말이다.

그들의 사망원인을 추측해 보면 다음과 같다. 그들은 거의 20년이라는 세월을 일상이다시피 철야를 했다. 또 에어브러시 작업을 하면서 마스크를 끼지 않았다. 필자의 추측이기는 하지만 바로 이 부분이 치명적이지 않았나 생각한다. 에어브러시 일러스트는 에어브러시 용 잉크로 스프레이처럼 바람을 불어서 그림을 그리는 방식이다. 그런데 이 잉크가 화공약품이나 다름없는 화학제품이다. 이런 화학제품을 마스크 착용도 안하고 바람을 이용해 매일 밤 뿌려댔으니 폐가 멀쩡했겠는가. 당시 일을 부탁하기 위해서 작업실을 방문하면 잉크 안개 때문에 늘 희뿌연 상태였던 게 기억난다. 일종의 안전 불감증이었다. 엎친데 덮친 격으로 과로 끝에 일까지 없어져 버렸으니 삼중고를 겪었을 것이다.

지금도 각종 디자인이나 인테리어 현장에서 화공약품이나 물감, 페인트를 뿌리면서 마스크도 안 하고 작업하는 사람들을 보면 걱정이 앞선다. 작업을 안 할 수는 없으니 제발 마스크 정도는 착용하고 뿌려주길 바란다. 두 사람의 죽음에는 또 한 가지 교훈이 있다. 타의 추종을 불허하는 기술이나 재능도 시대

PAUSE
FOR SUCCESS

문자들 사이에 공간이 있어야 문장이 만들어지듯

음표들 사이에 공간이 있어야 음악이 만들어지듯

사람 사이에도 쉼이라는 공간이 있어야 한다.

가 달라지면 아무 쓸모가 없어진다는 것이다.

한 템포 쉬어가라

어느 CEO와 두 일러스트레이터의 죽음은 우리를 슬프게 한다. CEO나 일러스트레이터 공히 사소하다고 생각했던 부분들이 목숨을 앗아갔다. CEO는 사회적 성공을 위해 가정을 챙기지 못했고, 일러스트레이터들은 돈 버는데 바빠서 정작 챙겨야 할 마스크를 챙기기 못했다. 세 사람 모두 놀 줄 몰랐다는 공통점도 있다.

인생에서 중요한 것이 무엇인가? 사회적 성공은 무엇이고, 진정한 성공은 또 무엇인가? 아무리 바빠도 때로는 한 템포 쉬어갈 수 있는 시간을 확보해야 한다. 그리고 나를 돌아보고 가정을 돌아보고 주변을 돌아보아야 한다. 그런 여유로움을 디자인해야 한다.

아무리 성능 좋은 최고급 자동차도 쉴 새 없이 달리기만 하면 문제가 생긴다. 기름이 떨어지기 전에 주유도 해줘야 하고, 이상이 생기면 부품도 교환해줘야 한다. 쉴 새 없이 달리기만 하면 엔진 과열로 터질 수도 있다. 엔진이 뜨거워지면 쉬게 해주어야 한다. 잘 쉬어야 잘 달릴 수 있다. 사람도 마찬가지다. 《몸과 영혼의 에너지 발전소》에는 이런 구절이 나온다.

> "회복의 시간은 본질적으로 창조성과 긴밀하게 연결되어 있다. 음표들 사이에 공간이 있어야 음악이 만들어지고, 문자들 사이에 공간이 있어야 문장이 만들어지듯이, 사랑과 우정, 깊이와 차원이 성장하는 곳 역시 일과

일 사이의 공간이다. 회복의 시간이 없는 우리의 인생은 존재감 없이 반복되는 행동의 연속일 뿐이다."

디자이너든, CEO든 우리는 모두 쉬어야 하는 존재다. 레오나르도 다빈치는 이렇게 말한다. "짧은 일정일지라도 일을 떠난 휴식이 필요하다. 다시금 일에 대한 정확한 판단을 내릴 수 있기 때문이다. 일에 대한 과도한 집착은 정열만을 탕진할 뿐이다." 발명왕 토마스 에디슨 역시 "나는 발상의 벽에 부딪칠 때면, 해변이나 강가로 나가 낚싯줄을 드리운다. 파도와 바람 그리고 햇볕으로부터 아이디어를 낚을 수 있기 때문이다"고 말했다.

그렇다. 리딩하고 싶다면 잘 쉬어야 한다. 리더는 잘 쉬는 사람이다.

"쉬는 법을 알면 모든 일이 순조롭다."
—노자

디자인은 좋은데 망하는 이유

디자인이 좋다고 기업이 꼭 성공한다는 보장은 없다. 기업의 성공요인은 그만큼 다양하고 복합적이다. 그럼에도 불구하고 CEO나 디자이너들은 디자인만 좋으면 성공할 것이라고 착각하는 경우가 있다. 시장에는 디자인이 좋은데도 망한 사례들이 꽤 있다. 그 중 하나가 서전안경이다.

몇 년 전 서태지가 미국 생활을 청산하고 귀국했을 때 그의 패션이 화제가 됐다. 서태지가 쓰고 있던 안경은 미국에서 구입한 서전안경이었다. 당시 그 뉴스를 접한 사람들은 우리 제품의 경쟁력에 크게 자부심을 느꼈다. 실제로 서전은 2002년까지 'GD(굿 디자인)마크'를 6번이나 획득할 정도로 제품력과 디자인을 인정받았다. 연간 매출액도 100억 원을 넘어서고 생산량의 20% 이상을 수출하면서 국내 최대 안경테 업체로 자리 잡았다. 그런 서전안경이 소리소문 없이 시장에서 사라져버렸다. 왜 그랬을까?

서전이 몰락한 가장 큰 원인은 시장 트렌드를 제대로 읽지 못한 데 있다.

1990년대 후반 소비재 수입 자유화와 함께 중국산 저가 안경테와 유럽 명품 안경테가 들어오면서 안경테 시장은 고가와 저가 시장으로 나뉘었다. 고급스러움을 원하는 소비자는 비싸더라도 명품 브랜드를 찾았고 저렴함을 원하는 고객들은 중국산 안경테를 찾았다. 애매한 위치에 있던 서전은 수요 창출에 실패하고 몰락의 길을 걸었다. 서전을 아는 사람은 이렇게 말한다. "서전이 자기 브랜드를 지나치게 믿었다."며 "시장변화에 발 빠르게 대응하지 못한 것이 뼈아픈 실책이었다."고 말이다.

서전이 몰락한 또 하나의 이유는 부실한 가맹점 관리이다. 안경테 제조업체들은 안경원과 가맹계약을 맺어서 자사 제품을 유통하는데 서전은 신규 가맹점 확대에만 신경 쓰고 기존 가맹점 관리에 소홀했다. 게다가 가맹점 업주들에게 돈을 받고 제때 제품을 공급하지 않았다. 결과적으로 시장에서 신용을 잃었다. 그럼에도 서전은 가맹점 수를 2,000개 이상으로 늘렸고, 도를 넘어서는 욕심은 결국 부도로 이어졌다.

노란색 상표로 세계 최고를 구가했던 코닥의 몰락을 보라. 코닥의 품질과 디자인은 최고였다. 그들은 이미 1975년에 세계 최초로 디지털 카메라를 개발했다. 이 신기술은 연구원들 사이에서 화제가 됐다. 하지만 코닥 임원진은 개발자 스티브 사손에게 이렇게 말했다. "좋기는 한데 아무에게도 얘기하지 마시오."

그 신기술이 필름에 끼칠 영향을 우려한 것이다. 1981년 소니가 처음으로 디지털 카메라를 내놓자 코닥은 또 한 번 망설였다. 사내에서 '디지털 사진 기술은 아직은 필름 시장을 대체하지 못할 것'이라는 보고서가 나왔기 때문이다.

그리고 모든 기업이 디지털 카메라를 출시하자 1994년에야 다급하게 출시했다. 당연히 시장에 먼저 진출한 캐논과 니콘에 뒤질 수밖에 없었고 그 후유증은 너무나 컸다. 디지털 카메라로 인해 필름시장은 급속히 축소되었고 코닥도 몰락하고 말았다.

아름다운 디자인은 외모와 같다. 아무리 외모가 예뻐도 마음을 얻지 못하고 행동거지가 불량한 여자라면 어떻게 사랑을 받겠는가? 아름다움과 사랑받는 것이 반드시 동의어는 아니다. 외모보다 중요한 것이 마음이요 행동이다. 외모는 성형으로도 하루아침에 달라질 수 있지만 마음과 행동은 하루아침에 달라지지 않기 때문이다.

성공한다는 것은 솔선수범을 통해 믿음을 얻고 사람의 마음을 얻는 것이 아닐까? 디자인이 좋은 데 망하는 데는 이런 이유가 있다. 디자인 경영은 단순히 아름답고 예쁘게 만드는 경쟁이 아니다. 기업이나 상품의 디자인이 지속 가능하기 위해서는 빠른 변화를 직시해야 한다. 또 무엇보다 진심으로 고객의 마음과 신뢰를 얻어야 함을 잊지 말아야 한다.

그래야 디자인으로 리딩할 수 있고, 진정한 21세기 연금술사가 될 수 있는 것이다.

"배우가 감동하지 않으면 관객도 감동하지 않는다. 관객이 감동하면 비싸도 찾아온다. 장사도 마찬가지다. 막이 오르면 연기는 배우에게 맡겨야 한다. 맡기지 않으면 배우는 성장하지 못한다. 그런데 연극에서도 처음부터 끝까지 지시하는 바보가 있다. 경영도 그렇다. 막이 오르면 직원이라는 배우에게 맡겨야 한다."

– 야마다 아키오, 일본 미라이 공업 CEO

Leader's Alchemy

제5부

통찰하라

마음을 얻기 위해서는 눈이 아닌 마음으로 보아야 한다.
통찰해야 한다. 디자인이란 가치경쟁이어야 한다. 진정한 가치를
통찰하는 CEO는 양심적이고 책임감이 강하며
무엇을 어떻게 해야 하는지 잘 안다. 인간의 본성을 볼 수 있는 눈을
가졌기 때문이다. 위대한 디자인은 진정한 가치를 통찰할 때 창조할 수 있다.
진정한 가치를 통찰하지 못하면 흉내 내는 삶, 흉내 내는
디자인에 그칠 뿐이다. 정상에 있는 CEO라면 늘 깨어 있어야 한다.
누구보다 눈이 밝아야 한다. 세상 모든 사람과 사물의
심층을 꿰뚫어야 한다.

통찰, 진정한 가치를 보는 힘

통찰이란 '척하면 삼천리', '한눈에 알아보기'이다. 한눈에 알아보기 위해서는 껍데기가 아닌 내면을 직시하는 눈이 필요하다. 진정한 정체성을 간파하려면, 빙산의 일각이 아닌 수면 아래 잠재해 있는 마음의 정체성을 봐야 하듯 말이다. 세상의 아름다움을 보는 눈에는 세 가지가 있다. 그 기본이 육안(肉眼)이고, 윗단계가 뇌안(腦眼)이며, 가장 상위 단계가 심안(心眼)이다.

육안은 보이는 것만 볼 뿐이다. 육안으로 대상을 보는 것을 과학적으로 분석해 보자.

대상이나 사물이 빛을 반사하고 그 빛이 눈을 통해 망막에 상으로 맺힌다. 망막에 연결된 시신경(뉴런)을 통해 뇌로 전달해서 그 대상을 인지하는 메커니즘이 작동해야 한다. 이때 우리는 그 대상의 형태와 색을 인지할 뿐이다. 따라서 대상을 육안으로 보는 것은 범위가 지극히 한정된 1차원적 관찰에 불과하다.

이에 비해 심안은 1차원적인 한계를 넘어 대상의 본성을 보는 눈이다. 육안으로 사물의 형과 색을 분별했다면, 심안으로는 한 단계 더 나아가 형과 색을 통해 그 대상이 표출하는 본성의 아름다움까지도 보는 것이다.

생 텍쥐페리의 ≪어린왕자≫에는 그 유명한 중절모 그림이 나온다. 언뜻 보기에는 중절모 같지만 실은 코끼리를 삼킨 보아뱀이었다. 같은 그림이지만 어른들

"오로지 마음으로 보아야 잘 보이는 거야.
가장 중요한 것은 눈에는 보이지 않는단다."
- 생 텍쥐페리 《어린 왕자》 중에서

에게는 모자로 보이고 어린왕자에게는 코끼리를 삼킨 보아뱀으로 보이는 것이다. 동일한 사물을 보면서도 보는 눈이 다르면 다른 것이 보이는 법이다. 그래서 피카소는 이렇게 말했다.

> "당신들은 보고 있지만 보고 있는 게 아니다. 그저 보지만 말고 생각하라. 표면 뒤에 숨어 있는 놀라운 속성을 찾으라. 눈이 아닌 마음으로 보라."

마음으로 본다는 것은 통찰하는 것이며 디자인한다는 것은 통찰하여 시각화하는 것이다. 마음껏 상상하고 몰입해서 질문하면 문제는 해결된다. 나는 누구이고 고객은 누구인가? 문제는 무엇인가? 고객의 진정한 욕구는 무엇인가? 디자인에 있어서 CEO의 역할은 무엇인가? 질문하고 몰입하고 상상하고 표현하라.

윌리엄 세실은 엘리자베스 여왕에게 "마음을 얻으십시오. 그러면 마음뿐만 아니라 지갑을 얻은 셈입니다."라고 조언했다. 돈 되는 디자인, 성공하는 디자인을 하기 위해서는 고객의 마음을 얻어야 한다. 어떻게 해야 마음을 얻을 수 있을까?

마음을 얻기 위해서는 결국 눈이 아닌 마음으로 보아야 한다. 통찰해야 한다. 디자인이란 가치경쟁이어야 한다. 진정한 가치를 통찰하는 CEO는 양심적이고 책임감이 강하며 무엇을 어떻게 해야 하는지 잘 안다. 인간의 본성을 볼 수 있는 눈을 가졌기 때문이다. 위대한 디자인은 진정한 가치를 통찰할 때 창조할 수 있다. 진정한 가치를 통찰하지 못하면 흉내 내는 삶, 흉내 내는 디자인에 그칠 뿐이다. 정상에 있는 CEO라면 늘 깨어 있어야 한다. 누구보다 눈이 밝아야 한다. 세상 모든 사람과 사물의 심층을 꿰뚫어야 한다.

시대를 통찰한 패션 아이콘, 젊은 감성을 사로잡다

푸마는 1980년대 초까지 잘 나가던 브랜드였다. 하지만 나이키와 리복에 밀리기 시작해서 1986년부터 적자를 기록하다가, 1993년에는 파산 위기에 처하고 말았다. 이 무렵 새로 영입한 CEO 요헨 자이츠가 생산기지를 아시아로 옮기는 등 각고의 노력을 기울였지만 효과가 없었다. 설상가상으로 1999년 매출은 바닥을 기었다.

1997년 푸마와 질 샌더는 운명적인 만남을 가졌다. 요헨 자이츠가 질 샌더에게 새로운 푸마의 디자인을 의뢰한 것이다. 그녀는 특유의 디자인 감각으로 푸마를 재해석했다. 기능성 위주의 매력 빵점이었던 푸마를 젊은 감각에 어필하는 패션 스니커즈로 재탄생 시킨 것이다.

요헨 자이츠는 과감하게 전략을 수정했다. 푸마가 가장 멋진 브랜드가 될 수 있는 디자인 전략을 도입했다. 푸마는 'Play, Fun'이라는 개념을 도입하여 일반인들이 편하게 즐길 수 있는 '친근하고 재미있는 스포츠웨어'로 브랜드를 재정의 하였다. 최고 기량의 선수보다는 '스타일리쉬'하고 개성 있는 선수들을 광고 모델로 삼았다. 또한 일상생활을 다룬 코믹한 광고 캠페인도 전개해 나갔다. 그 결과 스포츠를 즐기는 일반 대중이 일상생활에서 편하게 입을 수 있는 캐주얼 스포츠웨어라는 이미지를 구축하고, 연간 약 40%라는 파격적인 성장세를 보이며 극적으로 재기에 성공한다.

특히 네덜란드의 유명 디자이너 알렉산더 반 슬로브를 영입해 패션 브랜드로 반전을 꾀하고 독일의 세계적인 패션 디자이너

질 샌더와도 협업하고 프랑스, 일본의 디자이너들과도 잇따라 협업을 하는 등 회사를 '오픈소스 디자인 기업'으로 전환했다.

1997년, 푸마와 질 샌더는 운명적으로 만났다. 요헨 자이츠가 질 샌더에게 새로운 디자인을 의뢰한 것이다. 그녀는 특유의 디자인 감각으로 푸마를 재해석했다. 기능성 위주의 매력 빵점이었던 푸마를 젊은 감각에 어필하는 패션 스니커즈로 재탄생시킨 것이다.

이 스니커즈가 부각된 것은 프랑스의 지하철 파업 때였다. 지하철을 타지 못하는 파리의 직장인들이 출근할 때 스니커즈를 신고 회사 앞에서 구두로 갈아 신는 모습은 '정장 수트와 운동화의 만남'이라는 큰 유행을 만들어냈다.

이는 단순히 스니커즈의 유행을 의미하는 것만이 아니었다. 정통 스포츠 브랜드의 패션화와 개성화, 그리고 고급화를 통해 하나의 트렌드가 탄생하는 사건이었다. 이는 당시 젊은 이들 사이에 불어온 캐주얼 열풍이라는 메가트렌드를 타고 자연스럽게 전 세계 패션시장을 강타했다.

푸마와 질 샌더의 만남은 스포츠 브랜드와 디자이너의 만남 그 이상이었다. 시대를 대표하는 패션 아이콘을 만들어냈다는 역사적인 의미가 있다. 크로스 오버적인 시도와 디자인에 대한 과감한 투자, 그리고 도전이 차별화된 제품을 만든 원동력이 되었다. 소비자의 새로운 니즈를 빠르게 캐치하고 선점하는 브랜드가 결국 시장에서 살아남는다는 메시지를 던져주었다.

이것은 많은 기업들이 디자이너들과 협업하는 기폭제가 됐다. 푸마는 세계적인 디자이너들과 손잡은 결과, 1999년 3억 7,000만 유로에서 2006년에는 27억 5,000만 유로의 매출

푸마의 회생 비결은 차별화된 정체성을 추구한
디자인 전략이 유효했기 때문이다. 푸마는 패션에 민감한
젊은 층이 가장 좋아하는 브랜드로 앞서 가고 있다.

에 2억 6,000만 유로의 순이익을 남기는 알짜 회사로 거듭났다.
푸마의 전략에 대해 요헨 자이츠는 이렇게 밝혔다.

> "우리의 포커스는 거대한 브랜드가 되는 것이 아니라, 가장 멋진 스포츠 라이프스타일 브랜드가 되는 것이다. 항상 새롭고 진보한 것을 소비자들에게 전달하는 것이 마케팅 전략 결정의 핵심이다. 우리는 남들과 다르게 표현하기를 원한다. 가장 크고 높은 산은 아니지만 '블루 마운틴'이 되기를 원하며, 이것은 산의 크기를 상징하는 것이 아니라 우리가 어떻게 전략적으로 남들과 다르게 문제를 해결해 나갈 것인지를 의미하는 것이다."

또 자이츠는 푸마의 진로에 대해 "우리는 끊임 없이 진화할 것이며, 그것이 바로 푸마의 아이덴티티를 표현해 줄 것이다. 변화는 바로 푸마 문화의 한 부분이다."라고 강조한다.
푸마의 회생 비결은 차별화된 정체성을 추구한 디자인 전략이 유효했기 때문이다. 푸마는 신발만이 아니라 패션 브랜드로서의 입지를 탄탄하게 구축해서 패션에 민감한 젊은 층이 가장 좋아하는 브랜드로 앞서 가고 있다.

사소한 발견이 만들어 낸 커다란 차이

은퇴한 미국인 사업가 샘 파버는 부인과 전원생활을 즐기고 있었다. 그런데 손가락 관절염을 앓던 부인은 감자깎기 같은 주방기구를 사용할 때마다 고통을 호소했다. 사랑하는 아내의 고통을 해결해 줄 방법은 없을까?

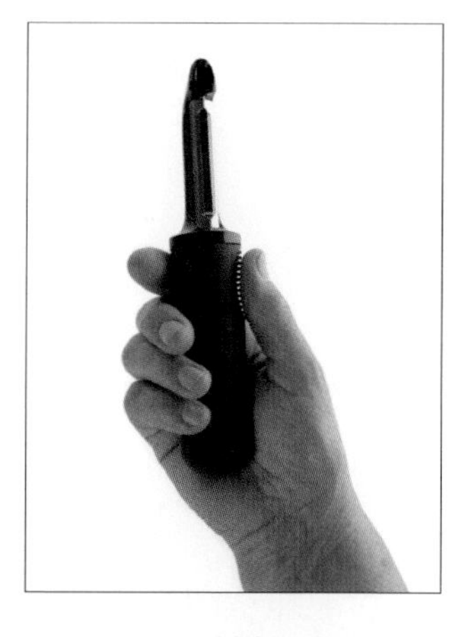

세련되고 보기 좋은 디자인보다는 사용하기 편한 디자인을 추구하는 옥소의 감자깎기. 쥐는 힘이 약한 사람들도 편리하게 사용하는 '유니버설 디자인'이다.

이 문제를 해결하기 위해 파버는 1990년 주방기구 회사 옥소(OXO)를 설립했다. 노련한 사업가 출신답게 그는 새로운 비즈니스의 승부수가 바로 '보기 좋은 디자인보다 사용하기 편한 디자인'임을 간파했다. 손이 아픈 아내는 물론 노약자들도 쉽게 쓸 수 있는 주방용품을 개발하자는 것이었다. 평범한 대중보다 노약자도 편리하게 쓸 수 있는 디자인, 즉 '유니버설 디자인(universal design)'을 추구했다.

그는 앞으로 노령인구가 증가한다는 사실을 감지했다. 그래서 노인학을 공부한 디자이너 페트리샤 무어와 손을 잡았다. 노인의 삶을 이해하기 위해 노인으로 분장하고 3년 간 여행을 했다는 페트리샤 무어. 그녀가 디자인한 옥소의 제품은 달랐다.

쥐는 힘이 약한 노인들을 위해 손잡이 부분에 부드러운 고무패킹을 댔다. 큰 힘을 주지 않고도 사용할 수 있게 지렛대 장치를 더하기도 했다. 노약자를 배려한 디자인은 큰 인기를 얻었다.

그는 또 뉴욕의 '스마트디자인'과 로열티 지불 방식으로 제휴했다. 산업디자이너 데빈 스토웰이 이끄는 스마트디자인은 규모는 작지만, 노약자나 장애인을 배려하는 유니버설 디자인에 정통했다. 옥소의 창의적인 아이디어는 전략적 파트너인 스마트디자인에서 나온다. 여기서 탄생한 '굿 그립(Good Grip)' 브랜드는 미국 주방용품 시장점유율 1위를 차지하고 있다.

옥소 디자인은 대부분 투박하다. 굿 그립의 아이콘이라 할 수 있는 손잡이는 무채색으로 두툼하다. 그래서 볼품이 없다고도 한다. 하지만 두툼한 손잡이 덕에 손의 피로감은 경쟁사 제품들보다 덜하다.

옥소는 경쟁사에 비해 가격이 비싸지만 미국 한국 일본 등 세계 30여 개 나라의 주부들에게 큰 사랑을 받고 있다. 그 결과 창업 이후 지금까지 평균 27%씩 매출이 증가해 '불황을 모르는(No-Recession)' 회사로 유명하다. 하버드대 경영대학원 교재에 15년째 성공 사례로 오르고 있어 '일상의 명품'이라고 불린다.

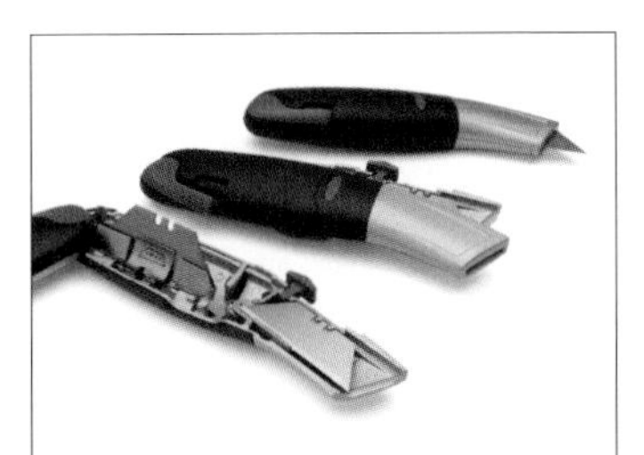

샘 파버는 2001년 옥소를 매각하기 전까지 옥소를 위해 최선의 작품들을 만들어 냈다. 그리고 현재 CEO인 알렉스 리에게 대표 자리를 넘겼다.
알렉스 리는 최근 언론과의 인터뷰에서 이렇게 말했다. "우리는 발명하지 않는다. 발견할 뿐이다." 그는 자신들을 '해결사'라고 표현하면서 "일상에서 사용하는 어떤 물건에서든 불편함을 찾아내고 해결해서 '좋은 물건'이 '더 좋은 물건'이 될 수 있도록 개선하는 게 우리의 목표다."라고 주장한다.
이 회사에서는 70명의 직원들이 매일 직접 요리를 하고, 회의 때는 '계급장' 떼고 치열하게 대화한다고 한다. 모두 '사소한 발견'을 위해서다.

성공의 핵심, '자기 것으로 만들기'

성공한 리더들에게는 공통점이 있다. 문제를 잘 풀어낸다는 것이다. 어떤 문제도 쉽게 풀고, 남들이 포기하는 문제도 기꺼이 도전한다. 한마디로 문제 푸는 것을 즐긴다.

그들이라고 문제가 없었던 것이 아니다. 누구보다 더 많은 문제와 부딪쳐 싸워 이겼기 때문에 성공한 것이다. 누구나 성공하고 싶지만 아무나 성공할 수 없는 것이 세상의 이치다. 성공하는 CEO와 실패하는 CEO의 차이는 문제해결 능력에 있다. 그렇다면 문제를 잘 푸는 CEO들에게는 어떤 노하우가 있는 것일까?

누구나 경험해 보았을 것이다. 풀리지 않던 문제도 문제풀이나 정답을 보면 왠지 쉽다는 느낌. 선생님이 풀어주면 더 쉽다. 그래서 다 알 것 같다는 느낌이다. 하지만 정작 시험을 치면 점수가 엉망이다. 심지어 시험 전에 알던 문제를 틀리기도 한다. 다 알 것 같았는데 도대체 어떻게 된 것일까?

원인은 '알 것 같다'에 있다. 알 것 같다는 것은 완전히 '아는 것'이 아니다. 그래서 알 것 같았던 문제를 실전에서 만나면 틀리고 만다. 이 부분을 착각하면 절대 성적을 올릴 수 없다.

죽어라고 학원에 다니는 학생들이 의외로 성적이 부진한 원인이 여기에 있다. 족집게 강사들이 좔좔 설명해주면 들을 때는 다 알 것 같다. 그것을 '아는 것'으로 착각하고 복습을 게을리 한다. 당연히 원하는 성적이 나올 리 없다. 결국은 자신감을 잃어버린다. 악순환이 시작된다. 이는 자기 것이 아닌데 자기 것이라고 착각하고 자만하는 데서 생기는 문제다. 이 문제는 다양한 모습으로 사람들을 평생 괴롭힌다.

학교뿐만이 아니다. 기업과 우리 인생에서도 그렇다. 많은 자영업자가 어설피 알고 헛된 자신감으로 사업을 시작했다가 망하는 것도 이와 같다. 선생님의 풀이만 듣지, 복습해서 자기 것으로 만들지 않고 시험 보는 것, 연습을 통해 완전히 자기 것으로 만들지 않고 실전에서 그 기술을 써 먹으려고 하는 것, 대충 알고 다른 사람이 성공했으니까 나도 성공할 수 있겠지 하는 헛된 자신감으로 사업을 시작하는 것, 이 모든 것의 공통점은 '알 것 같다'고 착각하는 것이다. '알 것 같은 것'과 '아는 것'은 하늘과 땅 차이인데도 말이다.

공부를 잘하는 사람들은 물론이고 경지에 오른 스포츠 선수들, 연주자, 화가나 디자이너들과 CEO들은 '알 것 같은' 수준을 넘어서 '아는' 경지로 간 사람들이다. 그들은 학습(學習)에서 '학'과 '습'의 차이를 간파하고 있다. 학이란 말 그대로 배우는 단계다. 어떤 현상을 보면 이해하거나 선생님이 설명한 것을 듣고 알 것 같은 단계이다. 습이란 익히고 체화하는 단계, 즉 알 것 같은 것을 자기 것으로 만드는 것이다. 습이라는 한자를 풀어보면 깃털 '우(羽)'와 '흰 백(白)' 자의 결합을 형상화한 것이다. 이것은 새가 스스로 날기 위해서는 양 날개 겨드랑이에 있는 하얀 부분이 보이지 않을 때까지 죽도록 날갯짓을 연습해야 비로소 날 수 있다는 의미다.

결국 난다는 것은 피와 땀과 눈물이 서리는 연습, 즉 자기 체화를 통해서 이루어진다. 공부에서건, 사업에서건, 인생에서건 날고 싶다면 스스로 익히고 자기 것으로 체화해야 한다. 성공 요인을 내 것으로 만들라는 말이다. 세상에 거저 얻어지는 것은 아무것도 없다. 연습만이 대가를 만들어 내고 복습만이 문제해결 능력을 키워준다. '안 되면 되게 하라'는 말도 결국 연습해서 자기 것으로 만들라는 의미이다.

"디자인은 아주 어려운 일이다. 놀라울 정도로 끈기 있고 악착같아야 한다. 마치 지옥에서처럼 일해야 한다. 평생을 두고 끈기 있게 일하지 않는다면 훌륭한 디자이너가 될 수 없다."

–밀턴 글레이저, 공공 디자이너

디자인, 기업을 구하다

2000년을 바라보는 1999년 1월. P&G에 새로운 CEO 듀크 예거가 취임했다. 회사는 21세기를 목전에 두고 새로운 꿈에 부풀어 있었다. 적어도 그때는 그래 보였다. 신임 CEO는 대형 M&A를 추진했지만 이루어지지 않았다. 질레트에 제안한 우호적인 인수제안도 거부됐다. 핵심 사업은 부진을 면치 못했다. 결과적으로 그 해 말 3억 2,000만 달러의 적자를 기록했다.

P&G가 어떤 기업인가? 아이보리, 합성세제 타이드 등 '세계 최초' 타이틀을 단 수많은 제품을 연이어 히트시키면서 170년 가까이 생활용품 업계의 거인으로 군림해온 기업이다. 하지만 엄청난 규모의 적자가 났다는 소식이 주식시장을 강타했다. 주가는 반값으로(최고 116달러에서 60달러 미만으로) 폭락했다. 2000년 봄 각종 경제지들은 다음과 같은 헤드라인을 쏟아냈다.

'프록터앤드갬블이 거대한 매도 공세 속에 길을 잃다'

'수없이 많은 브랜드를 가진 기업이 난처한 입장에 빠지다'

'P&G 주가하락에 망연자실한 투자자들'

다급해진 P&G 이사회는 기업 역사상 최초로 듀크 예거를 해고했다. 그리고 2000년 6월 새로운 CEO를 선임했다. 그가 바로 앨런 래프리다. 당시 인지도가 없던 그가 거함 P&G의 신임 CEO가 되자 주식시장은 한바탕 요동을 쳤다. 취임하던 날 4달러가 하락했고 6월 말에는 55달러 아래로 떨어졌다. 당시 시가총액 기준으로 세계 21위였던 기업이 6개월도 안 돼 51위로 하락했다.

회사에는 암운이 서렸다. 그렇게 잘나가던 기업이 순식간에 자신감을 잃었다. 래프리 회장은 문제가 무엇인지 질문하고 스스로 정의했다. 시장에는 비슷한 제품들이 넘쳐났고 월마트 등 대규모 유통업체들은 저렴한 PB(자체생산) 상품으로 숨통을 조여 왔다. 그로 인해 고객들을 잃었다.

방법은 하나였다. 고객들이 더 많은 비용을 지불하더라도 기꺼이 P&G 제품을 선택하도록 보다 혁신적인 제품을 내놓는 것, 결론은 디자인이었다.

초보 CEO 래프리는 대담한 선택을 한다. 1년간의 고민을 끝내고 P&G 최초로 디자인 전략과 혁신 담당 부사장직 'CDO(chief design officer)'를 만들었다. 그 자리에 클라우디아 코트치카를 앉혔다. 동시에 글로벌 디자인팀을 출범시키고, 대대적인 혁신을 단행했다. 임직원 1,800명을 과감하게 정리하면서도 디자인 인력은 4배로 늘렸다. 코트치카는 래프리에게만 직접 보고했고 이는 조직 전체에 강력한 변화를 일으켰다.

말이 쉽지 170년이라는 오랜 역사를 가진 기업문화를 하루아침에 바꾼다는 것은 기적 같은 일이다. 디자인이 구원투수였다. 코트치카는 자신이 추구하는 디자인 목표에 관해 이렇게 말했다.

> "기업 내부에 디자인 기능을 새롭게 추가하는 것이 아니라, 기업문화 속에 디자인이 뿌리내리는 것이 목표입니다. 문화 자체를 변화시키기 위해서는 모든 부서와 팀에서 하루도 쉬지 않고 디자이너들이 활동해야만 합니다."

당시에는 그 선택이 옳다는 것을 입증할 수도 없었고 회의적인 시각이 많았다. 하지만 그 결정이 자신의 가장 중요한 전략적 선택이었다고 그녀는 말한다.

> "디자이너들은 각 사업 단위의 진정한 일부가 되어야 합니다. 그것이 목표였습니다. 우리는 디자이너들이 회의석상에 앉기를 원했습니다. 경영진 회의를 비롯하여 결정이 이루어지는 곳이라면 어디에나 디자이너가 참여하여 목소리를 낼 수 있기를 바랐지요. 모든 사업 단위가 진정으로 디자인을 이해하고 디자인 작업에 실제로 참여하기를 원했습니다."

래프리는 그녀의 의도를 전폭적으로 받아들였고 문화로 승화되어 P&G에 깊이 뿌리내렸다. 디자인이 절체절명의 순간에 P&G를 구원해낸 것이다. 그녀는 CEO들이 디자인을 바라보고 이해하는 수준을 이렇게 구분한다.

아름다움이 디자인의 전부는 아니다.

1. 디자인 사고 결핍(Clueless) 단계

제품의 기능구현에만 치중해서 제품의 형태나 사용자 편의가 고려되지 못한다. 이해하기 힘든 사용설명서와 복잡한 기능들로 제품의 기능을 십분 발휘하지 못하고 결과적으로 기업은 어려움에 빠진다. 디자인을 모르고, 전혀 고려하지 못한다.

2. 스타일(Style) 단계

디자인에 대한 개념이 반영되어 제품의 형태와 포장에서 사람의 시선을 끌게 된다. 그러나 여전히 기본적인 기능구현이 우선이고 디자인은 외형과 최종 마무리를 맵시 있게 다듬는 수준이다. 아직도 디자인이 외관만을 위한 것이라고 생각한다.

3. 기능향상(Function) 단계

디자인이 외형 꾸미기에 머물지 않는다. 고객이 좀 더 쉽게 제품을 이용하도록 형태를 변형시킨다. 디자인과 기술의 협업이 강조되고 디자인에 의해 제품의 형태가 수정되고 기능이 더욱 향상되지만 여전히 디자인보다는 기술이 우선된다.

4. 문제해결(Problem Solving) 단계

디자인이 제품 스타일과 형태를 뛰어 넘는다. 고객이 제품을 통해 얻고자 하는 욕구를 파악하고 그것을 충족시켜주는 것은 물론, 소비자 활동과 구매경험까지 디자인하고 서비스 및 회사내부 역량까지 결집시킨다. 디자인의 궁극적 단계다.

당신과 당신의 조직은 어느 단계인가? 그저 아름다운 겉포장을 디자인이라 하고 있지는 않은가? 문제를 해결하고 싶다면 모든 중심에 디자인을 두어라. 디자인 파워를 극대화하고 소통하고 협업하라. 최고 경영자에서 사원까지 모든 조직원이 디자인 마인드로 똘똘 뭉쳐라. 지속 가능한 내일은 거기서 시작된다.

디자인적 사고를 체험하라

토론토 대학 경영대학장 로저 마틴은 《디자인씽킹》에서 P&G의 기사회생에 대해 상세히 거론한다. 디자인적 사고의 힘을 보여주는 사례로 이보다 더 확실한 증거는 없다는 것이다. 비슷비슷한 제품들로 넘쳐나는 세상에서 변심한 고객의 마음을 사로잡기 위해서는 디자인 차별화가 중요하다. 디자인은 직관적이고 단순하고 감성적이기 때문에 고객의 반응이 빠르다. 디자인이 훌륭하면 고객들은 탄성과 찬사를 쏟아낸다.

"어머, 이런 게 왜 이제야 나왔지.", "그래, 내가 원한 게 바로 이거야."

그러면서 주저 없이 지갑을 연다. 값이 비싸더라도 말이다. 그게 디자인 파워다. 신임 CEO 앨런 래프리에게는 디자인 혁신을 이끌어 줄 인재가 절실했다. 1년을 고민하다 찾아낸 인물이 클라우디아 코트치카였다. 처음에 코트치카는

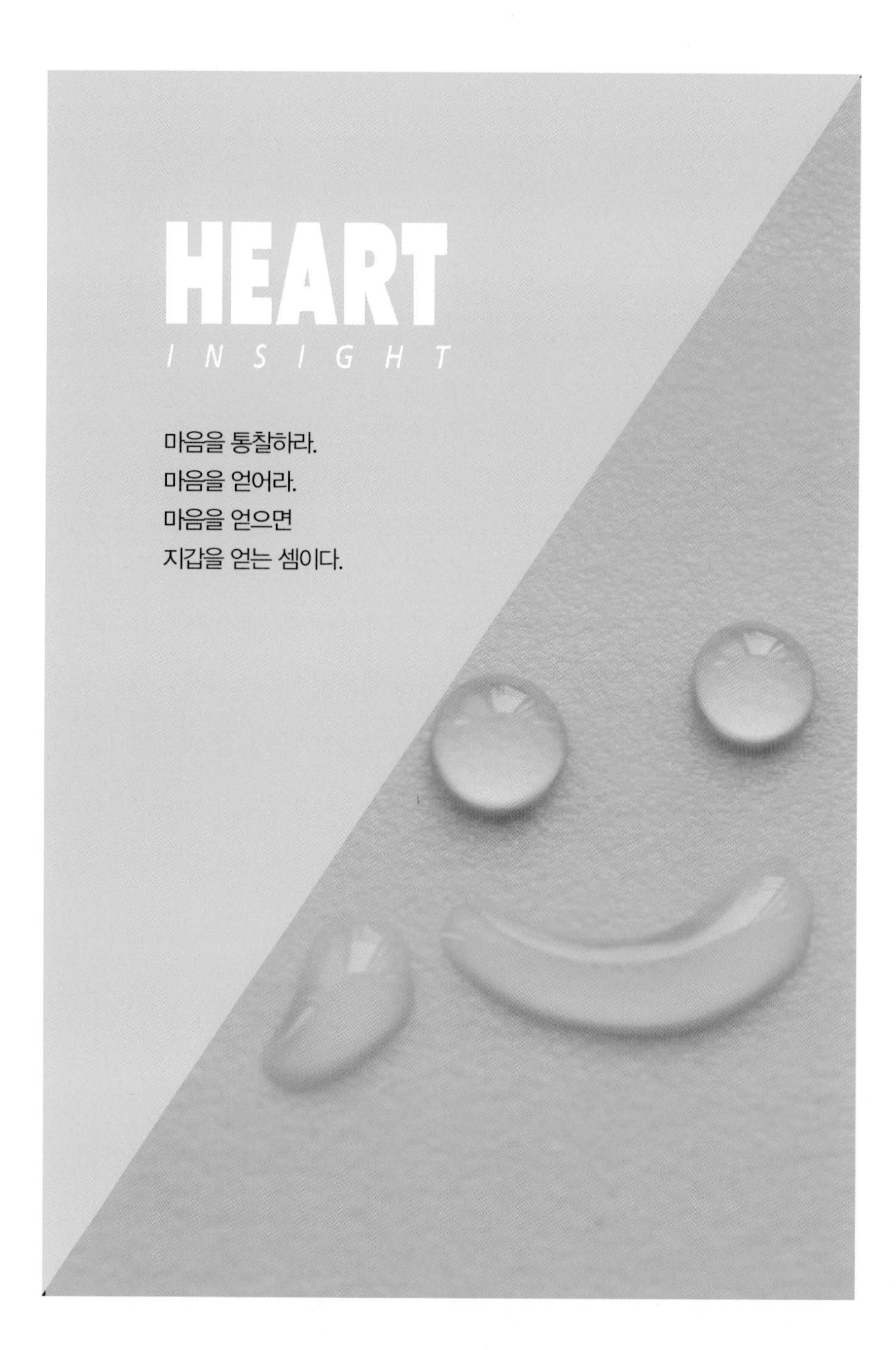
HEART
INSIGHT
마음을 통찰하라.
마음을 얻어라.
마음을 얻으면
지갑을 얻는 셈이다.

래프리의 영입 제안을 단호하게 거절했다. 몇 달 후 같은 제안을 했지만 역시 거절했다. P&G라는 거대조직의 최고 경영자가 디자인에 올인하겠다는 게 믿어지지 않았다는 것이다.

"래프리에게는 할 일이 산더미처럼 많았습니다. 나로서는 래프리가 디자인 작업에 우선순위를 둘 거라고 생각하지 않았습니다. 그럴 리가 없다고 생각했죠. 엄청난 노력이 필요한 일이었으니까요."

하지만 2001년 9월 래프리가 그녀를 세 번째 찾아오자, 그녀는 디자인에 대한 그의 의지가 얼마나 강력한지 확인할 수 있었다고 말한다.

"래프리가 그 일이 핵심이라고 판단했다는 것을 알 수 있었어요. 래프리에게 질문했습니다. '당신이 그리는 P&G의 미래상은 무엇인가요? 그리고 디자인은 그 미래상과 어떻게 관련됩니까?' 내가 정말 알고 싶은 점이었죠."

래프리는 자신이 임기를 마칠 때 다섯 개의 유산을 남기고 싶다면서 그중 하나가 디자인이라고 강조했다. 그 말에 코트치카는 결심했다. '좋다. 디자인이 래프리가 회사를 떠날 때까지 추구할 다섯 가지 목표 중 하나라면, 그 정도로 큰 변화를 꿈꾼다면 주저하지 말고 그 임무를 맡자.'

당시 P&G 내부에서는 래프리의 결정에 의문이 제기됐다. 그녀가 추진력과 활력을 겸비한 것은 다 아는 사실이지만 결정적인 문제는 그녀가 디자이너가 아니란 점이었다. 코트치카는 회계 분야 출신으로 마케팅을 담당하면서 디자인에 매력을 느낀 인물이었다. 하지만 래프리는 고정관념을 뛰어넘었다.

"이 일을 하기 위해서는 두 가지 언어를 모두 구사할 줄 아는 사람이 필요합니다. 디자인이라는 언어, 그리고 비즈니스 언어 말입니다."

이 부분이 핵심이다. 코트치카는 디자인 언어와 비즈니스 언어, 두 언어를 모두 이해하고 구사할 줄 아는 인물이다. 디자인으로 여타 조직을 장악하기 위해서는 비즈니스 능력이 필수다. 그러나 그런 인물은 흔치 않다. 170년간 굳어진 거대기업에 디자인을 접목시키는 일은 무모한 도전 같았다.

"무엇을 성취할 수 있을 지 그리고 얼마나 오래 걸릴지를 명확하게 해둔 것은 아마도 내가 한 가장 현명한 일들 중 하나일 겁니다. 우리는 각자 무엇을 할 것인지에 대해 대단히 명확한 계획을 세웠습니다. 시간이 지나면서 이러한 계획을 세운 성과가 드러났지요."

그녀는 데드라인도 명확하게 제시했다. 제조업체에서 디자인 기업으로 변신한 네덜란드 전자업체 필립스 사례를 집중 연구했다.

"필립스는 10년이 걸렸다고 래프리에게 말했어요. 그 정도가 기본이라는 내 생각을 명확하게 전달했죠. 하지만 래프리는 5년 안에 목표를 달성하자고 하더군요."

어쨌든 두 사람은 하루아침에 변화를 이룰 수 없다는 점에 동의했다. 그녀는 자신의 계획을 지지해 줄 디자인 인재들이 필요했다. 하지만 인사 담당자는 신입사원을 선발하려고 했다. 그녀는 "디자인 분야에서 전문가 수준에 도달하기 위해서는 적어도 10년, 때로는 15년 정도가 소요됩니다."고 말했다.

처음부터 시작할 여유가 없었다. 결국 그녀는 관례를 탈피해 외부채용 전문가의 힘을 빌렸다. 그렇게 숙련된 디자이너들을 선발해서 체계를 세웠다. 세계적인 디자인회사 아이디오와도 제휴했다. 또 디자인 대학의 학장들에게 주요 디자인 프로젝트 자문을 구했다.

자신의 부족한 기술과 전문성을 보완하기 위해서였다. 하지만 이런 과정은 매우 지난하고 힘들었다. 새로운 접근 방식을 승인하는 데만 수년이 걸렸다. 그녀는 디자인을 이해하지 못하는 고위 경영자들을 디자이너와 동행시켰다. 디자이너들이 어떻게 관찰하고 무엇을 질문하며, 고객들이 스스로 알아차리지 못하는 숨겨진 것들을 어떻게 간파하는지 직접 경험하도록 말이다. 시간이 지나면서 디자인적 사고가 어떻게 새로운 직관을 창출하는지 눈으로 직접 체험한 경영자들은 디자이너들의 방식을 받아들이기 시작했다.

당시에는 회의적이었고 부정적인 시각이 많았지만, 그녀가 보란 듯이 해낸 디자인 과정은 다음과 같다.

1. 아이디어가 샘솟는 환경을 디자인하라

애플과 픽사 등 위대한 디자인 기업의 사무실은 활기가 넘친다. 신나고 재미있다. 아이디어가 저절로 샘솟을 것 같은 분위기다.

코트치카는 이러한 사례를 적극 벤치마킹했다. 그녀는 전 직원의 창의성을 끌어내기 위해 사무실을 다시 디자인했다. 복도를 트고 천정을 높였으며 벽과 문을 없앴다. 열린 사무실과 열린 일터를 지향했다.

지금 당신의 사무실을 둘러보라. 일하고 싶은 기분이 절로 드는가, 신나고 재미있는가, 아이디어가 샘솟을 것 같은가? '아니오'라는 답이 나온다면 당신의 사무환경을 시급히 재정비하라. 사무환경이 창의성에 미치는 영향은 아무리 강조해도 지나치지 않다. 아직도 많은 기업이 이런 부분에 무심하다. 안타까운 일이다. 사람은 환경에 좌우된다. 아이디어도 그렇다. 평범한 환경은 평범한 디자인을 낳고 획일화된 환경은 획일적인 디자인을 낳는다.

2. 외부 디자인 전문가를 적극 활용하라

코트치카는 외부 디자인 전문가 위원회를 구성하고 적극적으로 활용했다. 세계 최고 수준의 디자이너들, 즉 아이디오의 CEO 팀 브라운, 로드아일랜드 디자인스쿨의 학장 존 마에다, 그리고 GAP의 마케팅 담당 부사장 아이비 로스 등으로 전문가 위원회를 구성했다. 또한 스탠포드 대학의 디자인연구소 책임자이자 아이디오 공동창업자인 데이비드 켈리, 일리노이공과 대학 디자인연구소의 패트릭 휘트니, 토론토의 로트먼 경영대학장 로저 마틴. 이렇게 세 명의 디자인대학 학장들에게도 적극적으로 도움을 요청했다. 이들은 사내 팀들이 벽에 부닥친 문제에 대해 조언을 하기도 하고 효율적인 해결방향을 솔직하고 객관적으로 제시했다고 한다.

3. 디자인 몰입교육을 실시하라

코트치카는 디자인 전문기업들과도 제휴했다. 2003년에는 직원 35명을 샌프란시스코에 위치한 디자인 전문회사 아이디오로 보냈다. 그곳에서 그들은 1박 2일에 걸쳐 디자인 몰입교육을 받았다. 코트치카는 이 교육이 직원들에게 명확하게 보여준 것이 있다고 말했다.

"무언가를 예쁘게 꾸미는 것이 디자인이 아니라는 것입니다. 우리 직원들은 처음으로 디자인적 사고가 어떤 것인지를 직접 체험했을 겁니다."

코트치카는 직접 보고 듣는 체험이 가장 중요하다고 믿는다. 최고 경영진에서 사원까지 디자인적 사고를 직접 체험한다면 바뀔 수 있다는 것이다.

4. 문제해결을 체험하게 하라

코트치카는 세 명의 디자인 대학장에게 모든 직원들이 직접 디자인을 체험할 수 있는 프로그램을 만들어 달라고 요청했다. 그렇게 만들어진 사내연수 프로그램이 '디자인 워크(Design Works)'다.

직원들은 팀별로 현장에 직접 찾아가서 관찰한다. 예를 들어 헤어 케어 팀은 미용실을 방문해서 제품의 소비행태를 관찰한다. 그리고 고객들을 회사로 초대해 고객의 경험담을 경청한다. 이를 근거로 가정에서도 같은 경험을 제공할 수 있는 제품에 대해 탐구한다. 팀원들은 시제품을 만들어 테스트하고 데이터를 축적해서 다음 제품개발에 활용했다. 결국 이러한 체험을 통해 프로젝트를 세밀하게 다듬어 실행 체계로 발전시켰다.

2005년 12월 디자인 대학장들의 주도로 시작한 이 프로그램은 2007년 여름부터는 P&G 직원들이 독립적으로 운영하기 시작했다. 이후 프로그램은 조직 깊숙이 뿌리내렸고 이제는 하루도 빠짐없이 P&G 어디에선가 디자인 워크가 진행되고 있다고 한다. 훈련된 프로그램 진행자만도 150명에 이를 정도다.

이 프로그램에는 디자이너만이 아닌 직원들과 관리자들도 참여한다. 고객들이 실생활에서 느끼는 체험을 눈으로 관찰하고 그들의 이야기를 경청한다. P&G는 이런 디자인 과정을 통해 다시 태어났다. 필립스가 10년에 걸쳐 해낸 일을 그들은 5년 만에 해냈다. 그 배경에는 CEO와 CDO의 아름다운 화합이 있었다. 이처럼 디자인으로 성공하는 기업에는 디자인을 책임지는 최고 디자인 책임자가 있다. P&G에는 클라우디아 코트치카가, 애플에는 조너선 아이브가 있었다. 기아자동차에는 피터 슈라이어가 있다.

비즈니스를 디자인하고 그로 인해 성공하고 싶은 CEO라면 질문하라.

'우리 회사의 디자인 결정권자는 누구인가?'

'우리 회사의 디자인 리더는 누구인가?'

'CEO에게 직접 보고하는 최고 디자인 책임자가 있는가?'

"문제점을 늦게 발견할수록 수정하는 비용은 점점 커진다."
–프레드 브룩스 주니어, 컴퓨터 과학자

CEO의 선견지명

2012년 3월 27일 유튜브에 놀라운 동영상이 올라왔다. 한 중년 남성이 자동차 문을 열고 운전석에 앉았다. 캘리포니아 주민인 스티브 마한. 시력의 95%를 상실한 법정 장애인이다. 그가 명령을 하자 차가 출발했다. 핸들에는 손도 대지 않고 명령만 했을 뿐이다. 자동차는 카메라와 레이더, 전자센서 같은 장비로 스스로 교통 상황을 파악하며 달렸다. 그는 드라이브인 식당에 들러 음식을 사고 세탁소로 가서 세탁물도 찾았다. 일반인의 생활과 별다를 게 없어 보였다. 운전을 마친 시각장애인 스티브 마한은 감동에 찬 목소리로 말했다.

"내 생애 최고다. 가고 싶은 곳, 가야 할 곳을 갈 수 있다는 것이 내 삶을 바꿀 것이다."

감동적인 이 영상은 구글이 만들었다. 구글은 2010년부터 컴퓨터로 작동하는 무인차 개발에 착수했다. 그 결과 다양한 역량을 보유하게 되었고 이 동영상으로 그 힘을 증명한 것이다. 구글 무인차는 이미 20만 마일 주행 시험을 성공리에 마쳤다고 한다. 상용화하기까지는 아직 부분적인 기술문제와 관련법안 문제가 있다. 하지만 질병과 장애, 고령 등으로 이동이 어려운 장애인들에게 새 희망을 주는 것은 분명하다.

왜 구글이 이런 기술을 개발했을까? 자동차와 전혀 관계 없는 기업인데 말이다. 당장 코앞의 것만 바라보면 자신들과 아무 상관없는 기술이다. 관련성 없는 기술개발은 돈을 낭비하는 것처럼 보일 수 있다. 그러나 구글은 과감하게 미래를 바라보고 투자하고 개척한다. 이를 통해 감동까지 선사하고 있다.

선견지명이란 그런 것이다. 누구보다 앞서서 새로운 시장을 바라보고 개척하는 것이다. 현재를 고수하고 안주하려고 하면 위험하다는 것을 간파하는 것이다. 새로운 기술에 대한 도전만이 새로운 시장을 만들어 낼 수 있다.

이 영상을 보면 감동을 느낀다. 자동차 기업들은 촉수를 세우고 분발해야 한다. 자동차 기술의 진보가 자동차 회사도 아닌 인터넷 검색엔진회사를 통해 이루어지고 있으니 말이다. 변화의 쓰나미는 언제 어디서 밀려들지 아무도 모른다. 한 때 영화를 누리다가 사라져 버린 기업들을 보라. 물론 자동차 기업은 아니었지만 코닥이나 폴라로이드가 그랬다. 두 회사 공히 독보적인 기술로 세상을 장악했던 기업이다. 그러나 이제는 역사의 뒤안길로 사라지고 말았다.

자동차 기업만이 아니라 어떤 기업도 마찬가지다. 빛의 속도로 변화하는 세상에서 그 변화를 감지하지 못하고 현실을 직시하지 못하면 도태되는 것이 세상의 이치다. 개인도 마찬가지다. 구글은 그런 세상에 양수겸장을 놓고 있다.

자기영역이라는 고정관념을 새로운 시각으로 과감히 깨면서 새 기술로 새 시장을 개척하고 사람들에게 감동까지 부여하고 있다. 그로 인해 구글이라는 브랜드를 차별화시키고 고객의 마음에 혁신적 기업으로 각인시킨다.

눈앞의 이익이냐, 미래의 이익이냐? 기업의 최고 책임자인 CEO는 이를 분별하는 눈을 가져야 한다. 앞서 가고, 선견지명하고, 통찰해야 한다. 우리 시대에 디자인이 해야 할 일은 더 만족스럽고 더 아름다운 대안들을 상상해내고 또 창조해내는 것이다. 이 사회를 좀 더 살기 좋은 세상으로 변하게 하는 것이다.

핵심을 통찰한 어느 CEO의 '촌스러운' 결심

2012년 봄, 라면시장의 새로운 주인공은 '나가사끼 짬뽕'과 '꼬꼬면'이었다. 두 라면이 20년 넘게 라면시장 부동의 1위를 지켜온 신라면의 아성을 위협했다. 실제로 농심의 라면시장 점유율은 하향곡선을 그리고 있다.

2012년 1월 발표된 AC닐슨 자료에 따르면, 2011년 농심의 라면시장 점유율은 65.7%다. 2011년 2분기만 해도 70.5%를 차지하며 압도적인 수준을 유지했지만 7~8월 전후로 삼양의 나가사끼 짬뽕, 한국야쿠르트의 꼬꼬면이 출시되면서 3분기에는 68% 선으로 떨어졌다고 한다. 게다가 2011년 농심은 신라면 블랙을 야심차게 내놓았다가 철수하고 말았다. 때문에 일부 언론은 '신춘호 회장의 굴욕'이라는 등 다양한 추측성 기사를 냈다. 시장점유율 5%가 떨어졌다고 언론이 나서서 북 치고, 장구를 쳤다.

기사를 보다가 신춘호 회장과의 일화가 떠올랐다. 필자는 그동안 다양한 CEO들을 만났다. 잊을 수 없는 감동을 주었던 CEO도 있었고, 인격을 느낄 수 있었던 CEO도 있었다. 회사경영에 일로매진하는 CEO들은 늘 감동적이었고 많은 것을 배울 수 있었다. 다시는 보고 싶지 않은 최악의 CEO도 있기는 했지만 말이다. 그중 가장 잊을 수 없는 CEO 한 분이 농심그룹 신춘호 회장이었다. 신춘호 회장은 말 그대로 크리에이터였다.

모든 직원이 반대했던 신라면을 개발해서 1등 브랜드로 키운 장본인. 그는 여든의 나이에도 몸소 새로운 아이디어를 끊임없이 생각한다. 들리는 이야기에 따르면 신춘호 회장 집 정원 벽에는 소변기가 하나 달려있다고 한다. 밤늦게 새로운 아이디어를 떠 올리기 위해 정원을 산책하다가 급하면 그 소변기에서 일을 치르는 용도라고 한다. 화장실 가는 시간도 아까워서 설치했다는 것이다. 아이디어에 대한 그의 열정을 느낄 수 있는 대목이다.

필자가 결재를 받으러 갔다가 신춘호 회장께 직접 들은 이야기 한토막. 라면 공장을 방문한 신춘호 회장은 아이디어가 하나 떠올랐단다. 라면생산 라인 속도를 두 배로 올리면 생산성이 두 배로 올라갈 것이라는 생각이었다. 바로 실행해 보았다. 그러나 문제가 있었다. 생산라인 속도를 빠르게 했더니 라면 위에 올리는 수프가 가벼워서 자꾸 떨어졌단다. 평소 속도대로 하면 라면 위에 올린 수프는 떨어지지 않았다. 그러나 속도를 높이면 그 속도를 못이긴 수프가 포장하기도 전에 떨어지는 게 문제였다. 수프가 떨어지지 않아야 포장라인으로 들어가 포장 출하되는 것인데 말이다.

며칠 고민 끝에 신춘호 회장은 아주 간단한 아이디어 하나로 문제를 해결했다고 한다. 기계를 새로 도입한 것도 아니었다. 과연 어떻게 문제를 해결했을까? 라면을 놓고 그 위에 수프를 얹는 공정을 바꾼 것이다. 가벼운 수프를 먼저 놓고 그 위에 무게가 나가는 라면을 얹어 놓으니까 라인의 속도가 빨라져도 라면에 눌린 수프가 떨어지지 않아서 목표를 달성할 수 있었다는 것이다.

남 아픈 데는 와 찌르노?

한번은 이런 일이 있었다. 카프리썬 광고 안을 제작했을 때다. 카프리썬은 어린이 건강음료로 천연 과즙이 10% 함유된 무색소 무향료 천연음료였다. 타깃이 명확하고 콘셉트도 확실했다.

당시 시장에서 히트치고 있던 어린이 음료는 해태음료의 깜찍이 소다였다. 깜찍이 소다는 달팽이 캐릭터를 이용한 광고가 공전의 히트를 치면서 어린이 음료 시장이라는 새로운 카테고리를 만들어 낸 제품이다. 하지만 시장조사 결과 화려한 색소와 인공 향 때문에 아이들은 좋아하는 반면 엄마들은 사주기를 꺼린다는 것이다. '그래 이거다' 생각했다.

기획팀과 제작팀은 의기투합했다. 광고 콘셉트가 명확했다. 카프리썬의 장점과 경쟁사 색소음료의 단점을 명확히 보여주는 비교 광고 시안을 제작했다. 비교 광고가 어떤 것인가? 경쟁시장에서 후발 브랜드가 선발 브랜드에 비해 확실한 비교 우위가 있을 때 적극 활용하는 공격적인 마케팅 전략이다. 그만큼 경쟁사 대비 품질 우위가 없다면 꿈도 꿀 수 없는 전략이다. 그 광고시안을 본 실무자들의 반응도 나쁘지 않았다.

그 반응에 힘을 얻은 필자는 자신만만하게 신춘호 회장에게 광고시안을 설명했다. 조금 듣는가 싶더니 신춘호 회장이 입을 열었다. "그란데 남 아픈 데는 와 찌르노? 우리 꺼 좋다는 말만 하모 되지, 안 카나?" 화난 표정도 아니었고 이상하리만큼 담담한 말씀이었다. 하지만 그 말은 비수가 되어 꽂혔다. 광고쟁이 15년차에 클라이언트에게 처음 들어본 말이었다.

그랬다. 비교 광고는 마케터들이 생각하는 전가의 보도다. 확실한 비교우위가 있을 때는 물불을 가리지 말고 처절하리만큼 비교하라는 마케팅 전략이었다. 그런 공격적인 전략을 신춘호 회장은 "남 아픈 데는 와 찌르노?" 이 한마디로 단칼에 내쳤다. 마케터들은 시장에서 죽느냐 사느냐 하는 마당에 웬 한가한 소리냐고 반문할지도 모르겠다. 하지만 필자는 이 한마디로 신춘호 회장의 정체성을 감히 들여다본다.

라면시장에 후발 브랜드로 뛰어들어 정도를 걸어온 사람. 한때 아무리 애써도 삼양라면을 이기지 못해서 그만 회사를 포기하고 삼양라면에 회사를 넘기려고도 했다는 이야기도 들은 기억이 있다. 그러나 수많은 역경과 어려움을 헤치고 농심을 라면 1등 회사로 키워냈다. 오백원짜리 라면과 스낵을 팔아서 매출 2조를 눈앞에 두고 있는 회사가 농심이다. 이 모든 것은 어떤 상황에서도 "남 아픈 데는 와 찌르노?"하고 올바른 길을 걸어온 그 정신과 정체성 때문이 아닌가 싶다.

콩 심은 데 콩 나고…

농심은 '롯데공업주식회사'로 시작했다. 그 시절에는 라면 이름도 '롯데라면'이었다. 롯데에서 '농심'으로 개명한 것은 1975년이다. 회사명을 개명한 뒷이야기가 당시 농심의 선전실장이었던 김태진의 ≪크리에이터여 유황성냥을 켜라≫에 나와 있어 소개해 본다.

2주간 새마을 교육을 마치고 회사로 돌아온 사장님(신춘호 회장)이 나를 불렀다. 내가 맞은편 소파에 앉았으나 돌아보지도 않고 여전히 글쓰기를 반복하는데 한자로 농심(農心)이라는 글자였다.

"니 이게 뭔지 아나?"

"농심이란 글자 아닙니까?"

"아니, 뜻을 말해보란 말이다. 농심이 뭐꼬."

"글쎄요…."

사장님이 엉뚱한 질문을 많이 하고, 나 또한 거기에 익숙해졌는데도 이 뜻밖의 질문에는 금방 답이 나오지를 않는다.

"모르겠나"

"……"

"콩 심은 데 콩 나고 팥 심은 데 팥 나는 기다."

"네?"

"몬 알아 묵겄나? 콩 심은 데서 콩 나고 팥 심은 데서 팥이 나는 게 농심이란 말이다."

나는 그때 농심이라는 단어를 처음 접하는 것이어서 다소 생소하기는 했지만 사장님의 해석을 듣고 보니 무슨 말인지 금방 알아들을 수 있었다.

"콩 심은 데서 콩이 나고 팥 심은 데서 팥이 나는 것은 세상 만고의 진리 아닙니까."

"그래. 그게 바로 농심이라는 기다."

미래가 암담한 이름, 농심

그 당시는 롯데라면이 삼양라면에 한참 열세였고 1위로 역전시키기 위해 사내 모든 부서가 전력투구할 때였다고 한다. 선전실장 김태진의 이야기를 좀 더 인용한다.

> 우리는 네임부터 종전의 '롯데라면'에서 획기적인 이미지 전환을 시도해야 했다. 그래서 후보군으로 '모던라면' '뉴라면' '헬스면' '힘라면' 등 새로운 이미지의 서구풍 브랜드를 만들어 나름 소비자 호감도 조사까지 마치고, 사장님이 새마을연수를 마치고 돌아오는 대로 최종 결재를 받을 참이었다. 그런데 이 중요한 프로젝트에 제품명을 '농심'으로 하자는 사장님의 엉뚱한 말에 나는 벌어진 입을 다물 수가 없었다.
>
> "와 어떻노?"
>
> "사장님 우리가 라면 역사를 다시 쓰겠다고 의욕을 불태우며 개발한 제품명에 '농심'이라는 이름표를 붙이기는 좀 진부하지 않을까 하는 생각이 드네요. 촌스럽기도 하고 어감이나 느낌도 그렇고…."
>
> "무신 소리, 뜻이 좋지 않나, 뜻이…. 박 대통령이나 김준 회장의 철학이 이 한마디에 압축된 것인데 촌스럽고 느낌이 문제가. 긴 말 필요 없데이. 당장 이 걸로 해라."
>
> 나는 눈앞이 캄캄했다. 제품명까지는 모르겠으나 회사명까지 농심으로 바꾸겠다니 너무나 어이가 없고 암담하기만 했다.

선전실장은 한 기업의 브레인이다. 누구보다 마케팅 전략에 통달해야 하는 자리다. 그런 인물이 회사의 미래가 암담하다고 느낄 정도로 무모한 이름이 '농심'이었다. 상대적으로 신춘호 회장은 본질, 즉 정체성을 꿰뚫어 보는 통찰력 있는 CEO였다. 그는 기존의 롯데라면으로는 절대로 삼양라면을 이길 수 없다는 사실을 통찰했다. 회사명이 촌스럽다고 반대하는 김태진의 말에 그는 이렇게 응답했다.

> "복고가 와 선진화의 걸림돌이 된다 말이가? 그건 니가 모르는 소리데이. 선진화를 추구할수록 우리의 정통성을 지키는 것이 오히려 성공의 비결이라는 것을 니는 모르고 있었나?…
> 내가 한 가지만 더 말해줄까? 우리는 어차피 라면회사다. 라면회사가 라면으로 성공하려면 우선 대표 브랜드가 성공해야 한단 말이다. 그런 의미에서 롯데라는 이름으로는 세상이 두 쪽이 나도 삼양을 이길 수 없는 기라. 롯데는 껌이나 초콜릿 같은 제과로는 1등이 될 수 있어도 라면으로는 영원한 2등이다. 이걸 깨려면 회사명 '농심'으로 '농심라면'에 힘을 실어줘야 가능하단 말이다. 이 길이 아니고는 삼양식품의 삼양라면을 깰 수가 없는 기라. 알아 묵겄나."

결국 롯데와 롯데라면은 진부하고 촌스러운(?) 이름 농심과 농심라면으로 재탄생했다. 김태진을 비롯한 많은 직원들의 반대에도 불구하고. 하지만 그게 정답이었다. 이후 그는 의지대로 공전의 히트상품 농심라면을 탄생시켰다.

"형님 먼저 드세요. 농심라면, 아우 먼저 들 게나 농심라면 ♪
형님 먼저, 아우 먼저, 그럼 제가 먼저~"

필자는 이 광고를 대한민국 광고 역사에 길이 남을 명광고로 평한다. 롯데라는 세련된 이름을 과감하게 버리고 '농심'으로 승부한 것은 아무나 할 수 있는 일이 아니다. 당신이 CEO라면 그런 선택이 쉬웠겠는가? 농심은 결국 영원히 이길 수 없을 것 같았던 삼양라면을 제쳤다. 농심라면과 신라면의 연속히트로 라면시장 선두로 등극하여 오늘에 이른 것이다. 그 배경에는 신춘호라는 통찰력 있는 리더가 있었기에 가능한 일이었다.

잠재된 욕망을 꿰뚫어라

잘나가던 회사에 위기가 닥쳤다. 기존제품 보급률이 95% 이상이어서 더 이상 신규매출이 일어나지 않았다. 이런 상황이 일 년 이상 지속되면 회사 문을 닫아야 한다. 비상대책위원회를 구성하고 밤을 새워 회의하고 연구한 결론은 신제품을 개발해야 한다는 것이다.

이번에는 신제품 개발팀이 몇 달간 철야를 해가며 회심의 신제품을 만들어 냈다. 탈출구가 보인다는 기쁨에 모든 직원들은 희망에 부풀었다. CEO는 대대적인 소비자조사를 실시하도록 했다. 그러나 엄청난 비용을 들여가며 실시한 소비자조사 결과는 암담했다. 소비자들이 신제품에 대한 필요성을 전혀 느끼지 못하고 관심이 없는 것으로 나타났다.

당신이 이 회사의 CEO라면 어떻게 대처했을까? 조사결과만 놓고 보면 희망이 없었다. 과연 탈출구는 무엇이며 CEO의 선택은 어떤 것이었을까? 실제상황을 재구성해 보면 그 전말은 다음과 같다.

1990년대 후반, 전자동세탁기 시장보급률이 95%를 기록했다. 한마디로 포화상태였다. 세탁기는 잔고장이 없어서 구매하면 적어도 10년 이상 사용하는 제품이다. 그러다 보니 신규매출이 일어나지 않았고 소비심리가 위축되는 악재까지 만났다. 회사에서도 세탁기 팀은 문을 닫을 위기였다.

엘지전자 세탁기 팀은 타개책으로 기존 세탁기가 아닌 다른 유형의 세탁기 시장을 개척하자는 결론을 내렸다. 돌파구는 유럽형 드럼세탁기였다. 담당 팀은 치밀한 계획을 세웠다. 제품개발 팀에 신제품 개발을 의뢰하는 한편 대대적인 소비자조사도 병행했다. 의욕적으로 실시했지만 소비자조사 결과는 암울했다. 고객들은 기존 제품에 불만이 없었고 신제품에 대한 필요성도 느끼지 못했다. 만들면 망한다는 게 조사의 결론이었고 개발팀은 기대가 컸던 만큼 좌절감도 컸다. 위기의식은 고조되었고 팀원들의 한숨은 깊어갔다. 그러나 당시 CEO는 조사에서 드러나지 않은 소비자 심리를 꿰뚫었다. 조사대로라면 드럼세탁기 사업은 포기하는 게 옳다. 하지만 여심은 그렇지 않았다. 드럼세탁기에 대한 환상이 있었다.

할리우드 영화를 보면 이런 장면이 연출되지 않던가. 늘씬한 팔등신의 미녀가 빨래바구니를 옆에 들고 우아한 모습으로 집에서 나온다. 햇살이 부서지는 거리를 지나서 동네 코인세탁소에 들어가는 그녀. 나란히 늘어서 있는 드럼세탁기 안으로 빨래를 밀어 넣고 엉덩이로 문을 탕 닫는다. 그리고 코인을 집어넣자마자 세탁기가 돌아간다. 그동안 그녀는 한 쪽 롱다리를 다른 쪽 다리에 꼬고 의자에 앉아 화려한 화보 잡지를 펼친다. 감미로운 음악이 따라 흐른다.

이런 장면을 보면 여자들은 누구나 자신이 그 주인공이 되는 상상을 한다.

나도 저렇게 살고 싶다는 환상. 그런 그림을 그려볼 때 CEO는 충분히 승산이 있다고 확신했다. 사업을 접는 대신 오히려 의욕적으로 추진했다. 실패하면 모든 것을 자신이 책임질 각오로 박차를 가했다. 네이밍도 심플했다. 그렇게 탄생한 엘지 트롬세탁기는 드럼세탁기의 대명사가 되었다. 국내시장은 물론 세계시장에서 사랑받는 제품으로 자리 잡았다. 다양한 기록도 속출했다. 미국시장 1위, 세계 최대 용량 개발 등 지구촌 세탁문화를 스팀드럼 방식으로 바꾸어 놓았다.

이러한 성공의 배경에는 여심을 통찰해낸 CEO가 있었다. 시장조사가 성공하기 위해서는 이렇게 액면에 개의치 않고 그 이면을 간파할 수 있어야 한다. 성공하는 CEO와 디자이너는 시장조사나 고객의 말에 휘둘리지 않는다. 그들은 늘 숨겨져 있는 고객의 깊은 마음을 한 번 더 헤아려 본다. 그를 통해 어떤 어려운 문제도 해결해낸다. 이것이 디자인적 사고다.

최선의 혁신도 실패하는 경우가 부지기수다. 실패의 근본 원인은 인간에 대한 이해가 부족하기 때문이다. 실패를 줄이고 문제를 해결하기 위해서는 인간의 마음을 꿰뚫어야 한다. 시장조사로 알아내는 것은 한계가 있다는 것을 직시해야 한다. 디자인으로 리딩하고 싶다면 고객의 욕망을 파헤쳐야 한다.

혁신은 보는 것에서 시작한다. 주의 깊게 관찰하면 온갖 통찰을 얻을 수 있다.

> 지식을 얻으려면 공부를 해야 하고, 지혜를 얻으려면 관찰을 해야 한다.
>
> –마릴린 보스 사번트

클라이언트의 마음을 사로잡는 법

광고회사에 두 명의 기획팀장이 있었다. 두 사람은 학력에 실력에 외모까지 모든 면에서 큰 차이가 없었다. 맡은 일을 끝까지 책임지는 근성도 비슷했다. 광고주를 위해서라면 불철주야 뛰는 것까지 닮았을 정도였다. 사실 키 차이가 좀 나기는 했다. 그런데 몇 년 후 한 사람은 회사를 그만두었고 다른 한 사람은 CEO의 자리에 올랐다(키 큰 팀장이 CEO가 되었지만 절대 키 때문은 아니다). 왜 이런 차이가 벌어졌을까?

광고회사 기획팀의 주요업무는 말 그대로 기획업무다. 클라이언트의 요청에 따라 광고안을 기획해서 제작팀에게 시안을 요청한다. 제작팀은 기획안에 따라 광고시안을 만들어서 데드라인에 맞춰 기획팀에게 준다. 그러면 기획팀은 그 광고시안을 클라이언트에게 보여주고 결재를 받아온다. 한 번에 결재가 나면 다행이지만 때때로 재 시안이 생기기도 한다.

바로 이때 키 큰 기획팀장과 키 작은 기획팀장의 대처 스타일이 완전히 달랐다. 두 팀장이 재 시안이 걸렸다고 제작팀에게 통보하고 회의를 소집하는 것은 다르지 않았다. 결정적으로 다른 것은 그들의 말과 행동이었다. 키 작은 기획 팀장은 이렇게 말한다.

"에이, 시안이 내가 요청한 콘셉트랑 다르잖아. 그러니까 나가리 됐지. 재 시안 걸렸어. 클라이언트가 내일 아침까지 해달래."

그것도 오후 3시나 4시에 회의를 하면서 내일 아침까지 해달란다. 담당 디자이너와 카피라이터는 욕이 터져나오는 것을 가까스로 참는다. 며칠을 고민하고 날밤을 새가며 만든 광고안도 퇴짜를 맞았는데 무슨 수로 새 광고안을 내일 아침까지 만들란 말인가.

화가 난 디자이너가 대꾸한다. "아니, 우리가 무슨 아이디어 자판기야? '내일 아침까지' 내놓으라고 통보하면 아이디어가 마구 나오나?" 옆에 있던 카피라이터도 한마디 거든다. "일주일 이상 고민한 안이 거부당했는데, 그걸 내일까지 다시 하라고?"

그러면 그 기획팀장이 말한다. "나보고 어쩌라고. 꼬우면 클라이언트가 되시던지. 그러길래 처음부터 잘하지 않고."

칼자루를 쥔 갑의 엄명이라니 눈물을 머금은 디자이너와 카피라이터, 다시 철야작업 모드로 돌입한다. 있는 아이디어, 없는 아이디어 마른 수건 쥐어짜듯 짜낸다. 밤을 꼬박 새워서 안을 만들어 준다. 그런데 그게 한두 번이 아니라 자주 있는 일이 되었다.

키 큰 기획팀장은 달랐다. 똑같이 재 시안이 걸린 상황에서 이렇게 말한다. "에이, 더러워서 못 해먹겠네. 회사를 때려치우든지 해야지, 열 받아서 살겠나?" 이게 무슨 말인가? 디자이너와 카피라이터는 그의 눈치만 살핀다. 왠지 불안하다. 그때 그가 말한다.

"수준 낮은 클라이언트를 잘라버릴 수도 없고. 이렇게 멋진 안을 만들어줘도 이해를 못하네!"

결국 며칠 고생해서 만든 광고안이 거부당했다는 말이다. 그런데 그 소식을 듣는 디자이너와 카피라이터는 왠지 기분이 나쁘지 않다. 광고시안은 좋은데 클라이언트의 수준이 떨어져서 그렇다니까. 안이 통과되지 않은 책임을 절묘하게 클라이언트에게 떠넘기는 것이다. 그러면서 새로운 광고 안을 내일까지 만들어달라는 무리한 부탁은 절대 하지 않는다. 가능하면 클라이언트를 설득해서 적어도 2~3일 시간을 벌어 온다.

똑같은 상황에서 두 사람의 행동은 판이하게 달랐다. 한 팀장은 안이 거부된 책임을 제작팀으로 돌렸고, 한 팀장은 그 책임을 클라이언트에게 돌렸다. 게다가 은근히 제작팀 칭찬까지 해준다. 같이 일하는 사람 입장에서 누구하고 일하고 싶을까? 자기를 인정해 주고 배려해 주는 사람, 일할 기분이 나게 하는 사람과 일하고 싶은 것은 인지상정이다.

광고회사는 광고물의 질로 먹고 사는 회사다. 클라이언트 역시 광고물이 좋아야 매출이 오르고 회사가 산다. 그런데 생각해보자. 클라이언트에게 거부된

LOVE
TOGETHER
삶은 인간관계이다.
행복은 결국 사랑이다.
행복을 디자인하라.

최초 시안 제작에 걸린 시간이 1주일에서 2주일이다. 그런데 그 안을 거부하고 재 시안을 해달라며 하루도 되지 않는 시간을 준다. 하루 밤새 급조된 광고와 디자인이 처음의 것보다 나을까? 광고나 디자인도 숙성시간이 필요하다. 아이디어를 숙성시킬 시간도 없이 급조된 광고나 디자인이 더 좋기를 바란다면 도둑놈 심보가 아닌가 말이다.

한 팀장은 신뢰를 얻었고, 한 팀장은 신뢰를 잃어버렸다. 왜 그랬을까?

보통 클라이언트의 명이라면 충성을 다해야 한다고 생각한다. 무슨 수를 써서라도 해내야 한다는 강박관념이 있다. 그래서 키 작은 팀장은 번갯불에 콩 구워 먹듯 제작팀을 볶아댔다. 클라이언트의 명령이라면 팥으로 메주를 쑤는 시늉도 했다. 그런 행동이 결국 자신을 깎아내리고 있다는 것을 몰랐다. 결과적으로 파트너인 제작팀은 물론 회사도 어려워지고 클라이언트에게도 악영향을 미쳤다.

반면 키 큰 팀장은 말로라도 제작팀을 배려하고 사기까지 올려주었다. 게다가 나름 일정도 확보해주었다. 물론 제작 일정을 두고 클라이언트와 갈등을 겪기는 한다. 누구는 하루 만에 뚝딱뚝딱 재 시안을 만들어오는데, 키 큰 팀장은 그게 안 됐으니까 말이다. 하지만 키 큰 팀장은 클라이언트를 설득해서 단 하루라도 일정을 더 확보하는 길을 택했다.

어떻게 보면 미련해 보이기도 했다. 일시적으로 키 큰 팀장이 키 작은 팀장에게 밀리는 것처럼 보였다. 클라이언트 입장에서도 자기들 말을 잘 들어주는 사람이 예뻐 보이기에 처음에는 키 작은 팀장을 많이 찾았다. 그러나 그 시간은 그리 길지 않았다. 일 년, 이 년 시간이 지나면서 두 팀장의 차이가 서서히 드러났다. 더 좋은 광고와 디자인이 키 큰 팀장과 일하는 쪽에서 나왔다. 그와 일하는 디자이너와 카피라이터들이 신이 났으니 말이다.

결과적으로 제작팀이 살고, 기획팀이 살고, 회사가 살고, 클라이언트도 살았다. 업무의 선순환이 이루어졌고 그 중심에 그가 있었다. 결국 키 작은 팀장은 회사에서 퇴출되었다. 키 큰 팀장은 동료들에게 믿음을 얻었고, 회사는 물론이고 클라이언트의 믿음도 얻었다. 그는 지금 그를 믿는 동료들과 회사를 차려서 CEO가 되었다. 그러나 키 작은 팀장의 소식은 알 길이 없다.

이 사례는 무엇을 말하는가? 두 팀장 모두 열심히 일했다. 하지만 한 사람만이 일의 본질을 알았다. 열심히 하는 것을 넘어 잘 하는 경지로 갔다. 다른 한 사람은 열심히는 했지만 결과적으로 잘 하지 못했다. 대부분의 사람은 열심히 일한다. 열심히 일한다는 것은 중요한 덕목이다. 그러나 열심히 일하는 것만으로는 부족하다. 중요한 것은 어떤 일에서건 일의 본질을 통찰하고 잘하는 것이다. 그것이 디자인적 사고다.

평가를 죽여야 평가가 산다

오늘도 CEO는 평가를 한다. 팀도 평가하고, 실적도 평가하고, 상품도 평가한다. CEO의 가장 중요한 업무 중 하나가 평가일 것이다.

복잡한 기업경영 환경 속에서 조직의 경쟁력 확보와 생존보장을 위해 냉철하고도 치밀한 평가만큼 중요한 것이 또 있을까? CEO는 평가에 죽고 평가에 산다고 해도 과언이 아니다. CEO뿐만이 아니다. 학생이나 선생님은 물론 학교도 평가에서 자유롭지 못하다. 학생은 성적평가, 선생님은 강의평가, 학교는 순위평가. 이렇게 우리는 평가를 하기도 하고 당하기도 하면서 살아간다. 삶 자체가 평가의 연속이다.

획일화된 평가는 이제 가라

그런데 과연 그 많은 평가들에 문제는 없었을까? 평가의 잣대는 항상 공정했을까? 하버드 대학의 문영미 교수는 《디퍼런트》에서 평가제도의 치명적인 부작용을 날카롭게 지적한다. 평가 자체는 경쟁력 확보에 일정 부분 공헌을 하지만 평가시스템이 구체화할수록 개척자들의 입지가 줄어든다고 한다. 그녀는 "평가 좋아하다 본전도 못 찾는다."며 구체적인 사례로 '평가의 역설'을 주장한다.

1980~90년대, 미국의 대형 병원들은 획기적인 시도를 한다. 병원의 발전과 투명성을 높이기 위해 역사상 처음으로 환자사망률 공개를 합의했다. 환자사망률은 특정 병원의 실력을 나타내는 객관적이고 중요한 자료다. 과연 사망률 공개가 병원의 경쟁력을 향상시켰을까? 효과는 정반대였다. 이 평가제도가 도입되자 모든 병원들이 사망률을 낮추는 데 집중했다. 그 바람에 위급한 중환자들은 가능한 받지 않으려 했고 중환자들은 갈 곳을 잃었다. 또 실험적인 임상치료나 난치병 진료가 중단됐다. 새로운 시도를 포기하고 안정적인 진료만을 추구한 것이다. 결국 병원들은 점차 차별성이 없는 비슷비슷한 모습으로 변해버렸다. 대학평가도 비슷하다. 실제로 많은 대학들이 평가 항목에 빠져 있는 부분은 관심을 기울이지 않는다. 결과적으로 평가 시도가 대학들을 비슷비슷한 모습으로 몰아간다. 현재 우리나라 대학들은 차별화 경쟁이 아니라 평준화 경쟁을 하고 있다.

문영미 교수는 "무언가를 평가하려는 시도는 결국 그 속의 다양한 구성 요소들을 비슷비슷한 존재로 만들어버린다." 고 주장한다.

여기에 핵심이 있다. 치열한 경쟁에서 승리하기 위한 평가제도가 오히려 차별화의 발목을 잡고 조직의 미래를 어둡게 만든다는 사실이다. 물론 반론도 있을 것이다. 평가의 긍정적인 면도 있는데 왜 부정적인 면만 거론하는가? 긍정적인 면도 분명히 있다. 육상 종목을 보자. 우사인 볼트는 단거리 전문이다. 100미터 달리기에서는 세계 최고다.

이런 단거리 선수들의 기량을 향상시키려면 어떻게 해야 하는가? 간단하다. 기록을 재면 된다. 분초를 재고 일등을 가려낼수록 빨리 달리기 능력이 향상된다. 하지만 그 뿐이다. 볼트는 단거리 전문이지 장거리 선수는 아니다. 제 아무리 우사인 볼트라도 황영조나 이봉주가 될 수는 없다. 100미터 선수와 마라톤 선수의 평가지표는 달라야 한다. 그럼에도 불구하고 현실의 평가지표들은 미래의 황영조나 이봉주가 되려는 선수들에게 볼트에게나 적용해야 하는 평가를 하면서 볼트처럼 뛰라고 강요한다. 이것이 평가의 한계다. 화가들을 생각해 보자. 피카소, 앤디 워홀, 고흐, 세잔. 이 중 최고의 화가는 누구인가? 어떻게 평가하면 최고의 화가를 뽑을 수 있을까? 과연 그런 잣대가 있기는 한가?

피카소는 피카소처럼 그렸으니까 피카소다. 만약 피카소가 워홀처럼 그렸다거나 고흐처럼 또는 세잔처럼 그렸다면 피카소는 이미 피카소가 아니다. 고흐도 마찬가지다. 고흐가 워홀처럼 그렸거나 또 다른 화가처럼 그렸다면 이미 고흐가 아니다.

그림을 배우고 있는 모든 미래의 디자이너나 화가도 마찬가지다. 피카소처럼 되고 싶다고 피카소 흉내만 내서는 결코 피카소가 될 수 없다. 피카소와 다른 그림을 그려야 피카소를 뛰어 넘는 화가가 될 수 있다. 미래는 상식적 평가를 깨는 화가가 창조하는 것이다. 디자인도 그렇다. 위대한 디자인은 모방의 영역에 머무르면 안 된다. 모방을 뛰어 넘어 새로운 가치를 창출해야 한다. 새로운 가치는 차별화에 있다.

완벽한 평가 잣대는 있을 수 없다. 보편적인 평가만이 있을 뿐이다. 어떻게 사람이 만든 평가가 완벽할 수 있겠는가? 그게 사람의 한계다. 완벽하고 싶지만 완벽할 수 없는 존재. 진실이란 우리가 믿고 싶어 하는 그 무엇일지도 모른다는 말처럼, 세상의 모든 평가란 우리가 믿고 싶어 하는 지표만을 보여주는 것이 아닐까?

아직도 평가에 목을 매고 있는가? 평가를 살리기 위해서는 평가를 죽여라. 아이러니하지만 그래야 평가가 산다.

잘하는 것으로 승부하라

평가를 죽여야 평가가 산다고 아무리 강조해도 평가를 포기 못하는 CEO들이 있다. 그들은 주장한다. 객관적 평가지표가 없다면 조직을 어떻게 관리하고 인센티브는 무슨 기준으로 지급하는가? 맞는 말이다. 당장 평가가 없어진다면 우리 사회 시스템은 붕괴될지 모른다. 대입시험, 입사시험, 그리고 수많은 시험들의 평가는 어떻게 하나 말이다.

필자는 평가를 없애야 한다고 말하는 게 아니다. 보다 객관적이고 합리적인 평가시스템이 도입돼야 한다고 주장하는 것이다. 조직이 무엇을 추구하는지 명확한 인식이 없는 평가시스템은 조직원의 사기를 저하시키고 일할 의욕을 떨어뜨린다.

예를 들어 보자. 필자의 한 사람은 엘지그룹의 광고회사 엘지애드에 근무했다. 지금도 그런지는 모르지만 당시 그룹 내 영어평가가 있었다. 그 평가에서 엘지애드가 꼴찌라는 평가가 나왔다. 그러자 영어 평균점수를 까먹는 장본인이 디자이너라는 화살이 날아왔다. 그 이야기를 듣고 화가 난 선배 디자이너가 일침을 놓았다.

"디자이너들이 영어 평균점수를 까먹어서 엘지애드가 꼴찌라면, 그룹 전체로 데생시험을 한 번 봅시다. 그러면 엘지애드가 일등할 거 아닙니까?"

필자는 그 말을 듣고 속이 시원했다. 박수까지 쳤다. 틀린 말이 아니잖은가. 디자인은 영어로 하는 것이 아니다(영어 능력이 중요하지 않다는 말이 절대 아니다). 영어 평균점수를 올리려면 영어 능력이 뛰어난 인재를 뽑으면 된다. 디자이너들에게 자꾸 엉뚱한 잣대를 들이대고 별개의 능력을 요구하는 것은 장기적으로 조직에도 손해다. 디자이너가 창의적인 능력을 키우는데 매진하는 것이 득이 될까? 영어능력 키우는데 매진하는 것이 득이 될까?

많은 디자이너를 거느리고 있는 조직들과 CEO는 질문해야 한다. 왜 디자이너를 뽑았는가, 디자이너들에게 어떤 능력을 원하는가, 회사가 디자이너에게 진정으로 원하는 것은 무엇인가? 디자인과 디자이너들을 평가하기 위해서는 그 어떤 능력보다 창의력을 평가해야 한다. 새로운 디자인을 만들어내는 능력이 살아날 때 회사가 살아난다.

> "경쟁사를 평가하고, 설문조사를 하고 고객이 원하는 것을 파악하고…. 이렇게 남들처럼 파도치는 대로 움직이면 당신은 살아남을 수 없다. 당신이 진정으로 원하는 것은 무엇인가? 이 세상에 당신이 던지고 싶은 메시지는 무엇인가? 당신의 회사가 세상을 풍요롭게 하는데 어떻게 기여하고 있는가? 이런 생각을 굳게 해야 당신이 하는 일에 독창성이 나타날 수 있다.
>
> –예스퍼 쿤데, 덴마크 마케터

세상을 살리는 디자인

세계가 지속가능하기 위해서는 올바른 선택을 해야 한다. 빅터 파파넥은 저서 《인간과 디자인 교감》을 통해서 이렇게 말한다.

"나는 30여 년 전부터 나의 모든 재능과 노력, 시간의 10분의 1을 할애해서 장애인, 소외된 사람, 저개발 국가 국민들을 위해 썼습니다. 마치 중세 농부가 추수한 곡식의 10%를 바치는 것처럼 말입니다. 내가 이러한 원칙을 고수하는 이유는 매우 간단합니다. 바로 나 자신이 사회로부터 교육과 의료, 여행, 통신 등 엄청난 혜택을 받으면서 살아왔고, 이제는 부족하나마 사회적 환원이 필요하다는 인식이 들었기 때문입니다. 디자이너뿐만 아니라 우리 모두에게는 사회에 되갚아야 할 빚이 조금씩이라도 있다고 봅니다. 어차피 개인이란 사회 속에서 존재하니까요. 저는 적어도 디자인 교육에서만큼은 이러한 사회적 책임감이 강조되어야만 한다고 봅니다. 그래야만 그들이 졸업한 후에도 사회적 책임의 고리가 연결될 수 있기 때문입니다."

이러한 생각은 그의 디자인을 통해 구현됐다. 파파넥의 대표작 〈깡통 라디오〉는 빅터 파파넥이 인도네시아 발리의 원주민들과 함께 만든 것이다. 당시 발리에는 큰 화산이 폭발해 많은 주민들이 다치고 살 곳을 잃었다. 유네스코 개발도상국 지원 프로그램의 일환으로 발리에 간 파파넥은 그들에게 필요한 것이 무얼까 곰곰이 생각해 보았다. 그때 떠오른 아이디어가 바로 이 라디오였다. 집집마다 라디오가 있었다면 피해가 이렇게 크지 않았을 것이다. 가난한 원주민들에게 라디오는 살 엄두가 나지 않는 비싼 물건이었다. 그래서 파파넥은 단 9센트짜리, 지금 돈으로 100원짜리 라디오를 만들기로 마음먹었다. 재료는 관광객들이 버린 깡통이었고, 땅콩기름 같은 것을 동력으로 사용했다. 다 만들고 보니 녹슨 깡통과 전선이 눈에 거슬렸다. 그래서 파파넥은 발리 원주민들에게 껍데기, 말하자면 '패키지 디자인'을 맡겼다. 이 깡통 라디오 덕에 파파넥은 유네스코 개발도상국 디자인 기여 부문 특별상을 받았다.

그의 생각과 행동은 가끔 주류 디자인계의 공격거리가 되고는 했다. "디자이너로서 후진국에 더 수준 높은 조형을 가르쳐야 하는 것 아니냐!"고 말이다.

그러나 파파넥의 생각은 달랐다. 대도시 사람이나 서구인에게 가치 있는 아름다움이 시골 사람이나 제3세계 사람들에게도 통하는 절대적 기준은 아니라는 것이다. 선진화된 문명에서 자본의 논리로 밀려들어오는 물건이나 디자인들이 제3세계의 문화 고유의 아름다움을 혼란에 빠뜨리고 잠식해 버릴 수도 있다. 그것은 또 다른 형태의 폭력이다.

발리 원주민들은 이 라디오 개발에 직접 참여하면서 무척 즐거워했다고 한다. 그들은 세상에 단 하나뿐인 자기들만의 라디오를 가지게 된 것이다. 그렇게 손맛이 밴 물건은 공장에서 대량생산한 물건들처럼 쉽게 버려지지 않는다. 파파넥은 '버려지지 않는' 것에 대해 늘 생각했다고 한다.

디자인은 변화다

빅터 파파넥은 평생 세계를 돌아다니며 디자인했다. 가난한 사람, 장애인과 어린이, 여성과 문맹자 등 소외된 사람들을 위한 디자인을 했다. 자신의 재능을 대기업에 팔기보다는 지역 중소기업들에게 주었다. 대형자본에 지역경제가 파괴되지 않도록 지역 주민들과 경제적 공생을 제안했다.

그가 디자인한 것은 아름다운 겉모양이라는 '결과'가 아니었다. 더 가치 있고, 더 배려하는, 조금이라도 지구를 덜 오염시키려는 '과정'을 통찰했다. 대중문화와 소비에 눈먼 사람들은 파파넥을 잔소리 많은 괴팍한 노인네로 취급했다. 그러나 그의 도움을 받은 사람들은 그를 디자인 전도사라고 고마워한다.

오히려 파파넥은 그런 그들에게 감사했다. 개인적인 욕심을 내세우지 않는 사람들, 자연과 공존하며 살아가는 조화로운 삶의 방식, 선승의 정신적 가르침과 동양의 아름다움들… 이러한 것들은 자신이 그들에게 준 것의 10분의 1에도 못 미친다고 부끄러워했다. 파파넥은 디자이너만이 디자인을 하는 것이 아니라고 말한다. 그는 다음의 질문을 권한다.

- 이 물건이 정말로 필요한가?
- 이 물건 때문에 자연이 파괴되지는 않았는가?
- 원가를 줄이기 위해 공장에서 환경오염 물질을 사용하지는 않았는가?
- 포장은 꼭 이렇게 해야 하는가?
- 꼭 버려야 하는가?
- 버리고 나면 이 물건은 자연으로 돌아가는가?
- 사지 않고 직접 만들 수는 없는가?

이 문제들을 꼼꼼히 생각하고, 감시하고, 판단하는 과정이 디자인이다. 그래야 세상을 살릴 수 있다는 것을 통찰했다. 세상을 살린다는 것은 거창한 일이 아니다. 작고 사소한 변화에서 시작하는 것이다. 디자인할 때도 그렇지만, 물건을 사고 버릴 때도 한 번 더 생각하면 세상이 달라지지 않을까?

CEO 당신이 달라지면, 이 세상은 특히 더 살기 좋은 세상이 될 것이다.

행복을 디자인하라

인생이란 무엇이며 인생에서 성공하기 위한 조건은 무엇일까?

1921년 스탠포드 대학 교수 루이스 터먼은 장기실험에 돌입했다. 초, 중학생 25만 명 중 1,470명을 선발해서 일생을 추적했다. 모두 IQ 140~200 사이를 기록하는 아이들이었다. 아이들의 일생을 꼼꼼히 기록했고 학교와 직장에 추천서도 후하게 써주었다. 터먼은 이들이 최고 엘리트로 성장해서 영웅적 지위를 누릴 것이라고 장담했다.

그러나 그의 기대와는 달리 대부분 평범한 직업인으로 자라났다. 전국적 명성을 얻은 사람은 거의 없었다. 판사와 주 의원 3~4명이 나왔지만, 타일공, 청소부 등 특별히 영재성이 필요하지 않은 분야에 종사하는 사람들도 많았다. 오히려 IQ가 높지 않다는 이유로 조사 대상에서 제외되었던 학생들 중에서 두 명의 노벨상 수상자가 나왔다. 1990년대 후반까지 약 70년간 3대에 걸쳐 이어진 이 연구의 결론은 '지능과 성취도 사이에는 상호 연관성이 전혀 없다'는 것이었다.

"성공은 지능이 아니라 성격과 인격, 기회 포착능력과 성공하고자 하는 욕구가 좌우한다."

또 다른 실험 하나. 1937년 하버드 의대 정신과 교수 알리 복은 '행복한 삶에도 법칙이 있는지' 연구를 시작했다. 대상은 하버드 대학 2학년 268명이었다.

그 대상자 중 절반은 세상을 떠났다. 이들 중에는 대통령이 된 케네디도 있었다. 1967년부터 알리 복 교수의 연구를 이어받은 조지 베일런트 교수도 70대 후반으로 황혼을 바라보는 나이가 되었다. 연구결과는 다음과 같았다. 268명 중 3분의 1이 정신과 치료를 받았고 마약이나 술에 빠져 횡사한 이도 있었다. 왜냐하면 하버드 엘리트라는 껍데기 아래서 고통받았던 것이다. 오히려 지극히 평범해 보이는 사람이 가장 안정적인 성공을 했다고 평가했다.

결론은 성공적인 노후는 지성이나 계급이 아니라 사회적 관계를 맺는 능력에 있다는 것이었다. 즉 인간관계가 중요하다는 것이다. 친구관계는 물론, 형제, 자매관계도 중요하다. 65세에도 행복하게 잘살고 있는 사람의 93%가 형제, 자매와 원만하게 지내는 사람들이었다고 한다.

연구팀이 제시하는 행복의 조건 7가지는 부, 명예, 학벌 따위가 아니었다. 정작 필요한 요소는 다음과 같았다.

1. 고난에 대처하는 자세(성숙한 방어기제)

2. 평생 교육

3. 안정적 결혼생활

4. 45세 이전 금연

5. 적당한 음주(알콜 중독 경험 없음)

6. 규칙적인 운동

7. 적절한 체중

행복하게 나이 들어가는데 필요한 행복요소 7가지 중, 50세에 5~6개를 갖춘 106명 중 절반이 80세에 건강하고 행복하게 살고 있었다고 한다. 반면 50세에 3개 이하였던 이들 중 80세에도 건강하고 행복한 사람은 아무도 없었으며 3개 이하인 사람은 그 이상을 갖춘 사람보다 80세 이전에 사망할 확률이 3배가량 높았다고 한다.

어릴 적 성격도 장기적으로는 영향력이 줄었다. 내성적인 아이도 70세 이후에는 외향적인 아이들과 다름이 없었다. 대학 때부터의 꾸준한 운동은 그 후 정신 건강에도 긍정적인 영향을 끼쳤다고 한다.

베일런트 교수는 "삶에서 가장 중요한 것은 인간관계이며, 행복은 결국 사랑"이라고 결론지었다. 그는 이렇게 말한다.

"어떠한 데이터로도 밝혀낼 수 없는 극적인 주파수를 발산하는 것이 삶이며 삶은 과학으로 판단하기에는 너무나도 인간적이고, 숫자로 말하기엔 너무나도 아름답고, 진단을 내리기에는 너무나 애잔하고, 학술지에 소개하고 그치기에는 영구불멸하다."

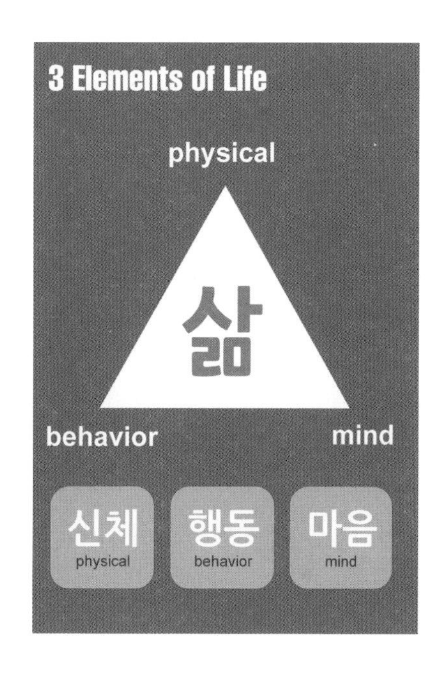

성공한 인생이란 무엇인가? 행복한 인생이 결국 성공한 인생이 아닐까. 앞의 연구결과들에 따르면 행복을 디자인한다는 것은 그리 어렵지 않다. 사람들과 좋은 관계를 유지하며 평범하게 살면서 늘 배우고 익히는 사람들이 행복하다니까 말이다. 늘 배우고, 유머를 즐기며, 친구를 사귀고, 담배를 끊고 술을 줄이는 동시에 일찍 귀가해 가족들 얼굴을 한 번 더 본다면 끊임없이 성장하며 행복할 수 있다는 것이다.

이 정도는 누구나 아는 사실일지도 모른다. 하지만 현실은 그렇게 만만하지 않다. 담배 끊고 술 줄이고 일찍 귀가해서 가족들 얼굴보기가 말처럼 쉽냐는 것이다. 알면서 실행하지 못하는 가장 고질적인 문제가 바로 이런 것들이다. 대한민국의 CEO들과 직장인들이라면 충분히 공감할 것이다.

이런 사소한(?) 문제를 해결 못하는 이유는 무엇일까? 바로 사소한 문제라고 치부하기 때문이다. 현재 아무 문제가 없으니까. 당장은 그게 행복하니까. 즉각적인 유혹과 순간적인 행복에 장기적이고 궁극적인 행복이 굴복한다.

진정으로 행복하고 싶다면 질문하고 통찰하라.

미래를 위한 현재 창조

유능한 CEO들이 두 그룹으로 나뉘어 미래에 대해 설전을 벌였다.

- A 그룹 : 미래는 예측할 수 있다.
- B 그룹 : 미래는 예측할 수 없다.

두 그룹의 주장은 팽팽했다. 당신은 어느 편에 동의하는가? 우리는 누구나 부푼 가슴으로 미래를 궁금해 하고 알고 싶어 한다. 하지만 무슨 일이 일어날지 모르기에 실체 없는 두려움을 느끼기도 한다. 특히 기업을 운영하는 최고 경영자들에게 불투명한 미래는 가장 큰 스트레스다.

기업이란 게 그렇다. 어제 좋았다고 오늘 좋을 수 없고, 오늘 잘나간다고 내일도 그러리라는 보장이 없다. 기업의 평균수명은 갈수록 짧아지고(신용평가기관 'S&P'에 따르면 평균 15년이라고 한다), 따라서 최고 경영자들의 불안감은 나날이 증폭되고 있다.

CEO는 외로운 장수다. 한 발만 밀리면 천길 아래 절벽으로 추락한다. 자신의 잘못된 결정 하나로 회사가 망하고, 직원들은 퇴출당하고, 시장은 흔들리고, 하청기업들도 부도가 날 수 있다. 무서워 도망쳐보지만 곧 천 길 낭떠러지에 다다르고 그 낭떠러지에서 추락한다. 땀에 홍건하게 젖어 비명을 지르다 벌떡 일어난다. 꿈이라니 천만다행이다. 오늘도 CEO들은 그런 악몽 속을 헤맨다.

CEO들이 가장 싫어하는 것은 '미래라는 불확실성의 세계'가 아닐까. 기업 간 경쟁은 나날이 심화되고 도처에 지뢰투성이다. 기업경영이란 한마디로 예측불허다. 이런 불확실성에 대비하기 위해서 많은 기업이 다양한 방법을 강구한다. 조사를 하고 마케팅도 하고 컨설팅을 받기도 한다. 대기업들은 경제연구소를 설립해 미래를 전망한다. 어떤 CEO들은 역술인을 찾아가기도 한다. 물에 빠진 사람 지푸라기라도 잡는 심정일 것이다.

기업과 CEO들의 이런 행동은 미래를 예측할 수 있다는, 아니 예측해야 한다는 강박관념에서 나온다. 불확실한 미래를 위해 대비를 하지 않는 기업과 CEO는 없을 것이다. 그럼에도 불구하고 지금 이 순간에도 부도나는 기업들이 나온다. 왜 그런가?

결론부터 말하자면 미래는 상상할 수는 있어도 예측할 수는 없기 때문이다. 그런 의미에서 철학자 칼 포퍼의 말은 깊은 통찰을 보여준다. "수레를 예견한다는 건 그걸 만들어낸다는 것이다." 이 말은 수레를 발명해낼 정도로 잘 안다면 수레는 이미 미래가 아닌 현재의 것이라는 말이다. 결국 미래에 수레가 나올 것을 예측한다는 것은 미래는 예측 가능한 영역이 아니란 말이다.

《욕망을 파는 사람들》의 저자 윌리엄 A. 서던은 말한다. “미래를 예측할 수 있다고 주장하는 전문가들은 새빨간 거짓말쟁이다. 뛰어난 학력이나 전문성도 경제예측 능력과 거의 관계가 없다.” 그는 증거로 1995년 〈이코노미스트〉가 발표한 ‘1985년 미래예측 콘테스트 결과’를 인용한다. 이 대회의 목적은 다양한 전문가들 가운데 누가 10년 후 영국 경제상황을 가장 정확히 예측할 수 있는지를 알아보는 것이었다. 그 결과 환경미화원 그룹이 다국적 기업 회장 4명으로 구성된 위원회와 공동 1위를 차지했다. 〈이코노미스트〉는 조사결과를 발표하면서 다음과 같이 언급했다.

“쓰레기통에 든 것들이 경제의 선행지표로 유용하게 쓰일 수도 있다.”

〈월스트리트 저널〉은 1988년 10월부터 2002년 4월까지 총 142회에 걸쳐서 실험을 했다. 눈 가린 원숭이와 펀드매니저들의 수익률 대결이었다. 펀드매니저들은 방대한 데이터를 토대로 증시를 전망한 반면 원숭이는 눈을 가리고 다트를 던져서 찍은 주식을 매수했다. 누가 이겼을까. 놀랍게도 눈 가린 원숭이의 압승이었다. 펀드매니저의 수익률은 - 13.4%, 원숭이의 수익률은 - 2.7%였다. 눈을 가리고 찍어서 매수한 결과가 온갖 데이터를 가지고 투자했던 펀드매니저보다 무려 10% 이상 앞섰다.

사실이 이런데도 족집게 전문가 말이라고 아무 의심 없이 투자하는 사람이나 기업이 있다면 쪽박 차고 망하는 건 시간문제다. 체이스 이코노메트릭스의 설립자 마이클 에반스는 유명한 경제예측가로 오랜 세월을 보낸 뒤 이렇게 고백했다. "거시 경제예측의 문제점은 예측을 할 수 있는 사람이 아무도 없다는 점이다." 경영학의 그루 피터 드러커도 "예측은 인간의 존경할 만한 행위가 아니며 단기예측 이외에는 가치가 없다." 고 말한다.

물론 미래를 예측할 수 없다고 해서 미래에 대해 관심을 가지지 말라는 것은 아니다. 중요한 것은 미래를 대비하고 현재를 부단히 디자인하라는 것이다. 유능한 CEO는 조직을 통제하거나 미래를 예측하는 족집게 CEO가 아니라 상황 대처 능력과 유연성이 뛰어나고 변화를 주도하는 CEO다. 그런 의미에서 컴퓨터 과학자 앨런 케이는 "미래를 예측하는 가장 좋은 방법은 미래를 창조하는 것이다." 고 통찰한다.

역사는 창조하는 사람들이 만들어 왔다. 미래의 삶 역시 창조하는 사람들의 것이다. 미래는 결코 예측하는 것이 아니다. 목표를 향해 부단히 디자인하는 오늘에 우리의 미래가 달려있다. 아름다운 오늘의 디자인이 하루하루 쌓일 때 희망찬 내일이 온다. 족집게 형 CEO가 될 것인가, 디자이너 형 CEO가 될 것인가? 선택은 CEO 당신에게 달려있다.

> 미래를 예측할 수 있다는 착각을 버려야 비로소 자유로워진다. 삶. 그 불확실성 속에서 확실성에 반응하는 데 역량을 집중하기만 하면 된다. 그러한 역량을 키우는 것이 전략의 목적이다.
>
> –로드 존 브라운, 브리티시 페트롤리엄 회장

아이디어를 죽이는(리더들의) 치명적인 화법 21가지

1. 그거 예전에 해본 거 아닌가?
2. 그렇게 쉽게 풀릴 리가 없지.
3. 그런 별 볼일 없는 일에 시간 투자하고 싶은가?
4. 장난하나?
5. 실패하면 자르겠네!
6. 자네 의견이 맞을 리가 없어.
7. 비웃음
8. 그럴 예산이 어디 있나?
9. 지금 중요한 게 그게 아니잖아?
10. 시간이 없어!
11. 위에서 좋아할까?
12. 그건 우리 소관이 아니야!
13. 뭔 소리인지 알겠는데 원칙이 그런 걸 어떻게 하나?
14. 너무 뜬구름 잡는 거 아닌가?
15. 버스는 이미 떠났어!
16. 그게 돈이 되겠나?
17. 우리 회사일이 아니잖아!
18. 기술적으로 어려워!
19. 되지도 않을 얘기 집어치워!
20. 사람들이 사겠어? 나 같으면 안 산다!
21. 무반응

– 출처/ 스콧 버쿤, 《이노베이션 신화의 진실과 오해》 중에서

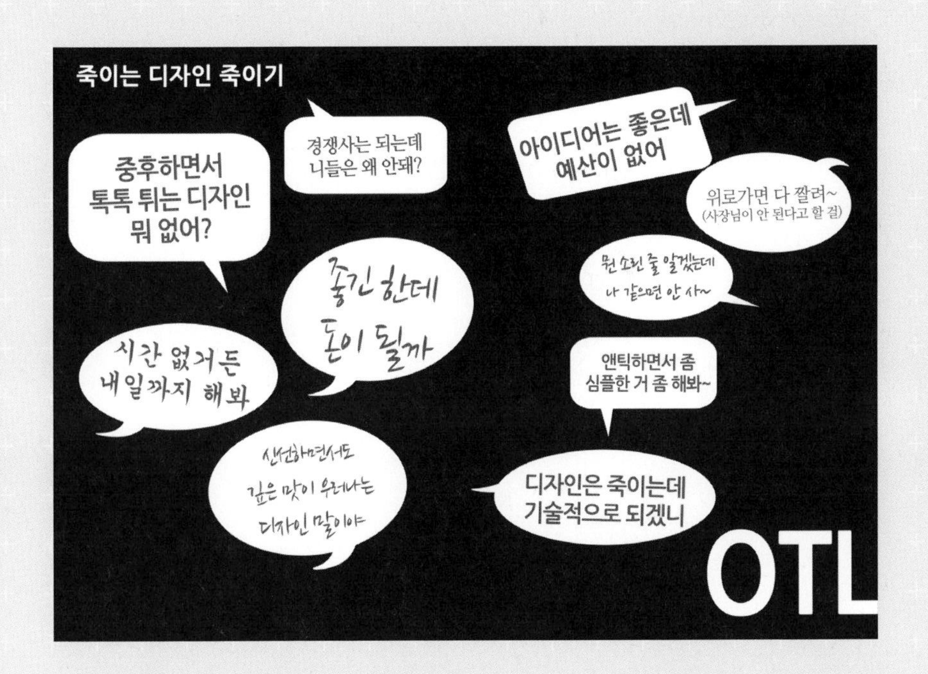

"누군가 자신의 아이디어를 비웃는다고 해도 좌절해서는 안 됩니다. 원래 새로운 아이디어란 기존의 벽을 깨뜨리는 것이기 때문에 이미 틀에 박힌 사고를 하는 사람들의 비웃음에 신경 써서는 안 됩니다. 원래 새로운 아이디어는 그런 사람들의 비웃음 속에서 탄생합니다."

–사카구치 히로노부, 파이널 판타지 개발자

리더의 디자인 마인드 진단

21세기는 창조의 시대, 감성의 시대, 디자인 시대다.
당신은 디자인을 얼마나 이해하고 있는가?
얼마나 적극적인 디자인 마인드를 지니고 있는지 진단해보자.

1. 디자인은 디자이너만 하는 것이다. [O] [X]
2. 디자인이라는 말이 부담스럽게 느껴진다. [O] [X]
3. 디자인 업무와 관련해서 문제가 발생한 적이 있다. [O] [X]
4. 색을 고르는 것이 어렵다. [O] [X]
5. 디자이너는 그림을 잘 그려야 한다. [O] [X]
6. 디자인은 무조건 아름다워야 한다. [O] [X]
7. 좋은 디자인을 선택하는 것이 어렵다. [O] [X]
8. 사소한 문제는 신경 쓰지 말아야 한다. [O] [X]
9. 디자인은 노력보다 재능이 우선이다. [O] [X]
10. 머리 모양을 바꾼다든지 옷을 차려입는 것에 관심 없다. [O] [X]
11. 디자인은 그렇게 중요하지 않다. [O] [X]
12. 디자인 결정은 디자이너가 하는 것이다. [O] [X]
13. 디자인은 돈이 많이 든다. [O] [X]
14. 디자인은 아름다운 외형 경쟁이다. [O] [X]
15. 고객의 요구를 다 들어주어야 좋은 디자인이 나온다. [O] [X]
16. 디자인으로 성공하는 것은 어렵지 않다. [O] [X]
17. 디자인은 실패하면 안 된다. [O] [X]
18. 새로운 발견을 하기 위해서는 새로운 장소로 떠나야 한다. [O] [X]
19. 눈으로 보는 것이 전부다. [O] [X]
20. 광고가 히트하면 제품도 잘 팔린다. [O] [X]

디자인 마인드 지수 찾기

● 20~12개 : 디자인 마인드 결핍 증후군

디자인을 어렵게 생각하고 심지어 디자인에 대한 강박관념 증세도 보인다. 생각을 바꿔라. 리딩하는 CEO가 되기 위해서는 디자인 특별훈련이 필요하다. 우선 이 책을 가까이 하고 디자인과 친해지면 얼마든지 극복할 수 있다.

● 11~6개 : 굿 디자인 마인드

디자인에 대한 관심이 많다. 그러나 아직은 적극성이 아직 약해서 자신감이 부족하다. 조금 더 관심을 가지고 노력하면 개선의 여지가 크다. 디자인을 즐긴다고 생각하고 많은 디자인을 보고, 보고, 또 보기 바란다. 디자인 마인드는 체험을 통해서 강화된다. 이 책이 디자인마인드 강화에 도움을 줄 것이다.

● 5~0개 : 그레이트 디자인 마인드

그레이트! 당신은 혹시 CEO가 아니고 디자이너인가 ? 아니면 디자이너 출신 CEO일 확률도 높다. 디자인에 대한 마인드나 열정, 그리고 관심이 거의 완벽한 수준이다. 그 만큼 성공할 가능성도 크다. 이 책을 가까이 하면 금상첨화가 될 것이다.

참고 문헌

- 이시카와 다쿠지 지음, 이영미 옮김, 《기적의 사과》 김영사, 2009
- 유영만, 고두현 지음, 《곡선이 이긴다》 리더스북, 2011
- 케빈 & 재키 프라이버그 지음, 이종인 옮김, 《너츠, 사우스웨스트효과를 기억하라》동아일보사, 2008
- 피터드러커 지음, 이한 옮김, 《다섯가지 경영 원칙》 아시아코치센터, 2010
- 김준교, 김희현 지음, 《디자인이다》 커뮤니케이션북스, 2011
- 로저마틴 지음, 이건식 옮김, 《디자인씽킹》 웅진윙스, 2010
- 문영미지음, 박세연 옮김, 《디퍼런트》 살림 비즈, 2011
- 토머스 프리드먼지음, 장경덕 옮김, 《렉서스와 올리브 나무》 21세기북스, 2009
- 권영걸, 이슬기 지음, 《리더는 디자인을 말한다》 날마다, 2011
- 황농문 지음, 랜덤하우스, 《몰입》 코리아, 2007
- 짐 로허, 토니 슈워츠 지음, 유영만, 송경근 옮김, 《몸과 영혼의 에너지 발전소》 한언출판사, 2004
- 이명옥지음, 다빈치, 《미술에 대해 알고 싶은 모든 것들》 2004
- 데이비드 코드 머레이 지음, 이경식 옮김, 《바로잉》 흐름출판, 2011
- 카일 맥도널드 지음, 안진환 옮김, 《빨간 클립 한 개》 소담출판사. 2008
- 장세진 지음, 《삼성과 소니》 살림출판사, 2008
- 스티븐 코비 지음, 김경섭 옮김, 《성공하는 사람들의 7가지 습관》 김영사, 2003
- 송숙희 지음, 《성공하는 사람들의 7가지 관찰습관》 위즈덤하우스 2008
- 미셸 루트번스타인, 로버트 루트번스타인 지음, 박종성 옮김, 《생각의 탄생》 에코의 서재, 2007
- 말콤 글래드웰 지음, 노정태 옮김, 《아웃라이어》 김영사, 2009
- 윌리엄 A. 서든 지음, 최은정 옮김, 《욕망을 파는 사람들》 스마트비즈니스, 2010
- 톰 켈리, 조너던 리틀맨 지음, 이종인 옮김, 《유쾌한 이노베이션》 세종서적, 2002
- 윤석철 지음, 《윤석철 교수의 경영, 경제, 인생》 먼데이, 2004
- 다니엘 킬 지음, 조정옥 옮김, 《예술에 관한 피카소의 명상》 사계절, 1999
- 빅터 파파넥 지음, 조영식 옮김, 《인간과 디자인의 교감》 디자인하우스, 2008
- 짐콜린스 지음, 이무열 옮김, 《좋은 기업을 넘어 위대한 기업으로》 김영사, 2002
- 막시무스 지음, 《지구에서 인간으로 유쾌하게 사는 법》 갤리온, 2006
- 앙드레지드 지음, 김화영 옮김, 《지상의 양식》 민음사, 2007
- 성신제 지음, 《창업자금 칠만이천원》 여성신문사, 1995
- 톰 피터스 지음, 이동현 옮김, 《초우량기업의 조건》 더난출판, 2005
- 제레드 다이아몬드 지음, 김진준 옮김, 《총, 균, 쇠》 문학사상, 2005
- 김태진 지음, 《크리에이터여 유황성냥을 켜라》 나남, 2007
- 대니얼 코일 지음, 윤미나 옮김, 《탤런트 코드》 웅진지식하우스, 2009
- 찰스 핸디 지음, 강혜정 옮김, 《포트폴리오 인생》 에이지 21, 2008
- 조지 베일런트 지음, 이덕남 옮김, 《행복의 조건》 프런티어, 2010
- 장성욱 연출 《EBS다큐프라임-인간의 두얼굴》2009
- 김민수 지음, 《21세기 디자인문화 탐사》 솔출판, 1997

21세기 연금술

지은이 김준교 · 김희현
펴낸이 김용태 | 펴낸곳 이룸나무
편집장 김유미 | 편집 김민채
마케팅 출판 마케팅센터 | 디자인 Y2com

초판 1쇄 인쇄일 2012년 9월 15일
초판 1쇄 발행일 2012년 9월 20일

주소 130-823 서울특별시 동대문구 용두동 236-1 대우아이빌 101동 106호
전화 02-3291-1125 마케팅 031-943-1656 팩시밀리 02-3291-1124
E-mail iroomnamu@naver.com

출판 신고 제 305-2009-000031
가격 17,000원
ISBN 978-89-967899-4-9 03320

성공을 디자인하라!
21세기 연금술사 행동지침

하나, 나는 언제나 **실행**한다.

하나, 나는 치열하게 **훔친**다.

하나, 나는 맡은 일에 **몰입**한다.

하나, 나는 질문으로 **해결**한다.

하나, 나는 마음으로 **통찰**한다.